全国城市轨道交通专业高职高专规划教材

Chengshi Guidao Jiaotong Diaodu Zhihui

城市轨道交通调度指挥

薛　亮　刘小玲　主　编

李玉芳　李志成　张　瑾　副主编

侯恩博[沈阳地铁集团有限公司]　主　审

人民交通出版社

内 容 提 要

本书是全国城市轨道交通专业高职高专规划教材。主要内容包括:城市轨道交通行车组织基础、城市轨道交通列车开行方案、列车运行图、运输能力及能力加强、城市轨道交通信号系统、城市轨道交通调度指挥相关岗位及设备、行车调度指挥、车站行车作业组织、车辆段行车作业组织、城市轨道交通网络化运输组织、城市轨道交通应急事件处理共十一章。

本书可作为高等及中等职业院校城市轨道交通相关专业的教学用书,也可供从事城市轨道交通运营管理的专业技术人员参考,还可作为城市轨道交通行车调度控制中心、车辆段、车站等从事有关行车调度岗位人员的培训教材。

图书在版编目(CIP)数据

城市轨道交通调度指挥/薛亮,刘小玲主编. —北京:人民交通出版社,2013.2

ISBN 978-7-114-10327-8

I. ①城… II. ①薛…②刘… III. ①城市铁路—轨道交通—运输调度—高等职业教育—教材 IV. ①U239.5

中国版本图书馆 CIP 数据核字(2013)第 013117 号

全国城市轨道交通专业高职高专规划教材

书　　名:城市轨道交通调度指挥
著 作 者:薛　亮　刘小玲
责任编辑:任雪莲
出版发行:人民交通出版社
地　　址:(100011)北京市朝阳区安定门外外馆斜街 3 号
网　　址:http://www.ccpress.com.cn
销售电话:(010)59757973
总 经 销:人民交通出版社发行部
经　　销:各地新华书店
印　　刷:北京交通印务有限公司
开　　本:787×1092　1/16
印　　张:15
字　　数:346 千
版　　次:2013 年 2 月　第 1 版
印　　次:2022 年 8 月　第 10 次印刷
书　　号:ISBN 978-7-114-10327-8
定　　价:38.00 元

全国城市轨道交通专业高职高专规划教材

编 审 委 员 会

出版说明

21世纪初，随着我国城市轨道交通建设进入快速发展时期，各地职业院校面临这一大好形势，纷纷开设了城市轨道交通相关专业。为了满足我国城市轨道交通专业高职高专教育对教材建设的需求，我们在人民交通出版社2009年推出的“全国职业教育城市轨道交通专业规划教材”基础上，协同中国交通教育研究会职业教育分会城市轨道交通专业委员会，组织北京交通运输职业学院、南京铁道职业技术学院、上海交通职业技术学院、湖南铁道职业技术学院、广东交通职业技术学院、辽宁省交通高等专科学校等一线资深教师组成的编写团队，同时组建由北京交通大学交通运输学院、苏州大学城市轨道交通学院、香港地铁、北京地铁、京港地铁、上海地铁、南京地铁等资深专家组成的主审团队，联合编写审定了“全国城市轨道交通专业高职高专规划教材”。

为了做好教材编写工作，促进和规范城市轨道交通行业职业教育教材体系的建设，打造更为精品的城市轨道交通专业教材，我们根据目前职业教育“校企合作，工学结合”的教学改革形势，在多方面征求各院校的意见后，于2012年推出以下16种：

《城市轨道交通概论(第2版)》

《城市轨道交通客运服务英语(第2版)》

《城市轨道交通客运组织(第2版)》

《城市轨道交通行车组织(第2版)》

《城市轨道交通运营安全(第2版)》

《城市轨道交通票务管理(第2版)》

《城市轨道交通车站设备(第2版)》

《城市轨道交通客运服务(第2版)》

《城市轨道交通通信信号(第2版)》

《城市轨道交通车辆构造》

《城市轨道交通导论》

《城市轨道交通运营组织》

《城市轨道交通通信与信号系统》

《城市轨道交通安全管理》

《城市轨道交通设备管理》

《城市轨道交通调度指挥》

本套教材具有以下特点：

1. 体现了工学结合的优势。教材编写过程努力做到了校企结合，将北京、上海、广州、南京等地先进的地铁运营管理经验吸收进来，极大地丰富了教材内容。

2. 突出了职业教育的特色。教材内容的组织围绕职业能力的形成，侧重于实际工作岗位操作技能的培养。

3. 遵循了形式服务于内容的原则。教材对理论的阐述以应用为目的，以够用为尺度。语言简洁明了，通俗易懂；版式生动活泼、图文并茂。

4. 整套教材配有教学课件，读者可于人民交通出版社网站免费下载；单元后附有复习思考题，部分单元还附有实训内容。

5. 整套教材配有课程标准，以便师生教学参考。

希望该套教材的出版对职业院校城市轨道交通专业教材体系建设有所裨益。

全国城市轨道交通专业高职高专规划教材

编审委员会

2012年7月

前　　言

城市轨道交通的迅速发展，带动对专业人才的需求。目前该专业高技能人才比较缺乏，尤其缺乏生产一线从事运营管理、维修养护、施工等中、高级应用型技能人才。培养应用型人才也是高等职业教育的目标。因此，本教材的出版，对于城市轨道交通人才培养具有重要意义。

本书对从事城市轨道交通调度指挥各相关岗位所需知识和技能进行了较详细、较全面的描述。内容包括：城市轨道交通行车组织基础、城市轨道交通列车开行方案、列车运行图、运输能力及能力加强、城市轨道交通信号系统、城市轨道交通调度指挥相关岗位及设备、行车调度指挥、车站行车作业组织、车辆段行车作业组织、城市轨道交通网络化运输组织、城市轨道交通应急事件处理共十一章。

本书的编写采取了校企合作的方式，参加本书编写工作的有：辽宁省交通高等专科学校薛亮（编写第三、四章），辽宁省交通高等专科学校慕威（编写第二章），辽宁省交通高等专科学校张新宇（编写第十一章），辽宁省交通高等专科学校王青林（编写第五章），沈阳地铁集团有限公司运营分公司刘小玲（编写第六、七章），沈阳地铁集团有限公司运营分公司李玉芳（编写第九章），安徽交通职业技术学院李志成（编写第一章），苏州大学城市轨道交通学院张瑾（编写第十章），成都地铁运营有限公司周锐（编写第八章）。本书由薛亮、刘小玲负责设计全书的框架及编写思路，并负责全书的统稿工作，李玉芳、李志成、张瑾担任副主编。

全书经从事城市轨道交通调度工作多年、具有丰富实践经验、现任沈阳地铁集团有限公司运营分公司客运中心主任侯恩博审阅。侯恩博主任为本书的编写思路和内容提出了许多中肯的意见，在此表示深深的谢意。

本书的编写得到了沈阳地铁集团有限公司运营分公司、成都地铁运营有限公司、苏州大学城市轨道交通学院和安徽交通职业技术学院等单位及兄弟院校的大力支持，在此表示衷心的感谢。本书还引用了许多国内外专家、学者发表的有关城市轨道交通的相关资料与文献，部分城市轨道交通企业的运营资料及相关文献，在此谨向有关专家及部门致以衷心的感谢。

由于编者水平有限，书中不足之处，敬请读者指正，以便今后修订和完善。真诚期待广大读者和同行多提宝贵意见。

编　者
2012年12月

目　录

第一章

城市轨道交通行车组织基础

第一节 城市轨道交通系统构成

城市轨道交通系统是一个庞大而复杂的系统,技术层面涵盖计算机、建筑、机械、自动控制、通信信号等领域。从运营功能看,城市轨道交通设施、设备分属于三大系统:列车运行系统、客运服务及安全保障系统、检修保障系统。

列车运行系统:车站、线路、车辆、牵引供电、通信、信号等。

客运服务及安全保障系统:车站照明、自动扶梯、自动售检票设备,广播、导向及乘客信息系统,消防、乘客监视、防灾报警系统,车站通风与噪声控制系统,车站站台屏蔽门及车站空调服务设施等。

检修保障系统:为保障行车安全、客运设备良好,保证乘客安全运输工作不间断地进行而设置的检修设施及设备,如停车设备、架车机、镟轮机、洗车设备等。在实际应用中,城市轨道交通运营企业通常将各系统按专业分类,使设施设备的分类与各专业单位相对应,以便日常工作和管理,协同作业。例如,车辆部、通信信号部、专门负责组织行车的调度部、负责运营服务的站务部和票务部等。下面主要介绍与列车安全运行有关的设备设施系统。

一 线路与车站

二维码 1

1 线路(二维码 1)

线路通常由路基、轨道、桥隧建筑物三部分组成。轨道线路可铺设在隧道、地面和高架桥上,供列车运行。

按照行车组织的要求,各车站可根据行车要求设置不同用途的线路,采用不同类型的钢轨、轨枕、道岔;按线路在运营中的作用分为正线、辅助线(折返线、渡线、联络线等)、车辆段线。城市轨道交通运营正线、辅助线一般采用 60kg/m 钢轨,车辆段线采用 50kg/m 钢轨,正线采用一次铺设跨区间无缝线路。在隧道内的道床一般采用混凝土整体道床;高架线路可采用整体道床,也可采用碎石道床;地面一般采用碎石道床,对路基进行强度处理,并通过采用高性能的弹性扣件以减轻列车运行时的振动和噪声。城市轨道交通线路的正线及折返线采用 9 号道岔,车辆段采用 7 号道岔。直线段轨距为标准轨距 1 435mm。

(1)正线。正线是连接车站并贯穿或直股伸入车站的线路。正线为载客运营线路,包括区间正线和车站正线，如图 1-1 所示。正线中车站两端墙间内方的线路为站内线路，简称站线；两相邻车站相邻端墙间的线路范围称为区间。城市轨道交通线路的正线一般为全封闭线路，按双线设计，采用右侧行车制。正线与其他交通线路相交时，一般采用立体交叉。

(2)辅助线。辅助线是为保证正线运营而配置的线路，是为列车提供折返、停放、检查、转线及出入段作业的线路。辅助线包括折返线、渡线、联络线、出入段线、存车线等。

①折返线。折返线是指在线路两端终点站或中间站，为能开行折返列车而设置的专供改变列车运行方向的线路。城市轨道交通线路中，全线的客流分布一般不太均匀，通常需要根据行车交路的要求，在终点站与中间站或中间站与中间站之间开行折返列车，这些可折返的车站需配置折返线。折返线的形式应能满足折返能力的要求。常见的折返线形式如图1-2所示。

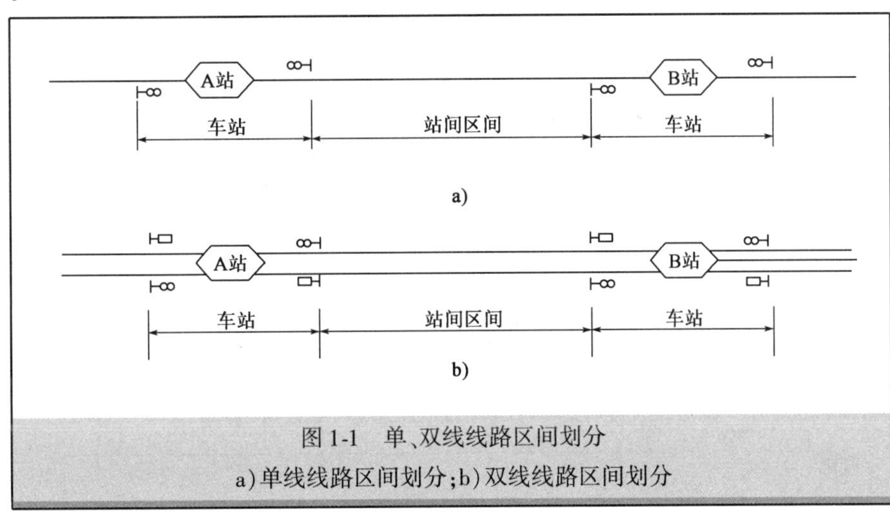

图 1-1　单、双线线路区间划分
a)单线线路区间划分；b)双线线路区间划分

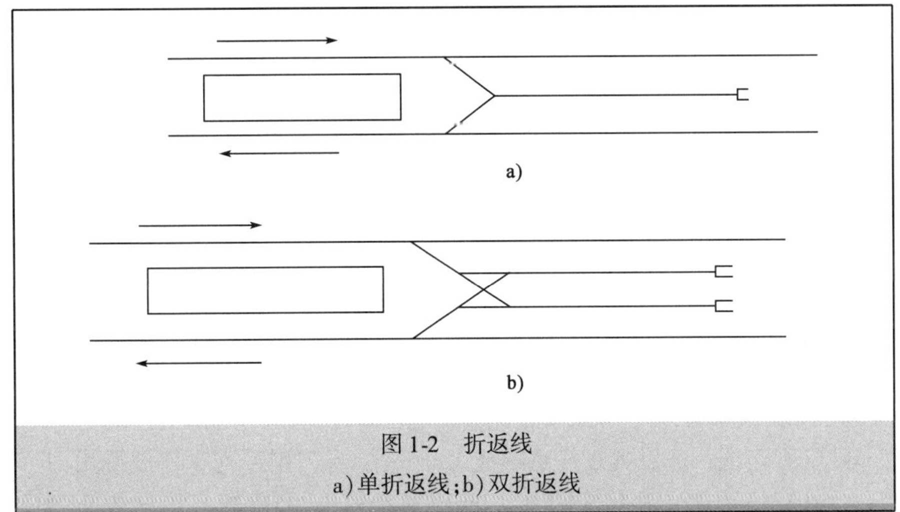

图 1-2　折返线
a)单折返线；b)双折返线

②渡线。渡线可满足改变列车进路的需要，也可改变列车运行方向。但在中间站利用渡线进行区间列车折返时，需占用正线进行作业，故对行车组织要求十分严格，且列车运行间隔时间受其制约将加大，导致线路通行能力下降，存在安全隐患。所以，在列车运行速度

较高、运行间隔时间较短、运量较大的线路不宜采用渡线作为折返方式。常见的渡线形式如图 1-3 所示。

图 1-3　渡线

③联络线。在城市轨道交通网络中,同种制式的线路实现列车过轨运行,一般通过线与线之间的联络线实现,联络线的位置在路网规划中确定,如图 1-4 所示。

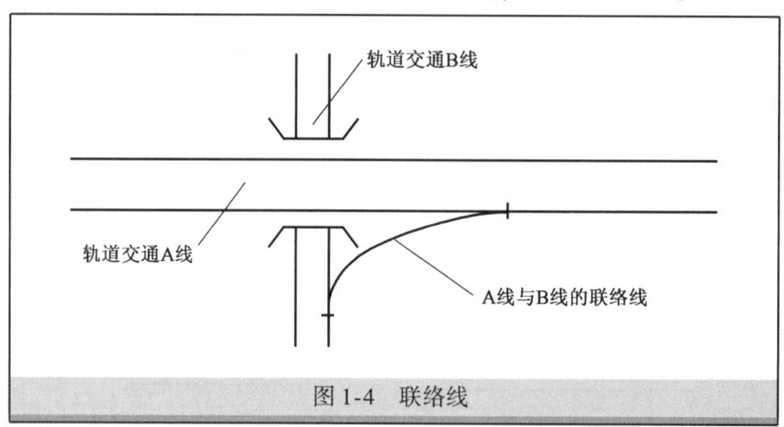

图 1-4　联络线

④出入段线。出入段线是从车辆段到运营正线之间的连接线。出入段线可设计为单线或双线,平交或立体交叉线路,具体方案要根据具体地理条件和远期线路通过能力需要来确定。

⑤存车线。存车线一般设置在终点站或区间车站,专门用于列车停放使用,并可进行少量检修作业。在正线运营过程中,列车运行间隔通常很小,如出现非正常情况,为使故障列车能及时退出正线运营而不影响后续列车运行,通常每隔 3 ~ 5 个车站应加设存车线和渡线。

(3)车辆段线。车辆段线是车辆段内用来调车作业、停放列车的线路。按作业目的和用途分为运用线和维修线。车辆段线主要是指车辆段内的线路。

2 车站

车站是轨道交通客流的集散地,同时又是轨道交通运营设备集中设置的场所,主要包括线路、道岔、通信、信号、环控、自动售检票、自动扶梯、电梯、照明、给排水、消防、防灾报警(FAS)、设备监控(EMCS)等设备系统,由出入口、通道、站厅层、站台层、设备用房、管理用房及生活用房等几部分构成。有些简易车站无站厅层。

(1)按车站客流量大小可分为:大车站、中等车站和小车站。

①大车站:高峰每小时客流量在3万人次以上。

②中等车站:高峰每小时客流量在2万~3万人次之间。

③小车站:高峰每小时客流量在2万人次以下。

(2)按车站运营功能不同可分为:始发(终到)站、中间站和换乘站。

①始发(终到)站:一般设置在线路两端,除具有供乘客乘降的基本功能之外,还可供列车折返、停留、临时检修之用。

②中间站:其主要作用就是供乘客乘降之用,但有些中间站还设有折返线、渡线和存车线等,可供列车折返和进行列车运行调整。

③换乘站:设置在两条及两条以上的轨道交通线路交叉点。除具有供乘客乘降的基本功能之外,其最大的特点是乘客可从一条线路换乘到另一条线路。换乘站有平面换乘和立体换乘之分。换乘站在最大程度上节省了乘客出站、进站及排队购票的时间,为乘客换乘提供了方便。

(3)按车站设置的位置可分为:地下站、地面站和高架站。

①地下站:线路、主体建筑和设备设施设置在地下隧道的车站。地下站又可分为浅埋式车站和深埋式车站两种。

②地面站:线路、主体建筑和设备设施设置在地面的车站。

③高架站:线路、主体建筑和设备设施设置在高架桥上的车站。

(4)按站台形式可分为:岛式站台车站、侧式站台车站和混合式站台车站。

①岛式站台车站:上、下行线分布在站台的两侧。站台面积可以得到充分利用,管理集中,车站结构紧凑,乘客换乘方便,如图1-5所示。

②侧式站台车站:站台分布在上、下行线一侧,列车进站无曲线,运行状态好。乘客乘降车互不干扰,不易乘错方向,站台横向扩展余地大,如图1-6所示。

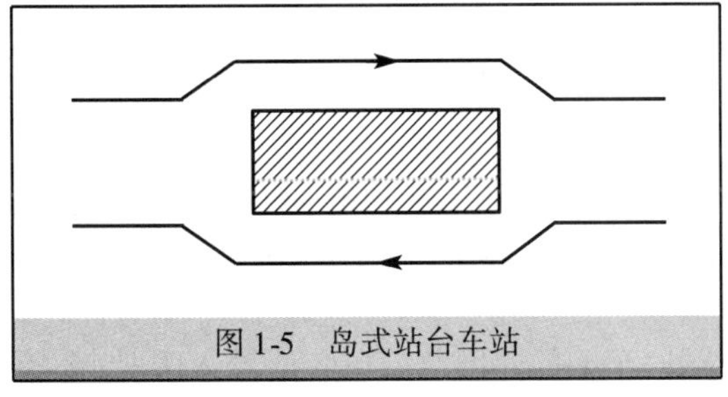
图1-5　岛式站台车站

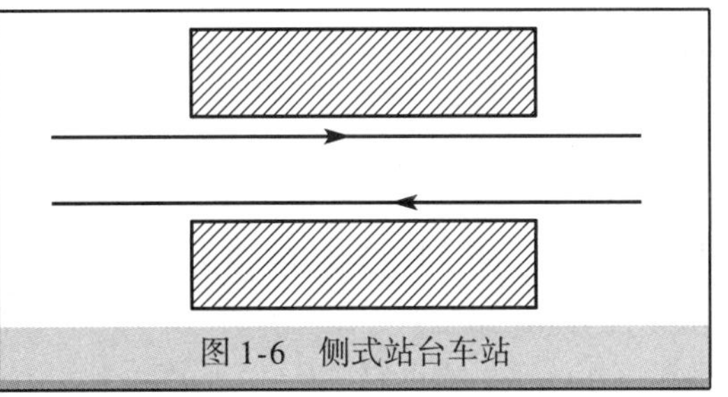
图1-6　侧式站台车站

③混合式站台车站：既有岛式站台，又有侧式站台的混合形式。一般多为起点/终点站，设有道岔和信号联锁等设备。

二 车辆及车辆段

二维码2

1 车辆（二维码2）

轨道交通系统中，车辆是最重要的组成部分，其技术含量较高，是直接为乘客提供服务的设备。它的发展历程：轨道公共马车→蒸汽机车牵引→内燃机车牵引→电力机车牵引→电动车组。现代城市轨道交通车辆融合了先进的机械制造技术、电子技术、信息技术、计算机网络技术、材料工艺等高新技术，其发展方向是轻量化、节能化、少维修，满足容量大、安全、快速、舒适、美观和高可靠性的要求。

城市轨道交通车辆的种类主要有：客车、内燃机车和轨道车。客车也称电客车，它一般以电力牵引、动车组形式编组，主要任务是载客。内燃机车使用柴油机作为动力，一般用于轨道交通系统工程领域，但在特殊情况下（如接触网、供电大型故障时）可承担电客车救援、调动等任务。轨道车包括轨道检测车、接触网作业车、接触网检测车等，使用柴油机为动力，用于轨道交通系统工程领域。下面对客车进行简要介绍。

（1）客车组成形式。客车有动车和拖车、带驾驶室车和不带驾驶室车等多种形式。例如，深圳地铁有带驾驶室的拖车（A车）、无驾驶室带受电弓的动车（B车）和无驾驶室不带受电弓的动车（C车）共三种车型。以三辆车为一组列车单元，六辆车为一列车编组，排列为：—A * B * C = C * B * A—（其中"="表示半自动车钩，"*"表示半永久牵引杆），这样就能保证列车两端均带有驾驶室，中间各车采用贯通式车厢。

（2）客车车辆基本构造。客车由机械和电气两大部分构成。

机械部分包括：车体、车钩及缓冲器、车门系统、转向架、空气制动、空调和通风。电气部分包括：牵引及电制动系统、辅助系统、列车控制系统、列车故障诊断系统、列车通信系统和列车自动控制系统。

（3）客车制动系统。制动系统可保证列车在运行时按需要减速或停车，是保证列车安全运行必不可少的装置，动力车和拖车都设有制动装置。在车辆上，除了常规的空气制动装置外还有再生制动和电阻制动。

（4）客车车辆与其他系统的关系。车辆与许多城市轨道交通系统有着密切的关系，包括土建、线路、供电、接触网、信号、通信、屏蔽门、车辆段设备等。

①土建：全线的限界要求是车辆能够安全运行的前提条件，车站站台面的高度、站台边缘与车体的距离、桥隧建筑物与车体的限界等都影响到客车的安全通行。

②线路：线路的坡度、曲线半径、道岔型号、轨距、轨道特性等都与车辆的选型、动力配置、运行能力和舒适性等有关。

③供电和接触网：车辆的电气性能要与供电的电气性能相匹配，接触网的高度与车辆的高度、牵引特性、供电系统的容量相互匹配，接触网的导电性能及布线要与车辆的特性和受电弓性能相匹配。

④信号：车辆可以ATO方式进行列车自动驾驶，车辆的速度及门控受信号ATP监控，客

车全线的运行状态受 ATS 自动监控和调整，信号系统还可以通过车辆的有线通信系统和信息显示系统进行自动报点和信息显示。

⑤通信：控制中心可通过无线系统与司机对话，也可通过列车通信系统对乘客进行广播，通过车地信息交换系统可以完成列车信息与调度控制信息交互。

⑥屏蔽门：在信号系统 CBTC 模式控制下，屏蔽门与车门能实现联动，即开关车门的同时屏蔽门也能自动地实现相应的开关操作。

⑦车辆段设备：车辆段是城市轨道交通系统中对车辆进行运营管理、停放及维修保养的场所。车辆在车辆段设备的操作和监控下进行出入段、检修、停放、洗车、试车及维护保养等作业。

2 车辆段(二维码3)

二维码 3

城市轨道交通车辆段主要担负着一条或几条线路的城市轨道交通车辆的停放、检修、清洁等任务，有的车辆段还负责司机的组织管理、出乘、换班等业务工作，并相应配备司机值班室等设施。车辆段一般设有停车库、检修库、洗车设备、运营管理用房等设施。另外还有测试列车综合性能的试车线，以及存放内燃机车、工程车的车库。

(1)车辆段的主要功能：

①列车的停放、日常检查、一般故障处理和清扫洗刷、定期消毒，根据需要进行车辆摘挂、编组、转线等调车作业。

②车辆修理：月修、定修、架修与临修。

③车辆的技术改造或厂修。

④车辆段内通用设施及车辆维修设备的维护管理。

⑤司机组织管理、出乘计划编制、备乘换班的业务工作。

车辆段线路及车库如图 1-7 所示。

图 1-7　车辆段线路及车库

(2)车辆段与接轨站相连接的主要形式：

①车辆段位于线路端部。线路起(终)点站站后接车辆段，这种形式较好，出入段线与正线干扰少，有利于运营管理，如图1-8所示。

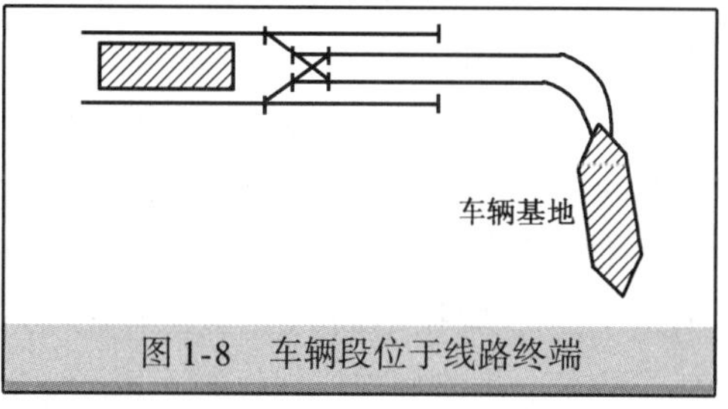

图 1-8　车辆段位于线路终端

②车辆段位于线路中间,有一站接轨与两站接轨两种方式。一站接轨,需要设立列车折返设备,如图1-9所示。两站接轨,列车出入车辆段可自然掉头,车辆段内不需设列车折返设备,如图1-10所示。

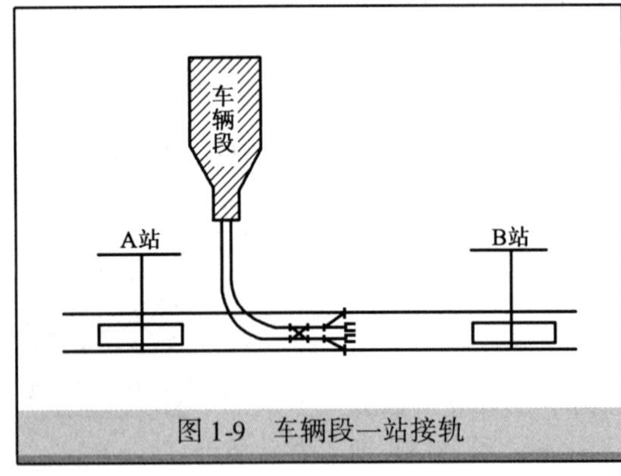

图1-9 车辆段一站接轨

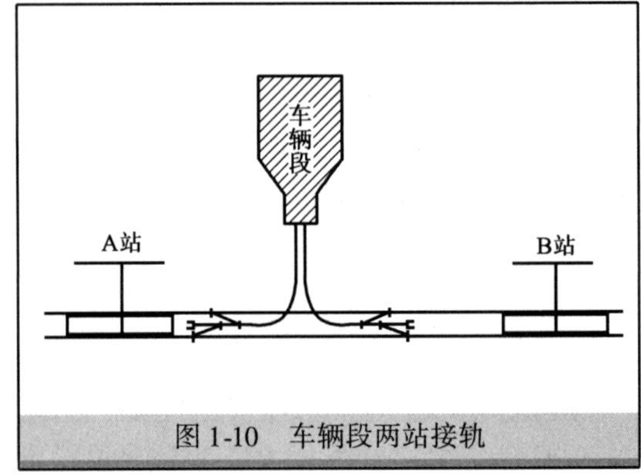

图1-10 车辆段两站接轨

三 控制系统

1 信号系统

信号系统是用于指挥和控制列车运行的设备系统,是安全行车的重要保证,也是列车通过能力和输送能力的决定因素之一,影响着城市轨道交通的行车速度和行车间隔时间。

信号系统通常包括三大部分:基础设备、联锁设备和列车自动运行控制系统(又称为ATC系统——Automatic Train Control System)。

二维码4

(1)信号系统基础设备包括:(色灯)信号机、(电动)转辙机、轨道电路、计轴设备等。

(2)联锁设备。道岔、进路和信号三者之间相互制约的关系称为"联锁"(二维码4),实现这种联锁关系的设备叫联锁设备。确保只有当线路空闲,进路道岔位置正确并锁闭,敌对信号未开放时,防护该进路的信号机才能开放。一旦开放则该进路上的道岔位置不能转换,敌对信号不能开放。

联锁设备具有以下功能:轨道电路的处理、进路控制、道岔控制、信号控制、进路自动设置。车站行车值班员通过控制台(LCW)控制现场设备,并通过表示盘(墙式大表示盘或显示器)所反映的现场设备状态来监视车站情况。控制台和表示盘可以设在本站,也可设在控制中心,通过遥控、遥测手段来实现监控。

(3)列车自动运行控制系统。城市轨道交通的信号系统是保证列车运行安全和提高运输效率的重要设施。由于城市轨道交通行车密度大、站间距离短,所以对列车运行的安全性和自动化程度有更高的要求。传统的信号系统是通过设置在地面的色灯信号机传递不同的行车命令,司机根据地面的信号显示,按照行车有关规定操纵列车进站、出站、区间运行,这种制式基本上是依赖司机保证行车安全。这种传统的信号系统已不能适应城市轨道交通系统高密度、高安全性的行车要求。目前,我国城市轨道交通系统车辆段内一般使用微机联锁设备,设有地面信号机,信号机和道岔由车辆段信号控制室集中控制。正线使用 ATC 列车自动控制系统,车站不设进、出站信号机,区间无通过信号机,在区间或车站设置道岔时,在该处设有地面防护信号,以确保进路开通正确。

基于通信的列车运行控制系统(Communication Based Train Control,简称 CBTC 系统)即支持移动闭塞的列车运行控制系统,它不仅适用于新建的各种城市轨道交通,也适用于旧线改造、不同编组运行以及不同线路的跨线运行。近年来,随着通信技术的发展,尤其是无线通信、计算机网络技术和数字信号处理技术的迅速发展,信号系统的冗余、容错技术的完善,在信号这个传统领域为 CBTC 的发展奠定了基础,CBTC 系统已逐渐被信号界所认可。基于感应环线通信的移动闭塞 CBTC 系统,在我国也已运用于城市轨道交通;而基于无线(Radio)通信虚拟闭塞的 CBTC 系统,已经在国外多个城市轨道交通中被采纳,我国某些大城市的城市轨道交通也已经选用这种制式。

2 通信系统

通信系统是城市轨道交通运营的联络中枢,它的主要任务是及时传递运营各系统、各部门和控制中心间及其相互间的信息,以便及时采取行动确保整个系统正常运营。整个通信系统包括以下 5 个子系统。

(1)传输系统。在城市轨道交通系统内,传输系统为设备系统提供传输信道,如为电话、广播、闭路电视图像、无线通信系统、电力监控系统(SCADA)、自动售检票系统(AFC)、环控系统(BAS)、防灾报警系统(FAS)、办公系统及其他自动化系统等提供必要的传输信道。

(2)电话子系统。电话子系统由公务电话通信系统和专用电话通信系统组成。

①公务电话通信系统:包括各车站、控制中心、各系统设备的维修单位、各管理单位以及管理指挥机关内部及单位之间的公务电话通信系统。

②专用电话通信系统:包括调度电话、站间直通电话和轨旁电话。

调度电话:包括行车调度、电力调度、环控调度、专用调度和各车站、车辆运用单位等用户之间的直接通话。

站间直通电话:由专用通道传递,拎起直通,主要办理行车业务用。

轨旁电话:供有关专业人员及时报告运行线路发生的故障及其他紧急情况。

(3)广播系统。该系统的主要作用是向乘客及时通报运营信息或播放音乐以改善候车环境;在故障等特殊情况下,通报行车、客运安排;必要时亦可紧急召唤检修、抢修人员。

(4)电视监视系统。电视监视系统主要是供控制中心的调度人员和车站值班员实时、有选择地监视沿线各车站(主要是站台及站厅)的状况;监视客流动态,以确保乘客进出站及乘降列车的安全和有序;监视列车在车站作业情况,以确保行车安全。该系统也可供列车司机监控乘客乘降列车情况,一般情况下站台列车停车位置头部装有显示器,显示器由两台摄像机摄出了乘客上下列车及车门、屏蔽门的开闭情况。

(5)无线通信系统。无线通信系统一般供在移动状态下工作的人员(例如司机、检修人员及站务人员等)在工作中和调度及指挥机构取得联系时通话使用,必要时可以使用无线通信发布调度口头命令,指挥行车。无线通信系统包括列车无线调度电话、车辆段无线电话及应急抢险无线电话等若干部分。

四 其他重要的设备系统

二维码5

二维码6

二维码7

1 供电系统

城市轨道交通供电系统,担负着整个交通系统运行所需电能的供应与传输,是系统安全可靠运行的重要保证。一般取自城市电网,且大部分为城市电网一级负荷,要求比较高,以确保供电的可靠性。

城市轨道交通供电系统包括外部电源、主变电所、牵引供电系统、动力照明供电系统、电力监控系统。

(1)牵引供电系统(二维码5)。牵引供电系统为电动客车运行提供电能,它由牵引变电所、接触网、钢轨等组成。目前,我国各城市的地铁和轻轨采用的电压制式均在750~1 500V之间。接触网分为接触轨(又称为第三轨)和架空接触网两种(二维码6、7)。各城市轨道交通系统可根据各自实际情况采用不同的供电方式。如沈阳地铁采用了1 500V接触网供电方式。

(2)动力照明供电系统。动力照明供电系统为车站和区间各类照明、自动扶梯、风机、水泵等动力机械设备和通信、信号、自动化等设备提供电源,它由降压变电所和动力照明配电线路组成。

(3)电力监控系统。电力监控系统的作用是保证控制中心能够对供电系统的主变电所、牵引变电所、降压变电所的供电设备的运行状态实时进行监控、控制及数据采集。它由控制中心的主机、设在各变电所的远程控制终端以及连接终端与中心的通信网络三部分组成。

2 环控系统

环控系统是采用BAS(Building Automation System)这种先进的楼宇自动化系统对地铁车站及区间隧道进行环境监控的系统。BAS系统对地铁车站及区间隧道内的空调通风、给排水、照明、电梯、自动扶梯、导向标识等机电设备进行全面运行管理和控制。当发生火灾等非正常情况时,能够及时迅速地进入防灾运行模式,根据火灾报警系统发送的着火点信息,自动调整送风和排风状态,进行通风排烟,这样极大地提高了城市轨道交通运营的智能化和安全性。

3 防灾报警系统

防灾报警系统能够监测车站和隧道内的空气温度和车站烟雾浓度,监测防排烟设备和气体灭火设备的运行状态。当监测到火灾险情后,及时向控制中心、本站气体灭火系统、本站环境监控系统发送报警信息。

4 给排水系统

(1)给水系统。目前我国城市轨道交通给水系统,大致可分为下列几类:生产、生活和消防共用的给水系统,生产、生活给水系统,消火栓给水系统,自动喷水灭火给水系统,空调冷却循环给水系统。

(2)排水系统。排水系统主要处理系统的粪便污水、结构渗水、冲洗及消防等废水和车站露天出入口及洞口的雨水。一般包括主排水泵站、辅助排水泵站、污水泵站、局部排水泵站和临时排水泵站。

第二节 城市轨道交通调度的工作内容

一 城市轨道交通调度工作的作用与任务

城市轨道交通运输调度是轨道交通企业日常运输组织的指挥中枢,担负着组织行车、提高运营服务质量、确保运输安全、完成乘客运输计划和实现列车运行图的重要责任。它对城市轨道交通日常工作的开展起着决定性的作用。

在运营过程中,为了保证完成乘客运输计划,实现列车运行图,必须进行一系列的日常工作组织,城市轨道运输工作的日常工作组织就是通称的调度工作。

城市轨道交通调度工作的任务,就是科学地组织客流,经济合理地使用各种设备,不断挖掘运输潜力,根据列车运行图和每日的具体状况,促使与运输相关的各部门密切配合,采用相应的调整措施,努力完成运输生产任务,以满足乘客出行的需要。

二 城市轨道交通调度机构

为了实现安全正点的行车,进行不间断的组织指挥和监督,城市轨道交通企业都会设置控制中心。控制中心将整个运输生产活动按业务性质分成若干部分,并设置不同的调度工种,分别管理不同的工作(见图1-11)。如在控制中心中,通常设置行车调度、环控调度和电力调度等调度工种。各专业调度就是在控制中心中完成对列车和车站的监控,以保证各条线路的安全运营。

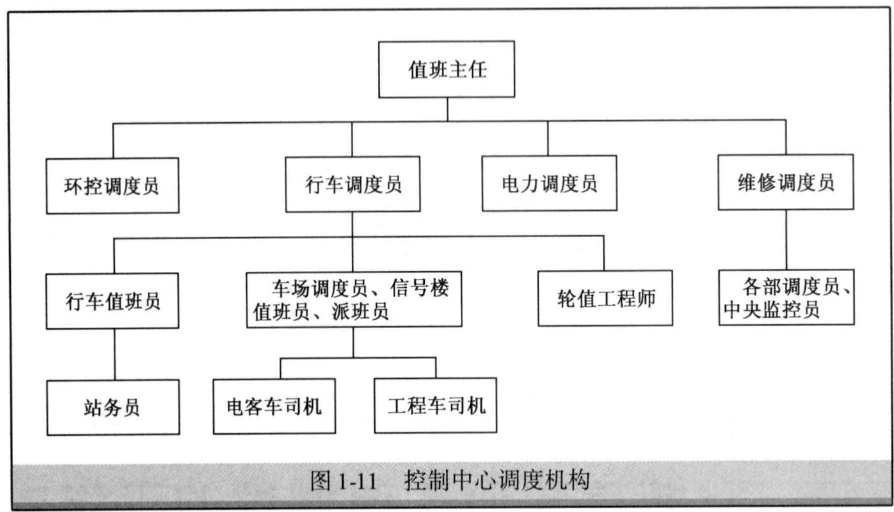

图1-11　控制中心调度机构

值班主任是调度班组工作的领导者。在值班中,值班主任接受控制中心主任的领导,负责统一指挥协调各种调度工种及车站、车辆段的相关人员的工作,并组织处理运营中出现的各种故障和事故。

行车调度员是行车工作的指挥者,负责监控列车的运行状况,掌握列车的运行、到发情况,发布调度命令,检查各站执行和完成行车计划情况;在列车晚点或发生事故时,组织和指挥车站工作人员、列车司机以及相关的各个部门及时采取相应措施,尽快恢复列车运行,减少运营损失。

环控调度员的职责主要是监控通风、空调、给排水等和环境相关的各种设备,及时调节所管辖区段内的温度、湿度、空气流动速度和含尘量等各种参数,以保证候乘环境的质量,满足乘客的出行需要。

电力调度员的职责主要是监控变电所、接触网以及与供电相关的各种设备,并及时采集各种数据,保证各个车站和列车供电的可靠性与安全性。

维修调度员的职责主要是监控各运营设备的运行情况、故障信息以及各项检修任务完成情况的统计及分析,协助行车调度员下达抢险命令,组织有关人员进行事故抢修。

三 行车调度工作

在各专业调度中,行车调度是运输调度工作的核心工种,担负着指挥列车运行、贯彻安全生产、实现列车运行图和完成运输计划的重要任务。

1 行车调度员的基本职责

行车调度员是列车运行的组织者和指挥者,其基本职责为:

(1)组织指挥各部门、各工种严格按照列车运行图的规定和要求行车。

(2)组织列车到发和途中运行,监控列车行车和设备运转状况。

(3)根据客流变化,及时调整列车开行计划。

(4)列车晚点、运行秩序紊乱时,通过自动或人工列车运行调整,尽快恢复按图行车。

(5)发生行车事故时,应按照规定立即向上级和有关部门报告,并迅速采取救援措施,最大限度地减少人员伤亡、降低事故损失、防止事故升级,及时恢复列车的正常运行。

(6)安排各种检修施工作业,组织施工列车开行。

2 行车调度员的岗位要求

鉴于行车调度员对列车的安全运营起着决定性的作用,因此,每个城市轨道交通企业对行车调度员的要求都是非常严格的。从总体上讲,行车调度员不仅需要扎实的专业知识,还需要具备较高的能力(如分析处理问题能力、反应能力和沟通能力等)。一般来说,从事行车调度工作的人员应具备下列基本条件:

(1)有较高的思想政治觉悟,爱岗敬业,遵章守纪,团结协作,文明礼貌,有严肃认真的工作态度。

(2)具备大专及以上学历。

(3)从事城市轨道交通行车工作三年以上。

(4)通过心理素质测试。

(5)经过调度专业知识学习。

(6)经过跟班实习。

(7)熟悉人、车、天、地、电、设备、规章等各种和运营相关的情况。

①人:熟悉各站值班站长及司机的基本情况,包括他们的业务能力、工作习惯、家庭情况和个性特点等,以便于更好地组织工作。

②车:熟悉车辆结构、列车的基本工作原理以及车辆主要系统(如制动系统、转向架系统和传动系统等)常见故障的处理方法,以便于在车辆出现故障时能沉着冷静地进行合理调度,使故障的影响降到最小。

③天:熟悉天气变化对行车造成的影响(如雨、雪天对站厅、站台的影响;露天线路、天气变化可能给行车工作带来的影响等)。行车调度员若能及时掌握天气变化,便可以根据不同的天气情况提前采取有效的调整措施,以保证列车安全、正点地运行。

④地:熟悉列车运行过程中途经线路的曲线、坡度、信号机布置、桥隧及建筑物限界等情况。

⑤电:掌握所管辖区段线路牵引供电区域的划分以及供电情况。

⑥设备:主要指信号设备、环控设备、防灾报警设备、车站监控设备、售检票设备、电扶梯系统、动力照明系统、屏蔽门等和列车运行相关的各种设备。

⑦规章:行车调度员应全面掌握《技术管理规程》《行车组织规则》《行车调度规则》和《行车事故处理规则》等各种和列车运营及事故处理相关的规章制度。

3 调度命令

1)调度命令的发布

调度命令是调度人员在工作中对有关行车人员发出的指示或命令，只能由值班行车调度员发布。在发布调度命令之前，值班行车调度员应详细了解现场的情况，认真听取有关人员的意见。调度命令的内容应简明扼要，术语标准，不得任意简化。调度命令发布后，有关作业人员必须严格执行，不得违反。

调度命令必须一事一令，先拟后发。调度命令包括书面命令和口头命令。需发布口头调度命令的情况包括：临时加开或停开列车（包括客车、工程车及救援列车）；客车推进运行、退行，工程车退行；停站客车临时变通过列车；改变列车驾驶模式等。需发布书面调度命令的情况包括：封锁、开通区间；向封锁区间开行救援列车、施工列车；临时变更或恢复原行车闭塞法；反方向行车；封站或解除封站；行车调度员认为有必要记录的命令等。

2）行车调度命令的格式

为了使行车调度命令发布规范化、用语标准化，调度命令的内容要准确、简练、清晰、完整，以提高工作效率，确保安全生产。各轨道交通企业均应对常用的行车调度命令格式和用语进行统一，其目的是强化发布调度命令的标准化，保证行车的安全。以国内部分城市轨道交通系统为例，现列举几种常用的调度命令格式（见表1-1～表1-4）。

加开工程车命令格式　　表1-1

<table>
<tr><td rowspan="2">受令处所</td><td rowspan="2">车场调度、信号楼、派班室、××站至××站，派班室（××站）交××次列车司机</td><td>日期</td><td>命令号码</td><td>行车调度员姓名</td><td>发布时间</td></tr>
<tr><td>×××</td><td>×××</td><td>×××</td><td>×××</td></tr>
<tr><td>命令内容</td><td colspan="5">1. 因××单位施工需要，准（车辆段）××站至××站上/下行正线加开××次，返程××站至××站（至车辆段）开×××次；
2. ×××次车辆段（××站）开×时×分；
3. ××次凭地面信号显示行车；
4. ×××次到××站上/下行站台待令</td></tr>
</table>

封锁命令格式　　表1-2

<table>
<tr><td rowspan="2">受令处所</td><td rowspan="2">××站至××站，××站交×××次列车司机</td><td>日期</td><td>命令号码</td><td>行车调度员姓名</td><td>发布时间</td></tr>
<tr><td>×××</td><td>×××</td><td>×××</td><td>×××</td></tr>
<tr><td>命令内容</td><td colspan="5">1. 自发令时起，××站至××站上/下行正线线路封锁；
2. 准×××次进入该封锁线路（及两端地线范围）内往返运行；
3. ×××次作业完毕到××站上/下行站台待令</td></tr>
</table>

消限命令格式　　表1-3

<table>
<tr><td rowspan="2">受令处所</td><td rowspan="2">车场调度、派班室、××站至××站，派班室（××站）交×××次列车司机</td><td>日期</td><td>命令号码</td><td>行车调度员姓名</td><td>发布时间</td></tr>
<tr><td>×××</td><td>×××</td><td>×××</td><td>×××</td></tr>
<tr><td>命令内容</td><td colspan="5">自发令时起，前发×××号令取消，恢复正常速度运行</td></tr>
</table>

采取电话闭塞法格式　　表1-4

<table>
<tr><td rowspan="2">受令处所</td><td rowspan="2">××站至××站，××站交×××次列车司机</td><td>日期</td><td>命令号码</td><td>行车调度员姓名</td><td>发布时间</td></tr>
<tr><td>×××</td><td>×××</td><td>×××</td><td>×××</td></tr>
<tr><td>命令内容</td><td colspan="5">1. 因××站联锁设备故障，自发令时起，××站至××站上/下行实行电话闭塞法组织行车；
2. 列车凭路票及车站发车指示信号动车</td></tr>
</table>

第三节　行车组织概述

一　列车运行基本概念

1　运营时刻表

运营时刻表是行车组织工作的基础，它规定了运营线路的每个运营周期（一般为每天）的起止时间、高峰期起止时间、各次列车占用区间的顺序、列车在一个车站到达和出发（或通过）的时刻、列车在区间的运行时分、列车在车站的停站时分、折返站列车折返作业时间及电客车出入车辆段的时刻。

运营时刻表也是城市轨道交通行车组织的一个综合性计划。如，车站根据运营时刻表所规定的列车到达和出发时刻，安排本站行车组织工作和客运组织工作；车辆维修部门根据运营时刻表在每天运营前要整备好运营需求的列车数；车辆运转部门根据运营时刻表的要求确定列车的派出时刻和司机的作息计划；线路桥梁、通信、信号、供电、机电等专业部门也根据运营时刻表的规定来安排施工计划和维修计划。

2　行车间隔及列车停站时间

（1）行车间隔。

行车间隔是指列车更替时间，通俗地说是两列同方向载客列车的间隔时间。

（2）列车停站时间。

列车停站时间是指列车停站作业时间。它的计算方法是从列车对标停妥时刻起至列车从本站发出（不再停下）的时刻止。对列车来说，一般包括开、关门和乘客上、下车所需时间的总和。

影响列车停站时间的主要因素有：

(1)车门、屏蔽门的开关时间。

(2)列车满员和乘客拥挤程度。

(3)乘客或其物品挡住车门、屏蔽门。

(4)司机确认车门、屏蔽门关好的时间。

列车停站时间一般在编制列车时刻表时根据设备能力和列车停站作业程序计算出最小值，有屏蔽门的车站一般不少于20s，客流较大的车站可放宽至30～60s。

3 列车延误及晚点

(1)列车延误及晚点的定义。列车延误是指运营列车在某一位置(一般指车站)的时刻比照其在时刻表规定的时刻延后的现象。列车晚点是指列车延误发生在本列次终点站时且符合列车晚点范围的现象。

(2)列车晚点统计方法。各城市轨道交通企业在列车晚点统计方法上不尽相同，以下是深圳地铁公司列车晚点统计方法及正、晚点的界定：

①列车晚点统计方法：比照运营时刻表单程每列晚点 N 秒(N 的取值为行车间隔的1/3，但最小值不低于120s)以下为正常，N 秒及以上为晚点。行车调度员应根据客车晚点情况及时采取措施，调整客车运行。因列车调整需要，在两端站晚发的列车不计为晚点，但在单程运行过程中增晚 N 秒及以上时为晚点。

②列车正、晚点的界定：凡按列车运行图图定车次、时间准点始发、终到的列车全部统计为正点列车数；临时加开列车按正点统计；由于客流变化而抽调部分列车或加开列车，行车调度员采取措施对部分列车调点时，该部分列车按正点统计。

③列车到、发、通过时刻的确认：

到达时刻：以列车在规定位置对正停稳为准。

出发时刻：以列车由车站(包括车辆段规定发车地点)前进起动(不再停下)时为准。

通过时刻：以列车最前部通过站线规定位置时为准。

4 列车种类及车次的规定

不同城市轨道交通系统根据各自运营实际，列车种类及车次的规定各不相同。下面以沈阳地铁公司为例来加以说明。

沈阳地铁公司列车种类及车次的规定如下：

电客车车次号规定：由5位代码组成。前三位为服务号，即101～999；后两位为行程号，即01～99；尾号为单数表示下行，尾号为双数表示上行(表1-5)。

5 行车时间的规定

行车时间以北京时间为准，从零时起计算，实行24小时制。行车日期划分以零时为界。

零时以前办妥的行车手续，零时以后仍视为有效。

列车服务号及车次号规定　　表1-5

序　号	列车类别	服务号	备　注
1	客运列车	101～399	图定载客列车
2	调试列车	401～499	正线调试用列车
3	临客	501～599	临时加开载客列车
4	空客车	601～699	不载客列车
5	工程列车	701～799	含调车机、工程车、轨道车、钢轨打磨车等内燃车及编挂车体
6	救援列车	801～899	包含电客车、内燃车等救援列车
7	专列	901～999	专用列车

二　行车组织及指挥

1 行车组织原则

行车组织工作必须坚持安全生产的方针，贯彻高度集中、统一指挥、逐级负责的原则；发扬协作精神。各单位、各部门要主动配合，紧密联系，协同动作，不断提高效率，安全、准时、高效地完成客运服务工作。

2 行车组织机构及其主要工作

(1)运营控制中心(OCC)。

运营控制中心是城市轨道交通系统运营日常管理、设备维修、行车组织的指挥中心，设有值班主任、行车调度员、电力调度员、环控调度员、维修调度员等工种，通过各调度员，对全线列车运营和设备运行情况进行总的监视、控制、协调、指挥和调度。运营控制中心也是城市轨道交通系统运营信息收发中心，所有与行车有关的信息必须通过OCC集散。

(2)车辆段控制中心(DCC)。

车辆段控制中心是车辆段管理、车辆维修组织和作业的控制中心，负责车辆段范围内的行车组织、维修施工管理，以及车辆日常检修、清洁、定修和临修工作控制，为轨道交通系统运营及设备维修施工提供数量足够和工况良好的客车和工程列车。

车辆段信号控制室设有微机联锁设备，集中控制车辆段范围内的进路、道岔和信号机，隶属车辆段调度员(简称场调)管理，车辆段信号控制室负责组织与监控列车进出车辆段，与其邻接车站通过转换轨相连接。

(3)车站。

车站设有车控室，主要任务是接发列车，并做好乘客服务工作，遇突发情况进行应急处理，确保行车安全和乘客的人身安全。

为确保城市轨道交通系统的安全、高效运营，各部门、各单位间须各尽其责，协调配合，下级要服从上级，严格按规章制度执行。

行车工作由行车调度员统一指挥，供电设备运作由电力调度员统一指挥，环控和防灾报警设备运作由环控调度员统一指挥，设备维修由维修调度员统一指挥。控制中心值班主任负责协调各工种调度工作，组织处理运营中发生的故障和事故。DCC 为二级调度机构，服从 OCC 统一指挥。车站行车组织工作由车站当班值班站长统一负责，行车值班员协助，值班站长必须服从行车调度员的统一指挥，执行调度命令。客车上的员工由司机负责指挥，工程列车上的员工由车长负责指挥。正线发生行车设备故障，车站值班站长（行车值班员）应及时报告行车调度员，由行车调度员通知各相关专业调度员、值班人员，并派人组织抢修。城市轨道交通运营行车指挥执行层次一般如图 1-11 所示。

三 主要行车人员的基本要求

1 行车调度员

作为实现列车时刻表的实际组织者，行车调度员肩负着控制整体系统、指挥列车运行、处理突发事件的重大责任。在值班调度主任的监督下，行车调度员须指挥得度，发令明确，处事果断，遇变不惊，充分发挥调度指挥作用，防止行车事故，保持高水平的运营。当发生重大故障影响正常行车时，要及时向值班调度主任汇报，并在值班调度主任的领导下进行工作。

2 列车司机

身为行车组织的最前线执行人员，列车司机肩负着安全驾驶列车、快捷运送乘客、保证人身安全的重大任务。要求列车司机时刻牢记安全第一的方针，并严格执行时刻表，服从行车调度员的指挥，精心操纵列车，发现问题要及时向行车调度员汇报，及时处理危机，为广大乘客提供优质的旅程服务。

3 车站行车值班员和站务员

车站人员要确保自动化设备和所提供的服务能满足乘客的需求，也要保障在车站管辖范围内乘客的安全；车站的运输服务工作需要与控制中心紧密合作，车站人员随时准备执行行车调度员命令，协助行车调度员完成行车组织工作，根据客流状况作出适当的安排。

4 车辆段人员

车辆段人员是行车组织工作中重要的后勤保障人员，为正线列车安全运营提供状态良好的列车，要求各岗位人员认真做好列车检修、维护及准备工作。严格按列车时刻表做好调车及发车工作，以维持列车运营顺畅，并随时准备接受行车调度员的特别调度安排，以应对特别情况的需要。

四 信号显示

信号是指示列车运行及调车作业的命令，有关行车人员必须严格执行。信号的显示方式及使用方法，应按各城市轨道交通企业的《行车组织规则》中的规定执行。有关人员必须熟记有关信号显示的规定，严格执行信号显示的命令，以保证行车安全和提高运输效率。

信号分为视觉信号和听觉信号两大类（二维码8）。如信号机、信号灯、信号旗、信号标志牌等显示的信号，都是视觉信号；口笛发出的音响和客车、工程车、轨道车的鸣笛声都是听觉信号。视觉信号分为固定信号、车载信号、手信号、信号标志牌。

1 固定信号

二维码8

二维码9

（1）正线的固定信号。

地面信号机显示由主显示（红、绿和黄）和辅助显示（蓝色）组成；其中主显示用于非CBTC列车，辅助显示用于CBTC列车。对于非CBTC列车，使用主显示，当接近地面信号机时，区域控制器发出一个安全的信息给联锁，让信号机不显示蓝灯。辅助显示（蓝灯）对于非CBTC列车为禁止信号。见二维码9。

防护信号机显示颜色为黄、绿、红、蓝四显示，显示方式及显示意义如下：

①绿灯——进路排列至下一架信号机，进路中的所有道岔都在直向且电锁闭，允许列车在线路限速条件下运行；

②黄灯——进路开放至下一架信号机，进路上至少有一个道岔在侧向且电锁闭，允许列车在道岔开通方向按规定的限速条件运行；

③红灯——绝对停止信号，不允许列车越过此信号机；

④黄灯＋红灯——引导信号，引导运行限速为25km/h，并随时准备停车；列车安全完全由人工保证；

⑤蓝灯——CBTC列车可越过该架信号机，非CBTC列车不允许越过该信号机。

阻挡信号机位于线路上的折返位置。这些信号机有三种显示方式：

①绿灯——进路排列至下一架信号机；

②红灯——绝对停止信号，不允许列车越过此信号机；

③蓝灯——CBTC列车可越过该架信号机，非CBTC列车不允许越过该信号机。

（2）车辆段信号。

在车辆段转换轨两端分别设置进、出段信号机，进段信号机由车辆段控制，出段信号机由控制中心和正线车站控制。车辆段内另设红、月白两显示调车信号机。

进段信号机显示方式及显示意义如下：

①绿灯——允许进段；

②红灯——禁止列车越过该信号机；

③黄灯＋红灯——引导进段。

三显示列车阻挡兼调车信号机(绿灯封闭)显示方式及显示意义如下:

①红灯——禁止越过该信号机;

②月白灯——允许调车。

二显示调车信号机显示方式及显示意义如下:

①红灯——禁止调车或越过该信号机;

②月白灯——允许调车。

任何信号机的灯光熄灭、显示不明或显示不正确时,均视为停车信号。

2 车载信号

图 1-12 为车载信号 TOD 屏。其中包括速度、时间、列车运行模式、目标距离、司机号、列车运行状态等信息。

二维码 10

二维码 11

3 手信号(二维码 10、11)

行车人员应严格遵守手信号的指示。手信号分为徒手信号、信号旗(昼间用的手信号)及信号灯(夜间用的手信号);按用途分为列车手信号和调车手信号。在昼间遇降大雾、暴风雨雪及其他情况而导致视野不明朗时,由行车调度员指示,使用夜间信号;任何不明确或不正确的手信号都应视为危险信号,司机必须立即停车。

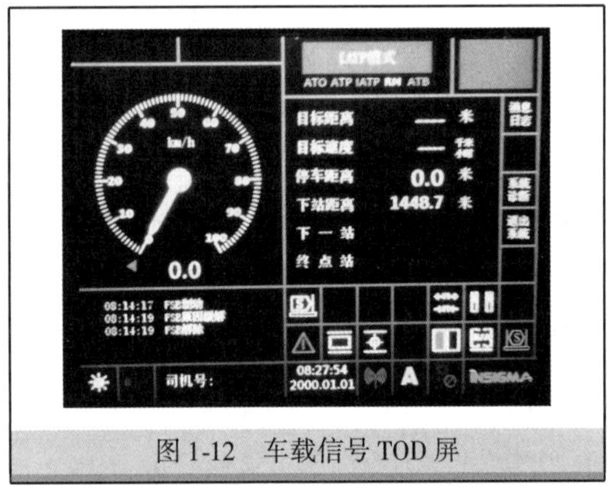

图 1-12　车载信号 TOD 屏

4 信号标志牌(二维码 12)

在轨道旁设置有关信号标志牌,如停车标、接近车站预告标、限速标、鸣笛标等,以提示司机有关注意事项,确保行车安全,司机须严格执行。

二维码 12

五 列车运行组织工作简述

城市轨道交通系统的正常运行需要多部门、多工种岗位人员密切配合,须在统一领导指挥下协同工作,才能保证城市轨道交通运输的安全和高效。运营控制中心(OCC)就是为实现行车工作的统一组织指挥而设置的,控制中心的设备包括信号系统、供电系统、环控系统、主机及显示屏、通信系统等。列车运行时由行车调度员、电力调度员、环控调度员、维修调度员分别担任行车系统、供电系统、环控系统、设备系统的调度指挥。

正常情况下,城市轨道交通系统的自动化系统均由系统主机按设定的模式运行,列车在司机的监护及必要的操作下正常行驶,同时运行的信息(如列车位置、列车间隔及是否偏离设定的运行图)、供电及环控系统运行状态在显示屏上实时显示,调度员可随时监视、掌握列车运行状态和有关系统运行状况。调度员还可以利用有线或无线通信系统随时和有关人员(如司机、行车值班员/值班站长、车场调度员、维修调度员、供电及环控等系统管理人员)通话了解有关情况。

发生一般的问题,如列车晚点,系统设备可自动调整运行。发生信号系统设备故障时,可根据故障问题的不同,在行车调度员的统一指挥下,采用不同的列车驾驶模式和行车组织方法组织行车。列车驾驶模式和行车组织方法在后面的章节中有详细描述。遇有重大事故,如列车故障停运、线路故障停运、牵引供电设备故障停运等,则由各工种调度员按照预案或紧急抢修方案有序地指挥有关司机、车站行车值班员、牵引变电所值班员、环控值班人员、事故现场抢修人员等,采取必要的措施迅速进行抢修。有关车站按照指令进行客运组织工作,在确保乘客安全的前提下,尽快恢复设备和列车的正常运行。必要时,一边抢修,一边组织行车作业,缩小事故影响范围,疏散滞留乘客。所有这些工作都要在调度指挥下,按指令操作。

第二章

城市轨道交通列车开行方案

列车开行计划是城市轨道交通系统日常运输组织的基础。列车开行计划编制的基础是客流、技术设备及其能力等，列车开行计划的内容除了全日行车计划外，还包括列车运行交路、列车停站设计和车辆运用计划等。

第一节 全日行车计划

全日行车计划是营业时间内各个小时开行的列车对数计划，它规定了城市轨道交通线路的日常运输任务，是编制列车运行图、计算运输工作量和确定车辆运用的基础资料。

全日行车计划编制的基础是客流计划。客流是指在单位时间内，城市轨道交通线路上乘客流动人数和流动方向的总和。客流的概念既表明了乘客在空间上的位移及其数量，又强调了这种位移带有方向性和具有起讫位置。客流可以是预测客流，也可以是实际客流。在建成新线投入运营的情况下，客流计划是根据客流预测资料进行编制的；在现有运营线路的情况下，客流计划可根据客流统计资料和客流调查资料进行编制。

客流计划以站间发、到客流量数据作为原始资料，通过计算得到各站不同方向的上下车人数和全日分时最大断面客流量等客流数据。在客流计划编制过程中，高峰小时的断面客流量可以通过高峰小时站间发、到客流数据来计算，也可以通过全日站间发、到客流量数据来估算。在用全日站间发、到客流数据时，在求出全日断面客流量数据后，高峰小时的断面客流量按占全日断面客流量的一定比例来估算，比例系数的取值可通过客流调查来确定。

一 全日行车计划编制资料

1 营业时间

城市轨道交通系统营业时间的安排主要应考虑两个因素：一是方便乘客，满足城市生活的需要，即考虑城市居民出行活动的特点；二是满足轨道交通系统各项设备检修养护的需要。根据资料显示，世界上大多数城市的轨道交通系统营业时间在 18 ~ 20h 之间。延长运营时间，是城市轨道交通系统提高服务水平的体现。

2 全日分时最大断面客流量(二维码 13)

二维码 13

全日分时最大断面客流量通常是在高峰小时断面客流量的基础上，根据全日客流分布模拟图来计算确定的。

3 列车定员数

列车定员数是列车编组辆数和车辆定员数的乘积。

列车编组辆数的确定以高峰小时最大断面客流量作为基本依据。在客流量一定的情况下，为达到一定的运能，除可采用增加列车编组辆数措施外，也可采用缩短行车间隔时间的措施。但在行车密度已经较大时，为满足增长的客流需求，往往选用增加列车编组辆数的措施。此时，城市轨道交通系统保有的运用车辆数是增加列车编组辆数的限制因素之一，其他限制因素还包括车站站台长度和车辆段停车线长度等。

车辆定员数的多少取决于车辆的尺寸、车厢内座位布置方式和车门设置数。在车辆限界范围内，车辆长宽尺寸越大载客越多，车厢内座位纵向布置较横向布置载客要多，车厢内车门区较座位区载客要多。

4 线路断面满载率

线路断面满载率是指在单位时间内特定断面上的车辆载客能力利用率。在实际工作中，线路断面满载率通常是指早高峰小时、单向最大客流断面的车辆载客能力利用率，计算公式如下：

$$\beta = \frac{p_{\max}}{c_{\max}} \times 100\%$$

式中：β——线路断面满载率；

$p_{\max}$——单向最大断面客流量，人；

$c_{\max}$——高峰小时线路输送能力，人。

线路断面满载率既反映了高峰小时开行列车在最大客流断面的满载程度，也反映了乘客乘车的舒适程度。为了提高车辆运用效率、降低运输成本和提高经济效益，在编制全日行车计划时，轨道交通系统可采用列车在高峰小时适当超载的做法。

二 全日行车计划编制程序

1 计算营业时间内各小时应开行列车数

计算公式如下：

$$n_i = \frac{p_{\max}}{p_{列}\beta}$$

式中：n_i——全日分时开行列车数，列或对；

$p_{列}$——列车定员数，人。

2 计算行车间隔时间

计算公式如下：

$$t_{间隔} = \frac{3\,600}{n_i}$$

式中：$t_{间隔}$——行车间隔时间，s。

3 最终确定全日行车计划

在已经计算得到各小时应开行列车数和行车间隔时间的基础上，应检查是否存在某段时间内行车间隔时间过长的情况。行车间隔时间过长，会增加乘客的候车时间，降低乘客的出行速度，不利于吸引客流。为方便乘客、提高服务水平，轨道交通系统在非高峰运营时间内，如9:00～16:00间的非高峰运营时间，最终确定的行车间隔时间标准一般不宜大于6min；而在其他非高峰运营时间内，最终确定的行车间隔时间标准也不宜大于10min。另外，对全日行车计划中的高峰小时行车间隔时间，应检验是否符合列车在折返站的出发间隔时间。

三 全日行车计划编制实例

1 编制资料

（1）早高峰小时（7:00～8:00）站间 *OD* 客流数据见表2-1。

早高峰小时站间 *OD* 客流量（人）　　表2-1

O \ *D*	A	B	C	D	E	F	G	H
A		2 341	2 033	2 518	1 626	2 104	3 245	4 232
B	2 314		575	1 540	1 320	2 282	2 603	3 112
C	1 887	524		187	281	761	959	1 587
D	2 575	1 376	199		153	665	940	1 638
E	1 556	1 253	322	158		143	426	1 040
F	3 100	2 337	662	691	162		280	1 895
G	4 191	3 109	816	956	448	388		711
H	3 560	2 918	1 569	1 728	967	1 752	671	

（2）分时最大断面客流分布比例见图2-1。

（3）列车编组为6辆，车辆定员为310人。

（4）线路断面满载率，早、晚高峰小时为1.1，其他运营时间为0.9。

2 编制全日行车计划

（1）计算早高峰小时断面客流量：根据早高峰小时站间 *OD* 客流数据，计算早高峰小时断面客流量，计算结果见表2-2，早高峰小时最大断面客流量为29 543人。

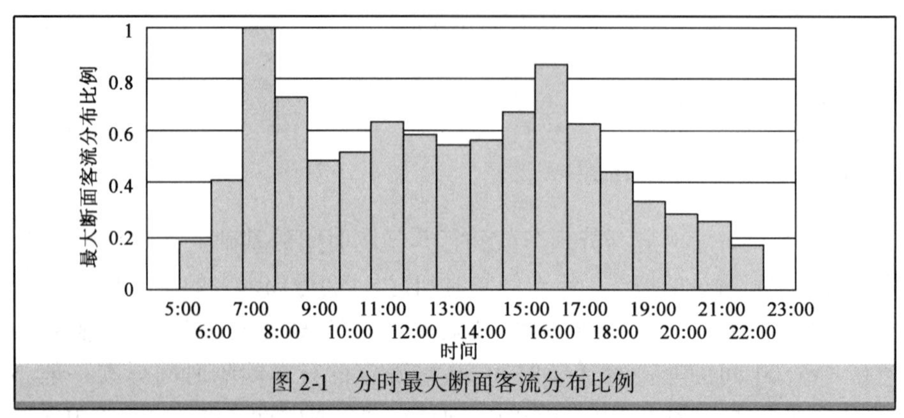

图 2-1 分时最大断面客流分布比例

早高峰小时上下车人数与断面客流量(人) 表 2-2

下行			车站	上行		
断面客流量	上车	下车		下车	上车	断面客流量
	18 099	0	A	19 183	0	
18 099						19 183
	11 432	2 341	B	11 517	2 314	
27 190						28 386
	3 775	2 608	C	3 568	2 411	
28 357						29 543
	3 396	4 245	D	3 533	4 150	
27 508						28 926
	1 609	3 380	E	1 577	3 289	
25 737						27 214
	2 175	5 955	F	2 140	6 952	
21 957						22 402
	711	8 453	G	671	9 908	
14 215						13 165
	0	14 215	H	0	13 165	

(2)计算分时最大断面客流量:根据分时最大断面客流分布比例图,计算分时最大断面客流量,计算结果见表 2-3。

分时最大断面客流量(人) 表 2-3

运营时间	最大断面客流量	运营时间	最大断面客流量
5:00~6:00	5 318	14:00~15:00	16 840
6:00~7:00	12 408	15:00~16:00	20 089
7:00~8:00	29 543	16:00~17:00	25 407
8:00~9:00	21 862	17:00~18:00	18 612
9:00~10:00	14 476	18:00~19:00	12 999
10:00~11:00	15 362	19:00~20:00	9 749
11:00~12:00	18 908	20:00~21:00	8 272
12:00~13:00	17 430	21:00~22:00	7 386
13:00~14:00	16 249	22:00~23:00	4 727

(3)计算分时开行列车数:根据分时最大断面客流量、列车定员与线路断面满载率数据,计算分时开行列车数,计算结果见表 2-4。

分时开行列车数　　表 2-4

运营时间	开行列车数	运营时间	开行列车数
5:00～6:00	4	14:00～15:00	10
6:00～7:00	8	15:00～16:00	12
7:00～8:00	15	16:00～17:00	13
8:00～9:00	13	17:00～18:00	12
9:00～10:00	9	18:00～19:00	8
10:00～11:00	10	19:00～20:00	6
11:00～12:00	12	20:00～21:00	5
12:00～13:00	11	21:00～22:00	5
13:00～14:00	10	22:00～23:00	3

(4)最终确定全日行车计划：检查表 2-4 中的分时开行列车数，非高峰运营时间内部分小时的行车间隔较长(超过了 10min 或 6min)，为保持一定的服务水平，对开行列车数进行调整，最终确定的全日行车计划见表 2-5。

全日行车计划　　表 2-5

运营时间	开行列车数	行车间隔	运营时间	开行列车数	行车间隔
5:00～6:00	6	10min	14:00～15:00	10	6min
6:00～7:00	8	7min30s	15:00～16:00	12	5min
7:00～8:00	15	4min	16:00～17:00	13	4min35s
8:00～9:00	13	4min35s	17:00～18:00	12	5min
9:00～10:00	10	6min	18:00～19:00	10	6min
10:00～11:00	10	6min	19:00～20:00	10	6min
11:00～12:00	12	5min	20:00～21:00	10	6min
12:00～13:00	11	5min25s	21:00～22:00	6	10min
13:00～14:00	10	6min	22:00～23:00	6	10min

该轨道交通线路全天开行列车 184 对，其中早高峰小时开行列车 15 对，行车间隔为 4min，晚高峰小时开行列车 13 对，行车间隔为 4min35s。假设早高峰小时客运量占全日客运量的比例为 0.2，则全日客运量为 4 169 30 人次。

第二节　列车开行方案

长期以来，我国城市轨道交通的列车开行方案基本上是采用长交路、站站停车方案。但现有轨道交通线路的延伸和城市轨道交通网络的形成，使列车运行组织面临新的问题，这就是在线路各区段客流相差悬殊时或不同轨道交通线路共线运行时，如何根据现有客流、设施条件，采用相适应的列车开行方案，实现乘客服务水平、线路通过能力利用和各项运营指标的最优化。

一 列车运行交路(二维码 14)

在列车开行计划中，列车交路规定了列车的运行区段、折返车站和按不同列车交路运行的列车对数。在线路各区段客流量不均衡程度较大的情况下，采用合理的列车交路，能在不降低服务水平的前提下提高车辆运用效率，避免运能浪费，使行车组织做到经济合理。

二维码 14

列车交路有长交路、短交路和长短交路三种。长交路是指列车在线路的两个终点站间运行。短交路是指列车在线路的某一区段内运行，在指定的车站上折返。而长短交路是指列车在线路上的运行距离有长、短两种情形。

图 2-2a)是长交路列车运行的图解，从行车组织的角度，长交路要较短交路列车运行组织简单，对中间站折返设备要求也不高，但在各区段客流量不均衡程度较大的情况下，会产生部分区段运能的浪费。图 2-2b)是短交路列车运行的图解，将长交路改为短交路，能适应不同客流区段的运输需求，运营也比较经济，但要求中间折返站具有两个方向的折返能力以及具有方便的换乘条件，从乘客的角度，服务水平有所降低。图 2-2c)是长短交路列车运行的图解，长短交路混跑的组织方案，既能满足运输需求，又能提高运营效益。因此，在线路各区段客流量不均衡程度较大的情况下，可以采用以长交路为主、短交路为辅的列车交路安排，组织列车在线路上按不同的密度行车。同样，当高峰期间客流在空间分布上比较均匀，而低谷期间客流在空间上分布相差悬殊时，也可以在低谷时间采用长短交路列车运行方案，组织开行部分在中间站折返的短交路列车。

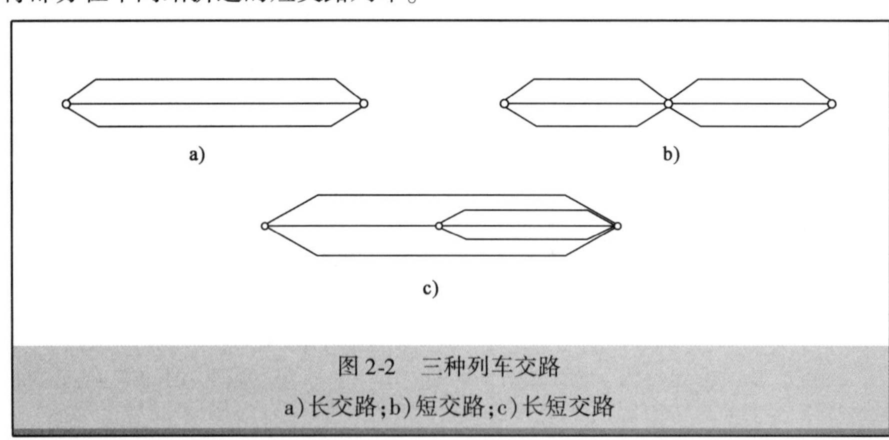

图 2-2 三种列车交路

a)长交路；b)短交路；c)长短交路

在我国城市轨道交通的运营实践中，列车运行交路通常是采用长交路，偶有采用长短交路，很少采用短交路。采用长短交路时，为加速中间站折返作业，不影响线路通过能力，对折返站加强乘客上下车作业组织提出了很高的要求。

二 列车停站设计(二维码15)

二维码15

传统的城市轨道交通列车停站设计,总是安排列车站站停车,但从优化列车运行组织、提高列车旅行速度和节约乘客出行时间的角度出发,根据具体线路的客流特点,还可比选采用下面两种列车运行方案。

1 跨站停车列车运行方案

该方案将全线车站分成A、B、C三类。A、B两类车站按相邻分布原则确定,C类车站按每隔若干个车站(图2-3中是每隔4个)选择一站原则确定。所有列车均应在C类车站停车作业,但在A、B两类车站则分别停车作业,见图2-3。

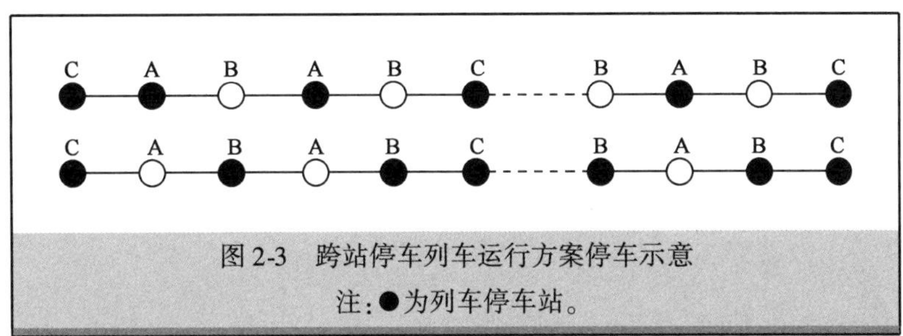

图2-3　跨站停车列车运行方案停车示意

注:●为列车停车站。

跨站停车列车运行方案减少了列车停站次数,因而能压缩列车旅行时间和乘客乘车时间,提高旅行速度。同时,由于车辆周转加快,能够减少车辆使用,降低运营成本。该方案的问题是:由于A、B两类车站的列车到达间隔加大,乘客候车时间有所增加;此外,在A、B两类车站间乘车的乘客需在C类车站换乘,这给乘客带来不便。因此,该方案比较适用于C类车站客流较大,而A、B两类车站客流较小,并且乘客平均乘车距离较远的情况。

2 分段停车列车运行方案

该方案在长短列车交路的基础上,规定长交路运行列车在短交路区段外每站停车作业,在短交路区段内不停车通过;而短交路运行列车则在短交路区段内每站停车作业;短交路列车的中间折返点作为换乘站,见图2-4。

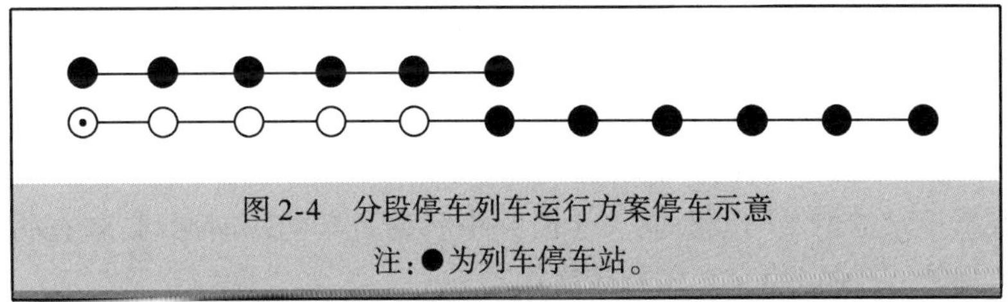

图2-4　分段停车列车运行方案停车示意

注:●为列车停车站。

分段停车列车运行方案减少了长交路列车的停站次数,因而能压缩长途乘客在列车上消耗的时间;列车旅行速度的提高也有利于加快长交路运行车辆的周转。该方案的主要问题是,上下车不在同一交路区段的乘客需要换乘,增加了在车站内消耗的时间。因此，采用分段停车列车运行方案的基本依据是乘客时间得到的总节约应大于增加的总消耗。

第三节 车辆运用计划

一 车辆运用分类

为完成乘客运送任务，轨道交通系统必须保有一定数量的车辆。车辆按运用上的区别，分为运用车、检修车和备用车三类。

1 运用车

运用车是为完成日常运输任务而配备的技术状态良好的车辆，运用车的需要数与高峰小时开行列车对数、列车旅行速度及在折返站停留时间各项因素有关，按下式计算：

$$N = \frac{n_{高峰}\theta_{列}\ m}{3\ 600}$$

式中：N——运用车辆数，辆；

$n_{高峰}$——高峰小时开行列车数，对；

$\theta_{列}$——列车周转时间，s；

m——列车编组辆数，辆。

列车周转时间是指列车在线路上往返一次所消耗的全部时间。它包括了列车在区间运行、列车在中间站停车供乘客乘降，以及列车在折返站进行折返作业的全过程。即

$$\theta_{列} = \sum t_{运} + \sum t_{站} + \sum t_{折停}$$

式中：$\sum t_{运}$——列车在线路上往返一次各区间运行时间的和，s；

$\sum t_{站}$——列车在线路上往返一次各中间站停站时间的和，s；

$\sum t_{折停}$——列车在折返站停留时间的和，s。

当列车在折返站的出发间隔时间大于高峰小时的行车间隔时间时，须在折返线上预置一个列车进行周转，此时运用车数需相应增加。

运用车数也可按下式计算：

$$N_{组} = T_{列}/t_{间隔}$$

式中：$N_{组}$——运用车组数，组；

$T_{列}$——列车往返运行所需全部时间,min;

$t_{间隔}$——列车发车间隔时间,min。

2 检修车

检修车是指处于定期检修状态的车辆。车辆的定期检修是一项有计划的预防性维修制度。车辆经过一段时间的运用后,各部件会产生磨耗、变形或损坏,为保证车辆技术状态良好和延长使用寿命,需要定期对车辆进行检修。

车辆的定期检修分成月检、定修、架修和大修(又称厂修)等,也有安排双周检与双月检的情形。不同的检修级别有不同的检修周期,参见表2-6某地铁线路的车辆检修级别和检修周期。车辆检修级别和检修周期是根据车辆各部件使用寿命以及车辆运用环境等因素综合考虑确定的。通过对车辆的不同部件制定不同的技术标准、检修级别和检修周期,使车辆在经过不同级别的定期检修后,能在整个检修周期内保持良好的技术状态。

车辆检修级别、周期及停时　　表2-6

检修级别	运用时间	走行里程(km)	检修停时
双周检	2周	4 000	4h
双月检	2月	20 000	2d
定修	1年	100 000	10d
架修	5年	500 000	25d
大修	10年	1 000 000	40d

车辆检修周期是一个与车辆段建设规模和车辆段作业组织关系密切的技术指标,它也是推算检修车数的基础资料之一。检修周期主要是根据车辆运用的时间确定,但也有综合考虑车辆运用时间和走行公里确定的情况。在以运用时间确定检修周期的情况下,根据每种检修级别的年检修工作量和每种检修级别的检修停时,可以推算检修车数。

除车辆的定期检修外,车辆的日常检修有日检(又称列检),检修停时每日2h。此外,还应考虑车辆临修,车辆临修的停时按运用列车平均每年一次,每次2d确定。

3 备用车

为了适应客流变化,确保完成临时紧急的运输任务,以及预防运用车发生故障,必须保有若干技术状态良好的备用车辆。备用车的数量一般控制在运用车数的10%左右。备用车原则上应停放在线路两端终点站或车辆段内。

二 车辆运用计划

车辆运用计划在列车运行图和车辆检修计划的基础上进行编制。车辆运用计划包括以下四个方面。

1 排定车辆出入段顺序和时间

在新列车运行图下达后，车辆段有关部门应根据列车运行图的要求，及时排定运用车辆的出段顺序、时间和担当车次，回段顺序、时间和返回方向。出段时间根据列车运行图关于列车在始发站出发时刻的规定确定，出段时间应分别明确司机出勤时间、客车车底出库和出段时间。回段时间和返回方向同样也根据列车运行图确定。

2 铺画车辆周转图

列车正线运行通常采用循环交路，根据列车运行图和车辆出段顺序，车辆运用计划以车辆周转图的形式规定了全日对应各出段顺序的车辆在线路上往返运行的交路，车辆在两端折返站到达和出发时间，以及车辆出入段时间和顺序，见图 2-5。

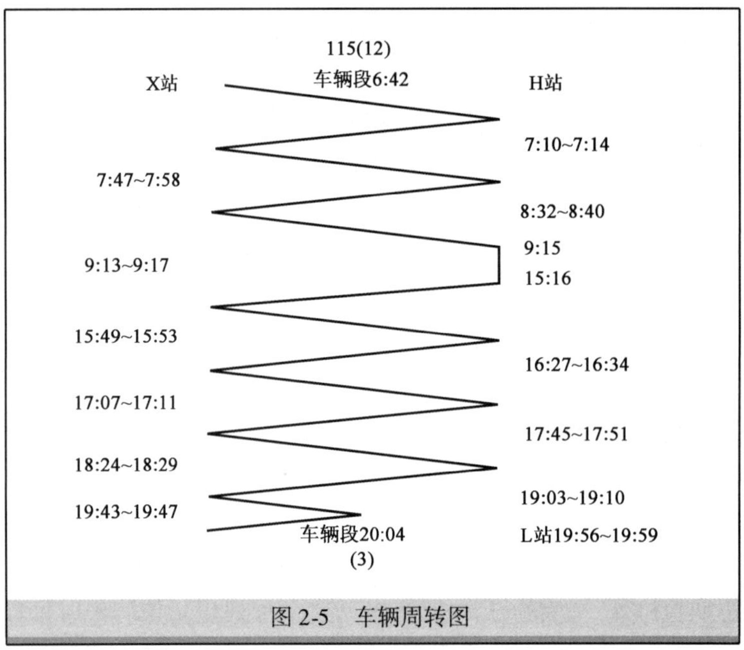

图 2-5 车辆周转图

3 确定对应各出段顺序的车辆(客车车底)

根据车辆的运用情况和技术状态，在每日傍晚具体规定次日车辆的出段顺序和担当交路。在具体规定车辆的运用时，应注意使各客车车底的走行公里数能在一定时期内大体均衡。

4 配备司机

为提高车辆利用效率和劳动生产率，轨道交通系统的乘务制度通常是采用轮乘制。由于司机值乘的列车不固定，在编制车辆运用计划时，应对司机的出退勤时间、地点和值乘列车车次，以及工间休息和吃饭等同步作出安排。在安排司机的工作时，应注意司机的连续工作时间不要过长。

第三章

列车运行图

第一节 列车运行图的格式与分类

一 列车运行图的意义

在组织旅客运输的生产过程中,列车运行是一个很复杂的环节,它要利用多种技术设备,要求各个部门、各工种和各项作业之间互相协调配合。如与列车运行有关的部门,应安排好本单位的行车工作、调车工作和运输工作计划;车辆部门确定列车运用计划,乘务部门确定司机排班计划;其他如工务、电务部门则安排施工计划和维修计划等。

列车运行图是轨道交通运输企业实现列车安全、正点运行和经济有效组织运输工作的列车运行生产计划,它规定线路、站场、车辆等设备的运用,以及与行车各有关部门的工作,通过列车运行图,把整个轨道交通网的运输生产活动联系成一个统一的整体。另一方面,它又是轨道交通运输企业向社会提供运输能力的一种有效形式,供社会使用的旅客列车时刻表实质上就是轨道交通企业运输服务能力目录,从这个意义上来说,列车运行图是轨道交通运输企业组织运输生产和产品供应销售的综合计划。

列车运行图运用坐标原理图解列车运行的时空过程,是列车在区间运行及在车站的到发或通过时刻的技术文件。它规定各次列车占用区间的顺序、列车在每个车站的到达和出发(或通过)时刻、列车在区间的运行时间、列车在车站的停站时间以及车底折返等内容。

二 列车运行图的格式

1 列车运行图的定义

列车运行图是运用坐标原理表示列车运行的一种图解形式。列车运行图有两种不同的形式:

一种是用横坐标表示时间,纵坐标表示距离。在列车运行图上,将横轴按一定比例用竖线划成等分,竖线代表一昼夜的小时或分钟;将纵轴按一定比例用横线加以划分,横线代表分界点(如车站)的中心线,横线间的间距表示分界点间的距离。这样便构成了列车运行图的基本形式,多数轨道交通企业的列车运行图均采用该种形式,见图 3-1。

另一种是用横坐标表示距离，纵坐标表示时间。这时，运行图上的横线表示时间，竖线表示分界点中心线。少数轨道交通企业的列车运行图采用该种形式，见图 3-2。

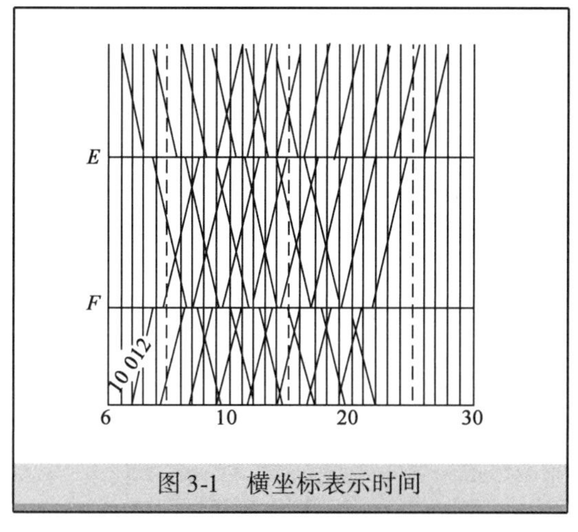

图 3-1　横坐标表示时间

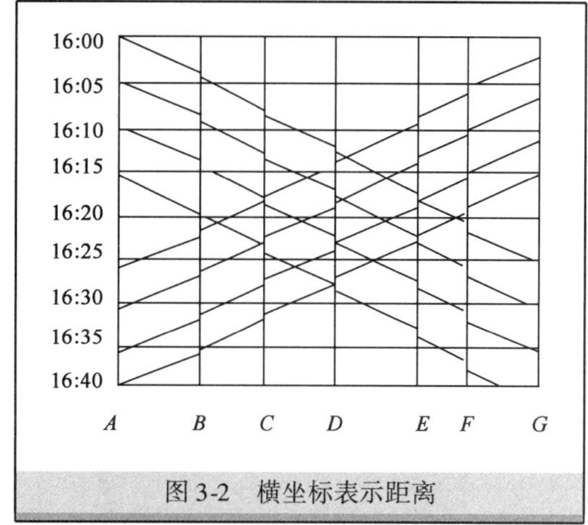

图 3-2　横坐标表示距离

2 列车运行图的分类

为了适应使用上的不同需要，列车运行图按时间划分的不同主要有以下四种基本格式。

(1)一分格运行图，如图 3-3 所示。它的横轴以 1min 为单位，用细竖线加以划分，10min 格和小时格用较粗的竖线表示。这种一分格运行图主要在编制新运行图和调度指挥时使用。

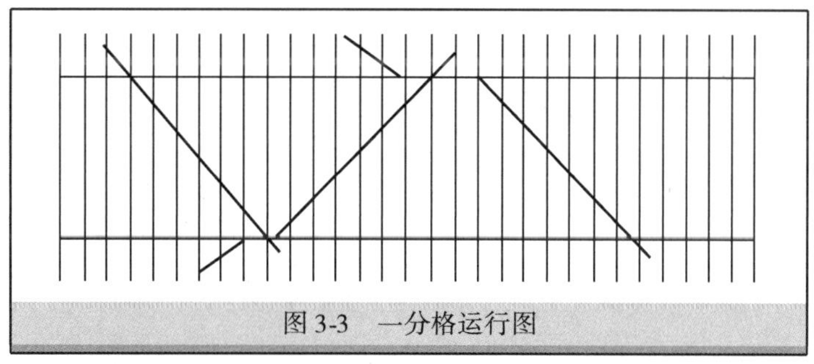
图 3-3　一分格运行图

(2)二分格运行图，如图 3-4 所示。它的横轴以 2min 为单位，用细竖线加以划分，城市轨道交通企业常用这种格式。

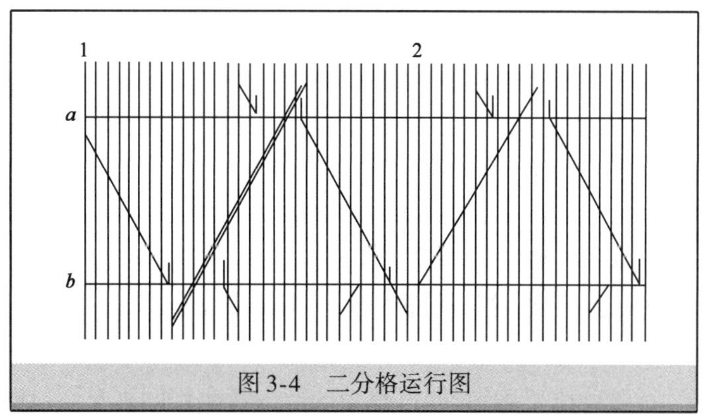

图 3-4　二分格运行图

(3)十分格运行图,如图3-5所示。它的横轴以10min为单位,用细竖线加以划分,半小时格用虚线表示,小时格用较粗的竖线表示。这种十分格运行图常用于铁路运输企业,主要供调度员在日常指挥工作中绘制实际运行图时使用。

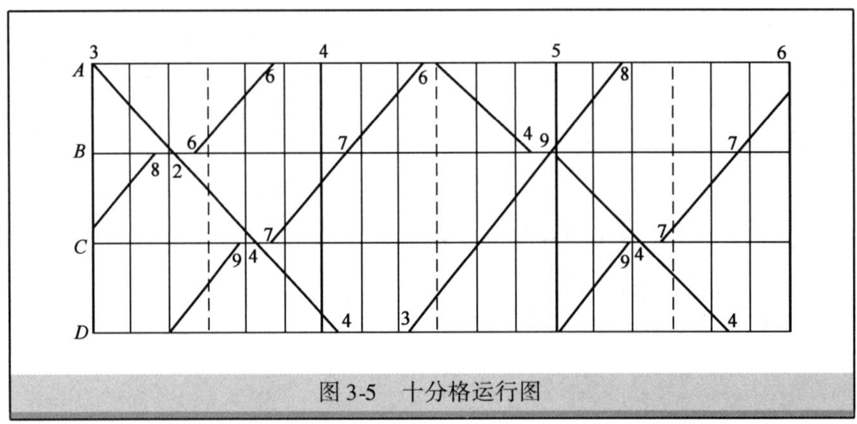

图3-5 十分格运行图

(4)小时格运行图,如图3-6所示。它的横轴以1h为单位,用竖线加以划分,这种小时格运行图主要用于铁路在编制旅客列车方案图和机车周转图时使用。

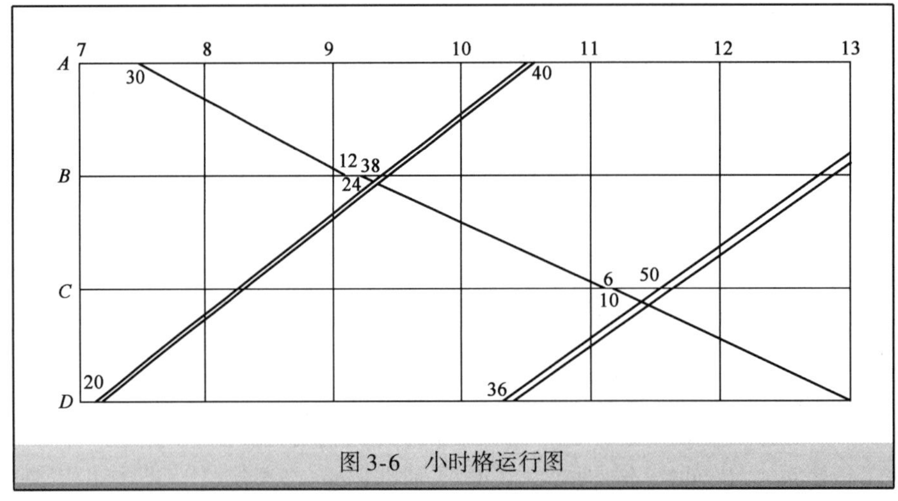

图3-6 小时格运行图

3 列车运行图的表示

在运行图上,以横线表示车站中心线的位置,即站名线。一般以细线表示中间站,以较粗的线表示换乘站或有折返作业的车站。站名线的确定方法有两种:

(1)根据区间实际里程比率确定,即按整个区段内各车站间实际里程的比例来确定横线位置,每一横线即表示一个车站的中心线。采用这种方法时,列车运行图上的站间距离完全反映实际情况,能明显地表示出站间距离的大小。但由于各区间的线路平面和纵断面互不相同,使列车运行速度有所区别,这样列车在整个区段的运行线往往是一条斜折线,如图3-7所示。

(2)根据区间运行时分比率确定,即按整个区段内各车站间列车运行时分的比例来确定横线位置。采用这种方法时，可以使列车在整个区段的运行线基本上是一条斜直线，如图3-8所示。

例：某列车	车站	时刻	行驶公里
始发	a	08:00	0km
途经	b	10:00	100km
终到	c	12:00	400km

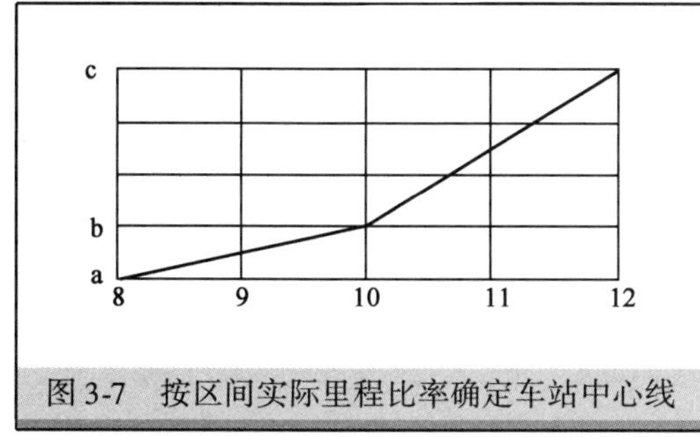

图 3-7　按区间实际里程比率确定车站中心线

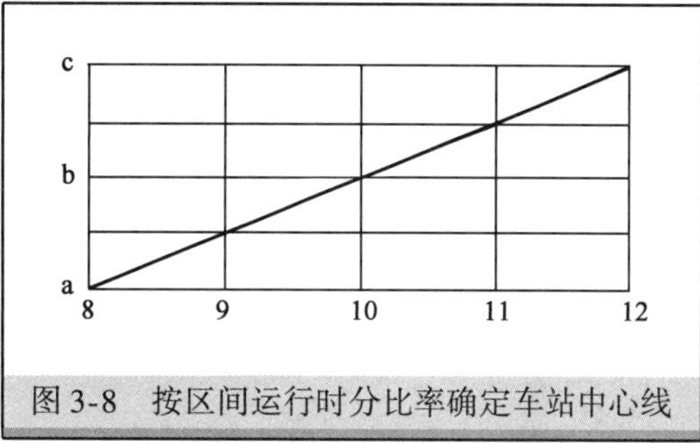

图 3-8　按区间运行时分比率确定车站中心线

列车运行图上的列车运行线（斜线）与车站中心线（横线）的交点，即为列车到、发或通过车站的时刻。根据列车运行图的格式，到发时刻有不同的表示方法。在二分格图上，以规定的标记符号表示，不需填写数字；在十分格图上，填写 10min 以下数字；在小时格图上，填写 60min 以下数字。所有表示时刻的数字，都填写在列车运行线与横线相交的钝角内，列车通过车站的时刻，一般填写在出站一端的钝角内。

列车运行图上铺画有许多不同种类列车的运行线，为了便于识别起见，对各种列车采用不同的表示方法，并对每一列车冠以规定的车次，标在区段两端相应的列车运行线上方。上行列车的车次为双数，下行列车的车次为单数。每条轨道交通线路的上行方向由城市轨道交通运营公司自行规定。

国内部分城市轨道交通系统列车运行线的表示见表 3-1，列车运行图符号如图 3-9 所示（二维码 16）。

二维码 16

列车运行线的表示　　表 3-1

序　号	列车种类	表示方法	图　例
1	电客车	红色实直线	
2	出入段列车和回空列车	红色实直线加红框	
3	救援列车	红色实直线加红叉	
4	调试列车	蓝色实直线	
5	工程车	黑色实直线	
6	临时客运列车	红色分段直线加红竖线	

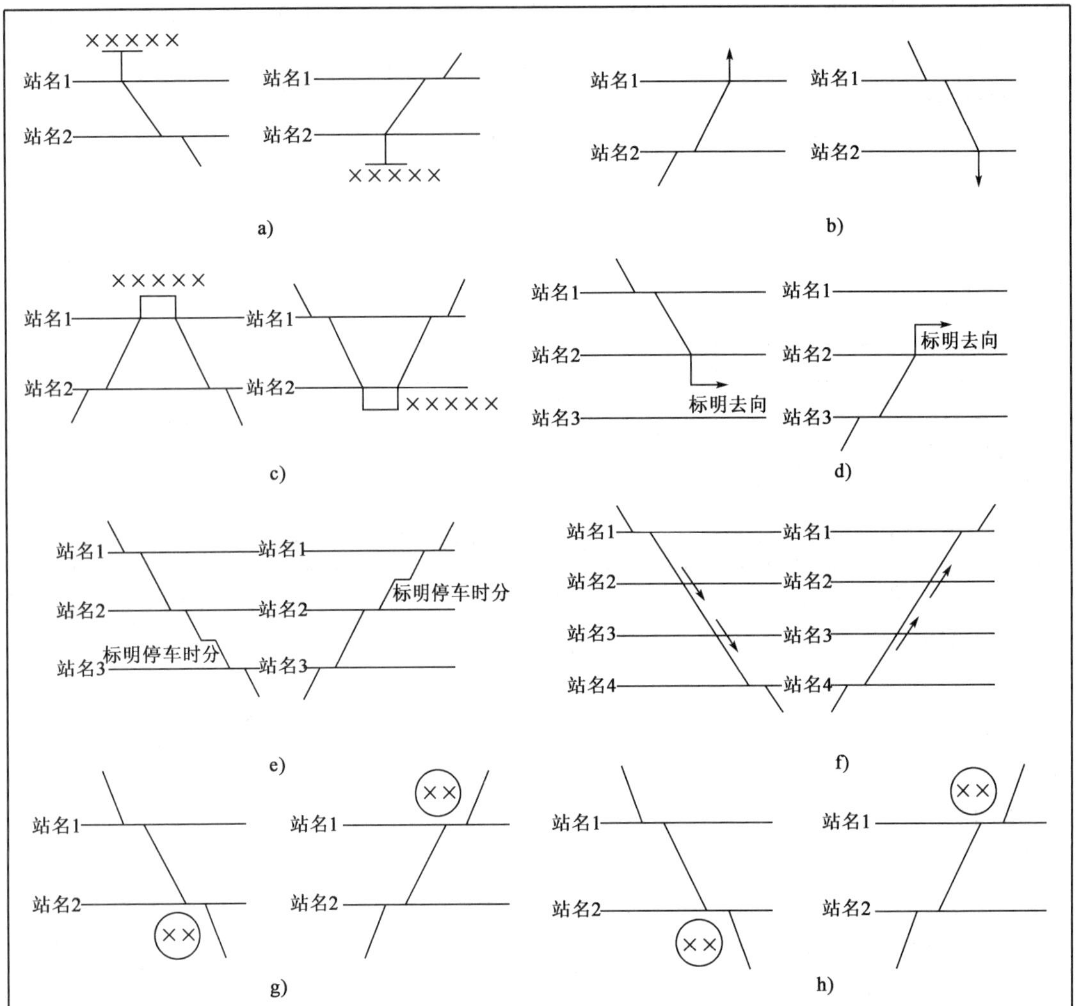

图 3-9　国内部分城市轨道交通系统的运行图符号

a）列车始发（从车辆段上正线）；b）列车终到（退出正线）；c）列车折返（含中途折返）；d）列车临时退出运行（中途进入折返线/存车线）；e）列车在区间停车；f）列车载客通过车站；g）列车早点画红圈，在圈内用红笔记早点时分；h）列车晚点画蓝圈，在圈内用蓝笔记晚点时分

列车运行中发生不正常情况时，在列车实际运行图记事栏内注明。

三　列车运行图的分类（二维码 17）

二维码 17

根据线路的技术设备（如单线、双线）和列车运行速度、上下行方向的列车数量、列车的运行方式等的不同，列车运行图可分为各种不同类型。

1　按使用范围分类

（1）地铁企业内部使用的列车运行图，通常以列车运行图形式提供使用。

(2)供社会使用的列车运行图,通常以旅客列车时刻表的形式供社会使用,旅客列车时刻表应在新运行图实行之前向社会公布。

2 按照区间正线数分类

(1)单线运行图。在单线区段,上下行方向的列车都在同一正线上运行,因此,两个方向的列车必须在车站上进行交会,单线运行图多半在运量不大的市郊铁路使用,如图 3-10 所示。

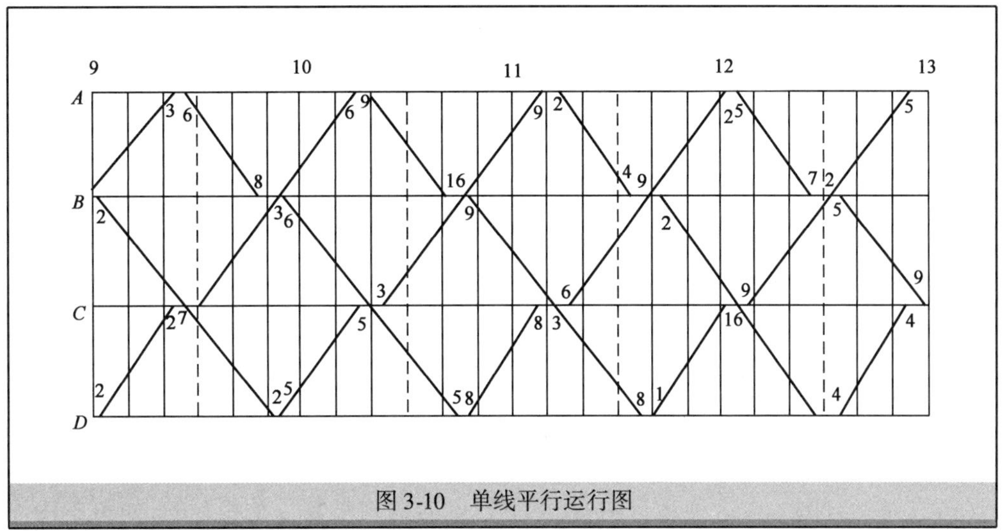

图 3-10　单线平行运行图

(2)双线运行图。在双线区段,上下行列车在各自的正线上运行,因此,上下行方向列车的运行互不干扰,可以在区间内或车站上交会。但列车的越行必须在车站上进行,如图 3-11 所示。

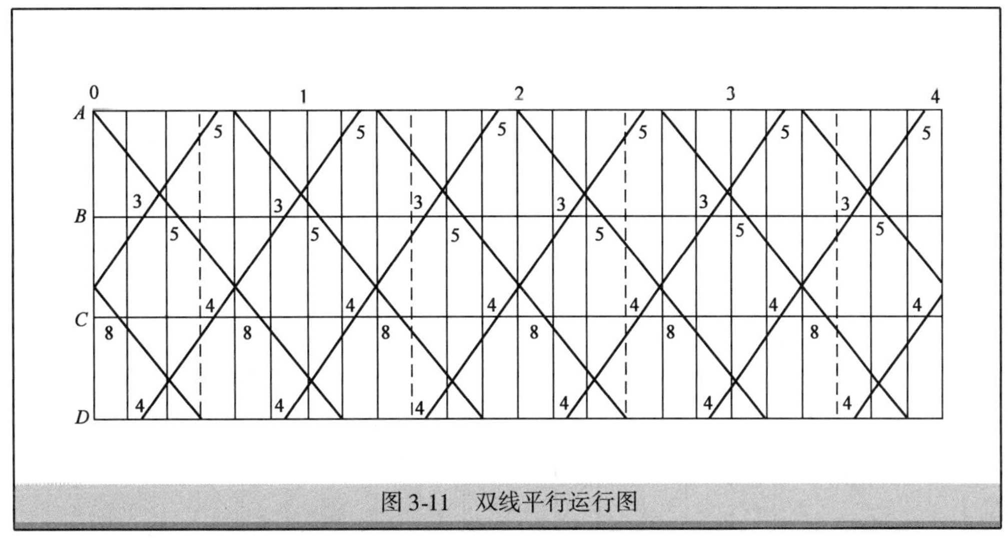

图 3-11　双线平行运行图

(3)单双线运行图。在有部分双线的区段,单线区间和双线区间分别按单线运行图和双线运行图的特点铺画运行线,如图 3-12 所示。

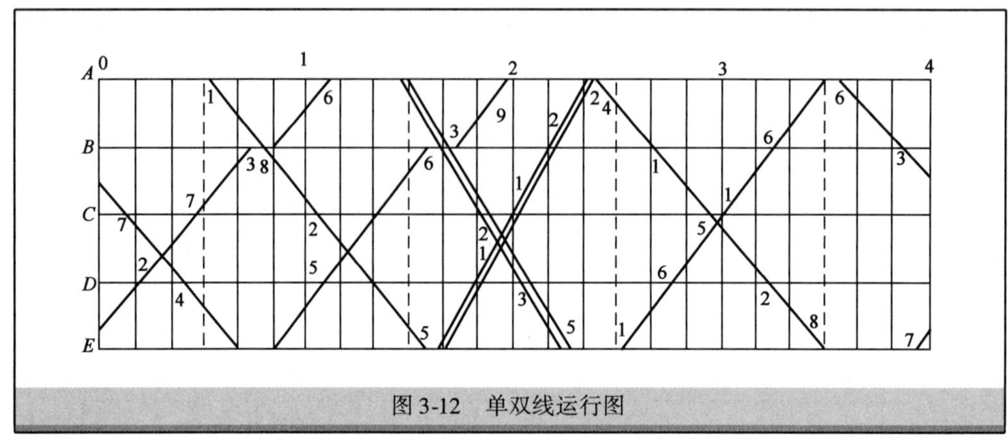

图 3-12　单双线运行图

3 按照列车运行速度的不同分类

(1)平行运行图。在同一区间内,同一方向列车的运行速度相同,因而运行线相互平行,并在区段内没有列车越行,如图 3-10 和图 3-11 所示。

(2)非平行运行图。在列车运行图上铺有各种不同速度和不同种类的列车,如图 3-12 所示。在轨道交通系统中,除市郊铁路外,通常不采用非平行运行图。

4 按照上下行方向列车数目的不同分类

(1)成对运行图。在这种运行图中,上下行方向的列车数目是相等的,如图 3-10 和图 3-11所示。

(2)不成对运行图。在这种运行图中,上下行方向的列车数目是不相等的,如图 3-13 所示。大部分区段的上、下行列车数是相等的,因此一般多采用成对运行图。只有在上、下行方向运量不等的个别区段,行车量较大方向的能力不足时,才采用不成对运行图。

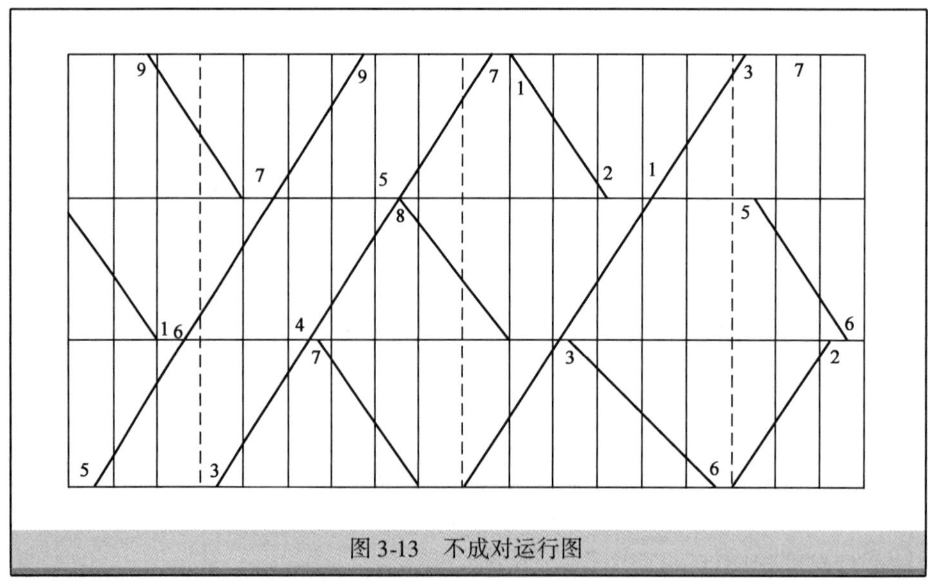

图 3-13　不成对运行图

5 按照同方向列车运行方式的不同分类

(1)连发运行图。在这种运行图上,同方向列车的运行以站间区间为间隔。在单线区段采用这种运行图时,在连发的一组列车之间不能铺画对向列车,如图 3-13 所示。

(2)追踪运行图。在这种运行图上,同方向列车的运行以闭塞分区为间隔,一个站间区间内允许几列同向列车同时运行。

上述分类,都是针对列车运行图的某一特点而加以区分的。实际上,每张运行图都具有几个方面的特点,例如某一区段的运行图,如图 3-14 所示,它既是双线的、非平行的,又是追踪的。

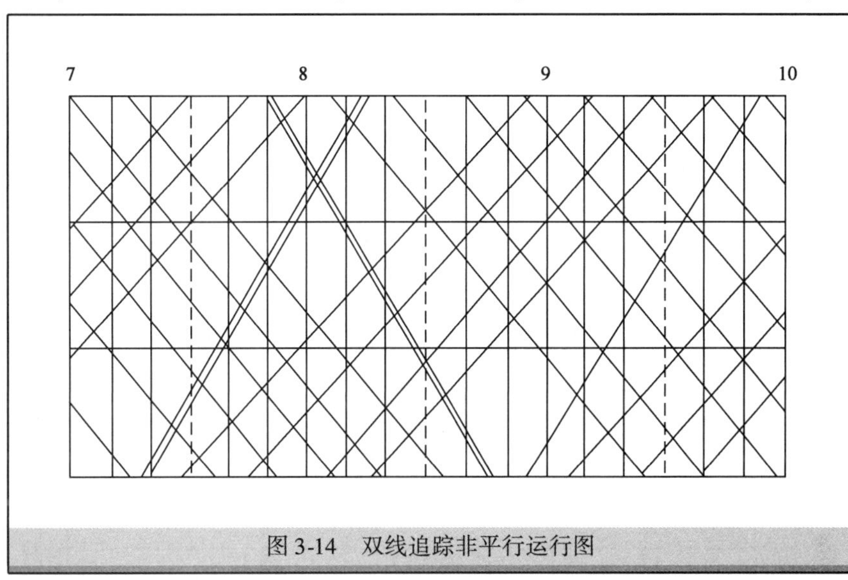

图 3-14　双线追踪非平行运行图

第二节 列车运行图的要素

列车运行图虽有各种不同的类型,但一些基本要素是相同的。在编制列车运行图之前,必须首先确定这些基本要素。

列车运行图要素(二维码 18)包括:列车区间运行时分,列车在中间站的停站时间,列车在车辆段和折返站等的技术作业过程及其主要作业时间标准,追踪列车间隔时间;在市郊铁路,还包括车站间隔时间、机车在基本段和折返段所在站的停留时间标准。

二维码 18

一 列车区间运行时分

列车区间运行时分是指列车在两个相邻车站之间的运行时间标准,采用分析计算和实际试验相结合的方法进行查定。

$$T_{运} = t_{纯运} + t_{起} + t_{停}$$

式中:$T_{运}$——列车区间运行时分,min;

$t_{纯运}$——列车不停车通过两个相邻车站所需的区间运行时分,min;

$t_{起}$——起动附加时分,min;

$t_{停}$——停车附加时分,min。

列车区间运行时分按车站中心线或通过信号机之间的距离计算。

由于不同列车的运行速度不同,上下行方向的线路平面、纵断面条件不相同,所以列车区间运行时分应按各种列车和上下行方向分别查定。

此外,列车区间运行时分还应根据列车在每一区间的两个车站上不停车通过和停车两种情况分别查定。列车不停车通过两相邻车站所需的区间运行时分称为纯运行时分。因列车到站停车和停站后出发而使区间运行时分延长的时分称为停车附加时分和起动附加时分。起停车附加时分应根据列车种类以及进出站线路平面、纵断面条件,分别计算查定。因此,列车区间运行时分有4种情况,即通通、通停、起通、起停,如图3-15所示。

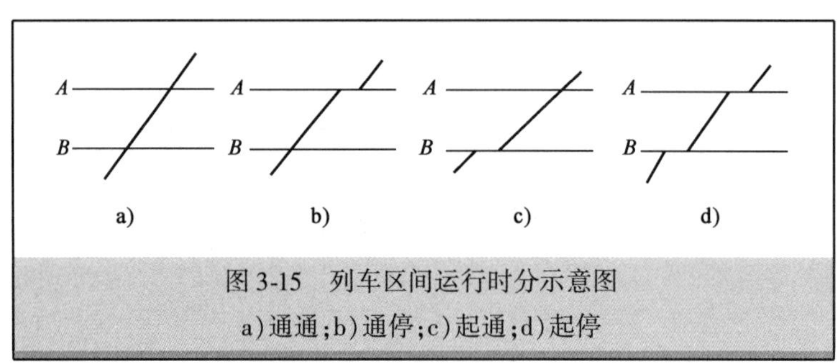

图3-15 列车区间运行时分示意图

a)通通;b)通停;c)起通;d)起停

二 最小行车间隔

一般说来,行车间隔时间的最小值取决于信号系统、车辆性能、折返能力、旅行时间、停站时间、投入运行的列车数等诸多因素。在城市轨道交通系统的高峰小时内,线路上个别车站的客流量大,上、下车时间较长。在技术设备和工程投资的条件一定的情况下,停站时间往往成为制约因素。最小行车间隔应留有一定的余量,当在列车运行秩序稍有紊乱时,信号系统和列车折返系统应有潜力缩短行车间隔时间,使整个系统的列车运行秩序尽快恢复正常。

三 列车在车辆段、折返站等的技术作业过程及其主要作业时间标准

城市轨道交通列车在车辆段、折返站的停留时间主要用来进行折返作业。根据列车折返方式的不同，作业时间标准也不同，站前折返比站后折返时间要少。一般地，提高运行图的通过能力，加速车底周转的一个重要措施是压缩列车在线路两端站的折返时间。

四 停站时间

列车停站时间从列车停稳开始，包括列车开门时间、上下客时间、确认站台情况时间、关门时间等。列车停站时间长短服从于旅客乘降的需要，因而主要取决于车站的乘客集散量、车辆的车门数和座位布置以及车站的疏导与管理措施等。即

$$t_{停站} = t_{门} + t_{上下} + \Delta t$$

式中：$t_{停站}$——每列车在车站的停留时间，s；

$t_{门}$——开关门时间，s；

$t_{上下}$——乘客上下车时间，s；

Δt——适当的富余时间。

为了乘客的安全，车辆在停妥状态时才能开关车门。车门开关的时间，依据车辆的不同而略有不同，一般开门在 5s 左右，关门在 3 ~ 5s。当站台上装有屏蔽门时，还应考虑到屏蔽门与车门开关的不同步时差。

乘客的上下车时间与高峰小时每列车的上下车人数，车辆的车门数和宽度，站台的疏导管理密切相关，可以通过计算确定。目前，根据实测资料统计，每名乘客上下车约需 0.6s。

五 追踪列车间隔时间

在自动闭塞区段，凡一个站间区间内同方向有两列或两列以上列车以闭塞分区为间隔运行的，称为追踪运行。追踪运行列车之间的最小间隔时间称为追踪列车间隔时间。

追踪列车的最小间隔时间，决定于同方向列车间隔的距离、列车的运行速度及信号、联锁、闭塞设备的类型。

在使用三显示自动闭塞的区段，追踪列车之间的间隔，通常情况下需相隔 3 个闭塞分区，这样，可以保证列车经常能看到绿灯显示，从而可以使后行列车在绿灯条件下保持高速运行，如图 3-16 所示。

追踪列车间隔时间的大小，与信号类型、车辆性能、接近车站的线路平纵断面情况、列车停站时间和行车组织方法等因素有关。目前我国地铁公司（如北京地铁部分线路）高峰时期最小列车间隔时间可低至 2min。

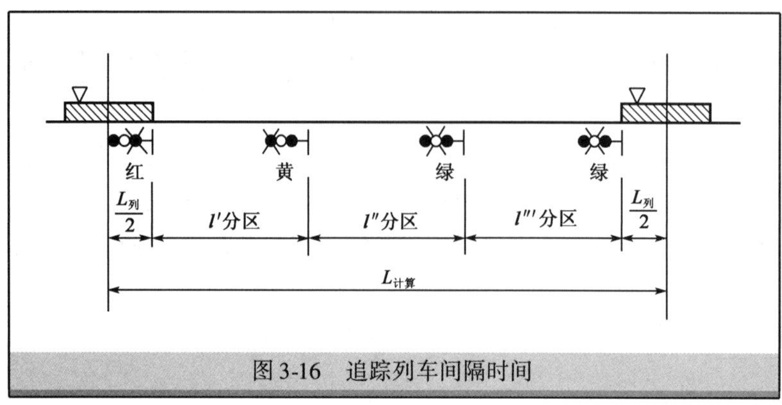

图 3-16　追踪列车间隔时间

六 车站间隔时间

城市轨道交通市郊铁路车站在办理两列车的到达、出发或通过作业所需要的最小间隔时间称为车站间隔时间。

常见的车站间隔时间包括不同时到达间隔时间、会车间隔时间、同方向列车连发间隔时间等。车站间隔时间与车站邻接区间的行车闭塞方法、车站信号和道岔的操纵方法、车站类型、接近车站线路的平纵断面情况、机车类型、列车重量和长度等因素有关。编制新列车运行图之前,每个车站都要根据具体条件,查定各种车站间隔时间。

1 不同时到达间隔时间($\tau_{不}$)

在单线区段,来自相对方向的两列车在车站交会时,从某一方向的列车到达车站时起,至相对方向列车到达或通过该站时止的最小间隔时间,称为不同时到达间隔时间,如图 3-17 所示。

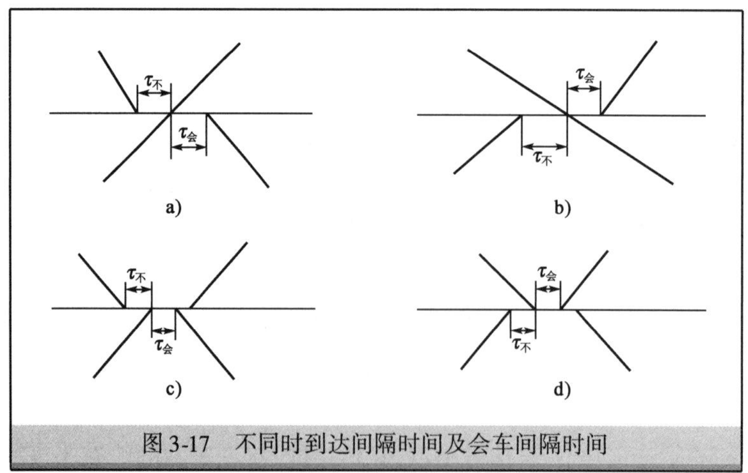

图 3-17　不同时到达间隔时间及会车间隔时间

为确保行车安全,在进站信号机外制动距离内,进站方向为超过《铁路技术管理规程》规定的下坡道且接车线末端无隔开设备的车站,禁止办理相对方向同时接车。凡是不能办理

相对方向同时接车的单线车站,必须查定不同时到达间隔时间。不同时到达间隔时间的大小,根据以下条件确定:

(1)进行有关作业的时间。只有当第一列车到达车站,并为对向列车准备好接车进路以后,才能给对向列车开放进站信号。

(2)对向列车通过进站距离的时间。为后到列车开放进站信号时,该列车头部在进站信号机外方所处的位置,等于一个制动距离及司机确认信号显示状态时间内所通过的距离之和,如图 3-18 所示。

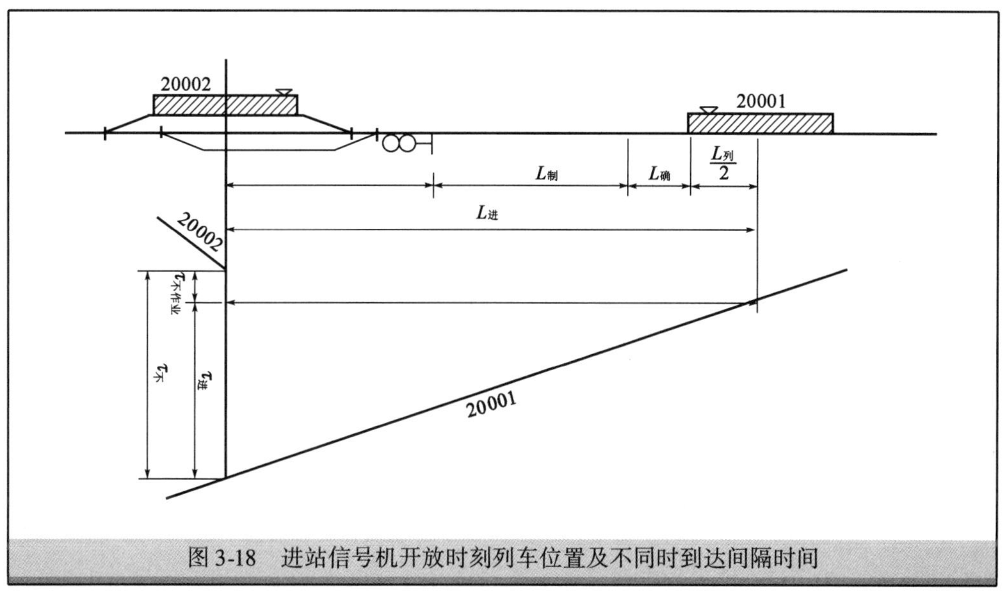

图 3-18 进站信号机开放时刻列车位置及不同时到达间隔时间

2 会车间隔时间($\tau_{会}$)

在单线区段,自列车到达或通过车站时起,至由该站向这个区间发出另一对向列车时止的最小间隔时间,称为会车间隔时间,如图 3-17 所示。

会车间隔时间是车站办理各项作业所需要的时间,包括:确认先到列车的到达或通过时间,与来车方向的邻站办理闭塞的时间,准备发车进路及开放出站信号机的时间,发车作业时间等。根据各站信联闭设备条件及其作业内容查定。

3 同方向列车连发间隔时间($\tau_{连}$)

半自动闭塞区段,单线或双线车站,从列车到达或通过前方邻接车站时起,至由车站向该区间再发出另一同方向列车时止的最小间隔时间,称为同方向列车连发间隔时间。

半自动闭塞区段同方向列车连发必须间隔一个 $\tau_{连}$ 时间的实质是半自动闭塞法组织行车时,列车的运行间隔是一个站间区间。当区间内有车时,车站不能向该区间发出另一列车,必须等前行列车到达前方站后,区间才能开通,两站才可办理下一列车的接发列车作业。

根据列车在区间的前后两站停车或通过的不同情况,连发间隔时间有四种类型:

(1)两列车在前后两站都通过。

(2)前行列车在前方站停车,后行列车在后方站通过。

(3)前行列车在前方站通过,后行列车在后方站停车。

(4)两列车在前后两站都停车。

第三节 列车运行图的编制

随着城市轨道交通客运量的不断增长,尤其是当轨道交通形成网络之后,客运量的增长日益显著,同时运输市场不断发展变化,各项新技术、新设备的使用和运输组织工作不断改进,列车运行速度不断提高,因此每经过一定的时期,就需要重新编制一次列车运行图。

列车运行图的编制,大致可以分为三个阶段,即准备资料阶段、编制阶段和新图实行前的准备阶段。

一 列车运行图的编制要求和步骤

1 编图要求

(1)保证列车运行的安全。

(2)迅速、便利地运输旅客。

(3)充分利用通过能力,经济合理地使用机车车辆和安排施工时间。同时,应将区间通过能力利用率控制在一定的允许范围内,确保列车运行图具有一定的弹性,以适应日常运输生产和列车运行秩序变化的需要。

(4)做好列车运行线与车流的结合。

(5)各站、各区段间的协调和均衡。

(6)合理安排司机作息时间。

列车运行图在很大程度上反映着整个轨道交通行车组织工作的水平。提高运行图编制质量,可以改善对旅客的服务水平,提高速度,改进车辆的运用,充分利用区段通过能力,提高劳动生产率,降低运输成本。编图时,需及时总结经验,不断提高列车运行图的质量。

2 编图资料

(1)各区段列车行车量。

(2)车站间隔时间和追踪列车间隔时间。

(3)各区段通过能力。

(4)列车停车站及停车时间标准。

(5)折返作业时间标准。

(6)列车区间运行时分及起停车附加时分。

(7)各区段线路允许速度、车站过岔速度。

(8)施工计划和慢行地段及其限速标准。

(9)现行列车运行图执行情况分析及改善意见。

二　列车运行图的编制阶段

在列车运行图的编制阶段,通常分三步进行工作。

1　编制列车运行方案图

编制列车运行方案是列车运行图编制工作中十分重要的工作。它主要应解决以下一些问题:

(1)方便乘客。方便乘客作为一项基本要求是衡量服务水平的重要标志之一,具体表现为乘客旅行时间的节约。它包括乘客候车、乘车和换乘等几个环节的时间。因此,在考虑列车运行方案时,要认真排定头班车和末班车的发、到时刻。在清晨和夜间的列车间隔不宜太长,减少乘客在车站的候车时间。合理规定列车的停站站名和停站时间,以提高运行速度和减少旅客乘车时间。对连接几条线路方向的换乘站,列车的到发时刻应良好地衔接配合,以减少乘客在车站的换乘时间。

轨道交通列车的到发时刻:与其他交通工具,如地面公共交通、铁路、航空、企事业交通车等的衔接配合,对需要换乘的乘客会带来较大的方便。同时必须安排好运送轨道交通通勤职工上下班的列车运行线。在可能的情况下,为节省车辆的运用,可以合并使用列车运行线。

(2)经济合理地使用车辆。在车辆不足或客流量增长较快的情况下,充分挖掘潜力,加速车辆周转,对轨道交通运输具有较大的现实意义。减少运用车组的需要数,可以采用适当压缩列车在折返站的停留时间,合理安排列车回段检修等方法。

运用车组需要数的计算方法有图解法和分析计算法两种。

①图解法。根据列车运行方案图直接可以查出所需要的运用车组数。在图上垂直于代表距离的横(或纵)轴的截取线与列车运行线和列车折返停留线的交点数即为运用车组需要数,如图3-19所示。

②分析计算法。运用车组需要数可按下式计算:

$$N_{组} = T_{列} / t_{间隔}$$

式中:$N_{组}$——运用车组数,组;

$T_{列}$——列车往返运行所需全部时间,min;

$t_{间隔}$——列车发车间隔时间,min。

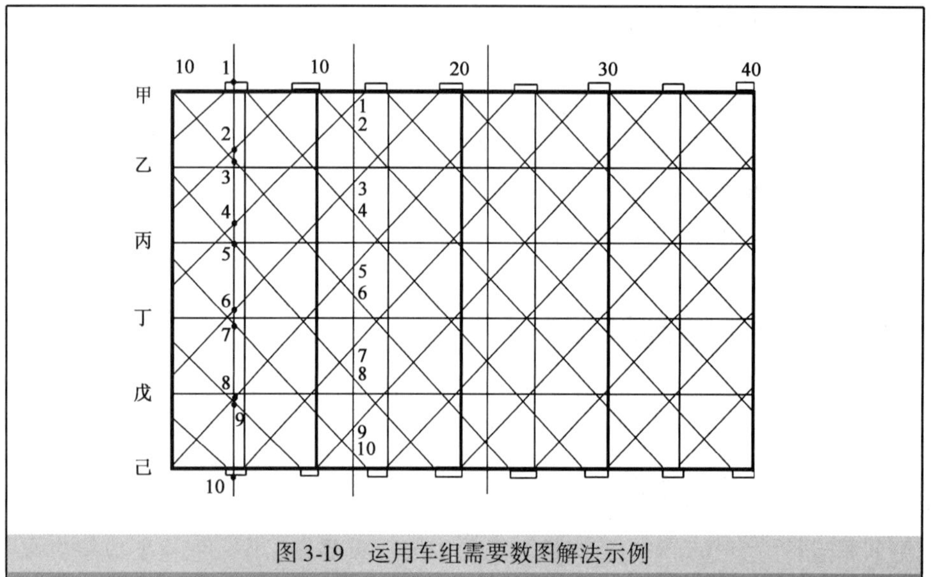

图3-19　运用车组需要数图解法示例

(3)列车运行与车站客运作业过程的协调。在采用岛式站台的车站上,在运营高峰时间或行车密度较大时,如两个及其以上方向的列车同时到达,由于客流集中,会造成站内拥挤。因此,宜安排不同方向的列车在车站交错到达,以避免车站客运组织工作出现困难。

(4)列车运行与车辆段有关作业的协调。必须考虑车辆列检作业的需要,并保证足够的作业时间。在考虑到列检能力的同时,要尽可能使各个车组在列车运行图上连续运行周期数大体均衡。

在车辆段没有试车线时,应铺画调试列车运行线,调试列车一般在运营低谷时间开行。对司乘人员的换班、吃饭,应按规定在列车运行图上合理安排时间。

2 铺画列车运行详图

在一分格列车运行图上精确地铺画每一条列车运行线,即根据列车运行方案图和有关资料,详细规定列车在每个车站的到、发和通过时刻,在各个区间的运行时分和在折返站的停留时间。

铺画顺序按照列车等级依次为:专用列车、旅客列车、调试列车和回空列车。自列车出库起,从始发站一直铺画到折返站,经过一定作业后,由折返站返回。在详细铺画列车运行图的过程中,可按需要对方案图所拟订的列车运行线作适当调整。

3 分号运行图的编制

为适应运量波动,需要编制分号运行图。分号运行图决定于列车运行图实行期间的运量波动程度及波动期间的长短。一般地,城市轨道交通列车运行图可以按周一~周四,周五,周六~周日,五一、国庆黄金周等情况进行分号编制,以适应不同运量的需要。

4 列车运行图编制质量的检查

列车运行图编完后，必须对运行图的编制质量进行全面检查。检查的主要内容有：

(1)运行图上铺画的列车数和折返列车数是否符合要求。

(2)列车运行线的铺画是否符合规定的各项时间标准。

(3)列车在车站折返时，同时停在折返线上的列车数是否超过该车站现有的折返线数。

(4)换乘站的列车到发密度是否均衡。

(5)列车司机的工作和休息时间是否符合规定的时间标准。

5 列车运行图指标

通过检查确认运行图完全满足规定的要求后，还应计算列车运行图的各项指标。

(1)列车列数和折返列车数。

各种编组的列车在运营线路上行驶 1 个单程，不论是全程运行或是小交路折返，均按 1 列计算，图定回空列车计入开行的旅客列车列数内。专运列车和调试列车等另行统计；旅客列车分别按全日、上行和下行开行列数计算；折返列车数按各折返站分别计算。

(2)旅客输送能力。

$$旅客输送能力 = 旅客列数 \times 列车定员$$

(3)高峰小时运用列车数。

高峰小时运用列车数按不同的高峰时期分别计算，如按早高峰和晚高峰分别计算。

(4)全日车辆总走行公里。

全日车辆总走行公里是轨道交通车辆为运送乘客在运营线路上所走行的里程，它包括图定的车辆空驶里程和出于某种原因列车在中途清客或列车在少数车站通过后仍继续载客的车辆空驶里程。计算公式为：

$$全日车辆总走行公里 = \sum(旅客列车数 \times 列车编成辆数 \times 列车运行距离)$$

(5)车辆日均走行公里(又称日车公里)。

每一运用车辆每日平均走行公里数。计算公式为：

$$车辆日均走行公里 = \frac{全日车辆总走行公里}{全日车辆运用数}$$

其中，全日运用车辆数可近似地取早高峰小时的运用车辆数。

(6)车辆全周转时间。

车辆在运营线路上完成一次周转所消耗的时间。计算公式为：

$$车辆全周转时间 = \frac{全日营业时间 \times 运用车组数}{全日开行列车对数}$$

(7)车辆周转时间。

车辆周转时间与车辆全周转时间指标的区别在于：车辆周转时间指车辆在运营线路上完成一次周转所消耗的时间中不包括回段检修等与运送旅客无关的时间。

$$\text{车辆周转时间} = \frac{\text{全日营业时间} \times \text{运用车组数} - \sum \text{回段检修时间}}{\text{全日开行列车对数}}$$

(8)技术速度。

列车平均技术速度,即列车在各区间运行(包括列车起停车附加时分等,但不包括列车在各中间站的停站时间和列车在线路两端的折返停留时间),平均每小时走行的公里数。

计算公式为:

$$v_{\text{技}} = \frac{\sum nl}{\sum nt_{\text{运}}}$$

式中:$\sum nl$——列车总的走行公里;

$\sum nt_{\text{运}}$——列车运行时分的总和(包括起停车附加时分)。

(9)旅行速度(又称运送速度)。

列车平均旅行速度,即列车在各区间运行(包括列车在各中间站的停站时间),平均每小时走行的公里数。计算公式为:

$$v_{\text{旅}} = \frac{\sum nl}{(\sum nt_{\text{运}} + \sum nt_{\text{停}})}$$

式中:$\sum nt_{\text{停}}$——列车在各中间站停留时间的总和。

(10)满载率。

满载率是指全部运用车辆运送乘客时的平均满载程度。满载率又分为两种:

①平均满载率,反映一定时间内车辆运能的利用水平。

②线路断面满载率,反映特定时间、特定断面上车辆运能的利用程度;计算公式如下:

$$\text{线路断面满载率} = \frac{\text{断面客流量}}{\text{断面输送能力}} \times 100\%$$

实际工作中,线路断面满载率通常指高峰小时、单向最大客流断面的车辆满载情况。

(11)列车正点率(%)。

列车正点率是指按列车运行图图定车次、时间准点运行的列车数(包括根据调度命令临时加开或停运列车)与全部开行列车数之比。列车正点率可分为始发正点率和到达正点率。

国内部分城市轨道交通系统列车正点统计标准是:凡按客流变化而抽线或加开列车、准点始发、准点到达终点的列车都统计为正点列车数。早点或晚点不超过3min的也按正点统计。

(12)平均运距(km/人)。

平均运距是指每个乘客平均乘车距离。它能从全面客流调查或抽样客流调查得到。

为了进一步评价新运行图的质量,除计算新运行图的各项指标外,还应与现行运行图进行比较,分析各项指标提高或降低的主要原因。

三 实行新运行图前的准备工作

列车运行图经最后批准后,为了保证新图能够正确和顺利地实行,必须在实行新图之前做好下列准备工作：

(1)发布实行新图的命令。

(2)印刷并分发列车时刻表。

(3)拟订执行新图的技术组织措施。

(4)组织有关人员学习新图，使每个职工了解、熟悉并掌握新图规定的要求。

(5)根据新图的规定，组织各车站修订《车站运作规则》。

(6)做好车辆和司机的调配工作。

第四章

运输能力及能力加强

第一节　概述

运输能力是指通过能力和输送能力的总称。为了实现日常运营生产，完成旅客运输任务，城市轨道交通系统必须具备一定的运输能力。

一　通过能力

城市轨道交通的通过能力是指在一定的车辆类型、行车组织方法条件下，城市轨道交通固定设备在单位时间内（通常是高峰小时）所能通过的最大列车数。

通过能力的正确计算和确定在城市轨道交通的新线规划设计、既有线日常运营计划安排、扩能技术改造等方面具有重要的意义。

1　通过能力的分类

在实际工作中通常又把通过能力分为三个不同的概念，即设计通过能力、现有通过能力和需要通过能力。

（1）设计通过能力：预计新线修建以后或既有线路技术改造以后，线路所能达到的通过能力。

（2）现有通过能力：在现有固定设备、现行的行车组织方法和现有的运输组织水平的条件下，线路能够达到的通过能力。

（3）需要通过能力：在一定时期内，为了适应未来规划期间的运输需求，线路所应具备的包括后备能力在内的通过能力。

按照时间段的不同，通过能力也可分为初期通过能力、近期通过能力和远期通过能力。

2　通过能力的计算

城市轨道交通的通过能力应按下列固定设备计算：

（1）线路。

线路是指由区间和车站构成的整体，其通过能力主要受线路布置形式，进出站线路平、纵断面，列车运行控制方式等因素的影响。

（2）列车折返设备。

列车折返设备的通过能力主要受车站折返线布置、信号和联锁设备种类、列车在折返站作业程序以及调车进路长度与调车速度等因素影响。

(3)车辆设备。

车辆设备的通过能力主要受车辆的车型、编组数量、技术速度、旅行速度、出入库通过能力等因素影响。

(4)牵引供电设备。

牵引供电设备的通过能力主要受牵引变电所的座数、供电方式、电力供应容量等因素影响。

二 输送能力

1 输送能力的概念

输送能力是在一定的车辆类型、行车组织方法的条件下,按照现有设备和司机的数量,城市轨道交通系统在单位时间内所能运送的乘客人数。

2 与通过能力的关系

通过能力反映的是线路所能开行的列车数,它是输送能力的基础。输送能力是运输能力的最终体现,它反映了在开行列车数一定的前提下,线路所能运送的乘客人数。在通过能力一定的条件下,线路的最终输送能力还与车站设备的设计容量、列车定员数、线路的服务定位存在密切关系。

第二节 通过能力计算

影响线路通过能力的固定设备主要有线路(包括区间和车站)、列车折返设备、车辆设备和牵引供电设备。城市轨道交通各项固定设备的通过能力通常各不相同,其中通过能力最小的固定设备限制了整个系统的通过能力,该项固定设备的通过能力即为城市轨道交通系统的最终通过能力。因此,城市轨道交通通过能力是各项固定设备的综合能力,如果各项固定设备的通过能力相差悬殊,则会产生某些固定设备通过能力的闲置。在各项固定设备中,限制城市轨道交通通过能力的通常是线路和列车折返设备。

一 线路通过能力计算原理

城市轨道交通线路通常为双线，列车在区间实行追踪运行，在每一个车站停车供乘客乘降。为了降低车站的造价，轨道交通线路一般不设置车站配线，列车通常在车站正线上办理客运作业。正是因为这种特点，列车停站时间成为影响线路通过能力的主要素之一。因此，在计算固定设备的通过能力时，没有必要分别计算区间通过能力和车站通过能力，而应把区间和车站看成是一个整体予以综合分析，见图 4-1，计算线路的通过能力时，考虑 t_1 即可。

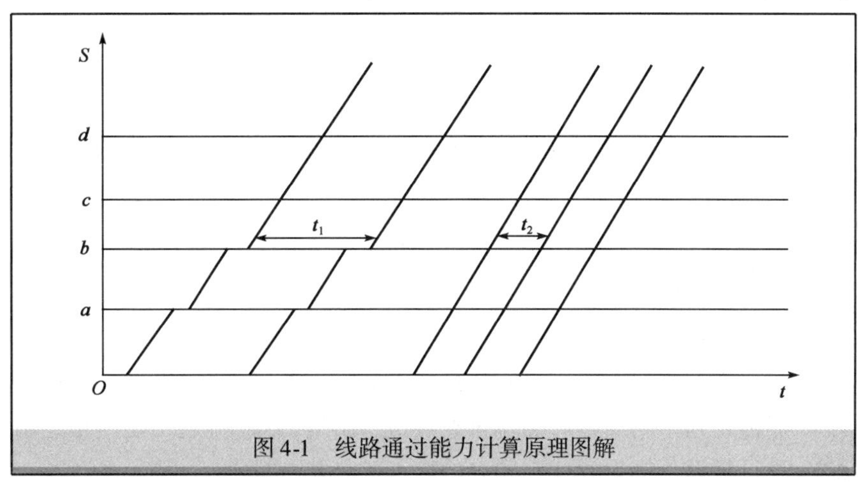

图 4-1　线路通过能力计算原理图解

二 线路通过能力计算

线路通过能力计算的一般公式为：

$$n_{max} = \frac{3\,600}{I}$$

式中：n_{max}——1 小时内线路能够通过的最大列车数，列；

I——城市轨道交通追踪列车间隔时间，s。

在城市轨道交通系统中列车间隔时间是指追踪运行中两列车间的最小允许间隔时间，计算基点是从一列车头部到另一列车头部。

车站列车间隔时间 I，包括两部分：

$$I = t_{站} + t_{间隔}$$

式中：$t_{站}$——列车在站内的停车时间，包括车门开关、乘客上下车时间等，s；

$t_{间隔}$——前后两列车的安全间隔时间，s。

其中列车安全间隔时间是指在自动闭塞区段，相邻两列追踪列车为保证列车安全运行所允许的最小间隔时间。

三 折返设备通过能力

1 折返站的布置

折返站按折返线与站台的位置关系，可分为纵列式、横列式和混合式三种；按折返线衔接方式可分为尽头式、贯通式；按折返方式又可分为站前折返、站后折返。列车折返设备通过能力应按不同的列车折返方式分别进行计算。

2 折返设备通过能力计算

列车折返设备通过能力是根据列车编组数量、调车速度、信号反应时间、办理进路时间和上下客时间综合决定。在实际运用中，列车折返设备通过能力计算公式为：

$$n_{折返} = \frac{3\ 600}{I_{发}}$$

式中：$n_{折返}$——1 小时内列车折返设备能够折返的最大列车数，列；

$I_{发}$——列车折返出发间隔时间，s。

二维码 19

列车折返方式主要有站后折返和站前折返两种（二维码 19）。站后折返通常是列车利用站后尽端折返线进行折返，站前折返则是列车经由站前渡线进行折返。折返方式不同，$I_{发}$ 的计算方法也不同。

（1）站后折返。

列车站后折返过程如图 4-2 所示：a-列车上行到达车站，乘客下车；b-列车由车站正线进入折返线，办理调车作业；c-列车从折返线驶入下行正线。

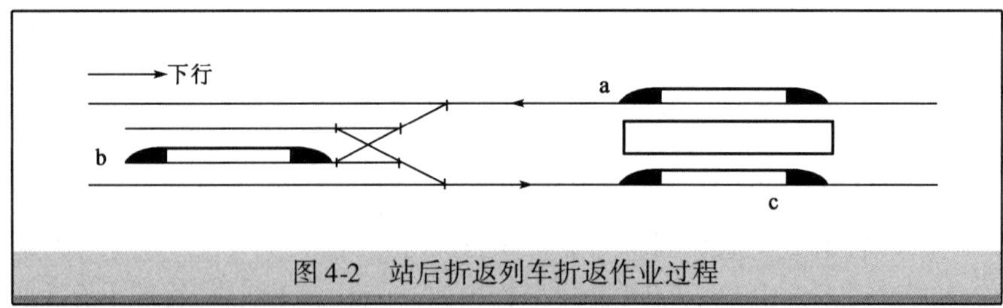

图 4-2 站后折返列车折返作业过程

显然，采用站后折返方式时，当上行到达列车在折返线规定的停留时间结束后即能进入下行车站正线，此时有最小的折返列车出发间隔时间，如图 4-3 所示。

$$I_{发} = t_{离去} + t_{作业} + t_{确认} + t_{出线} + t_{站}$$

式中：$t_{离去}$——出发列车驶离车站闭塞分区的时间，s；

$t_{作业}$——车站为折返线停留列车办理调车进路的时间，s，包括道岔区段进路解锁延迟、排列进路和开放调车信号、更换操作台等各项时间；

$t_{确认}$——司机确认信号时间；

$t_{出线}$——列车从折返线至车站出发正线的走行时间，s；

$t_{站}$——列车停站时间，s。

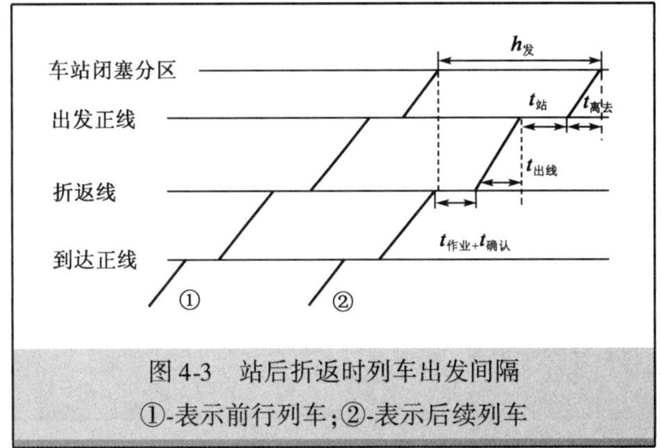

图 4-3　站后折返时列车出发间隔
①-表示前行列车；②-表示后续列车

(2)站前折返。

列车在站前折返条件下，列车的运行径路可分为直进侧出和侧进直出两种情况。

直进侧出：折返列车在折返过程中直向到达、侧向出发。要同时占用上下行正线，而且在列车运行过程中进站要减速、出站需加速的实际情况来看，直向进站，速度高、减速大，而侧向出站又通过道岔，加速受到限制。

侧进直出：即侧向到达、直向出发。折返列车借助于下行列车出发后的间隙，接入下行站台正线，同时腾空了上行正线，且从列车进出站的运行规律(进站减速、出站加速)角度考虑，以及乘客乘坐的舒适性考虑，这种折返模式较直进侧出好。

列车站前折返过程如图 4-4 所示(侧进直出)：a-列车上行通过折返线侧向进入下行线到达车站；b-列车办理调车作业，乘客上下车；c-列车下行正线直向出发。

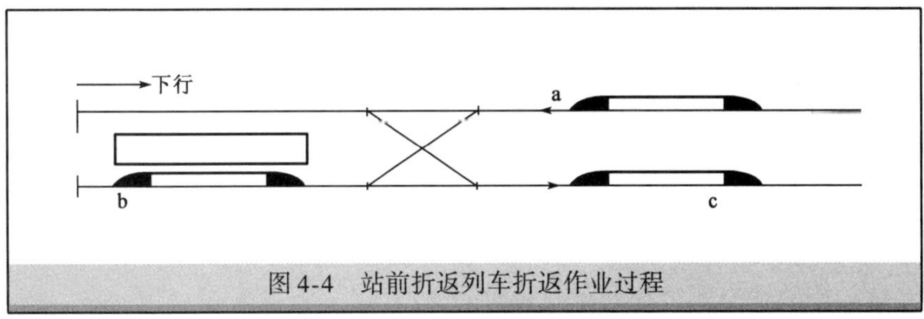

图 4-4　站前折返列车折返作业过程

采用站前渡线折返时，当进站列车位于进站位置外方确认信号距离处时即能进入下行车站正线，此时有最小的折返列车出发间隔时间 $h_{发}$，如图 4-5 所示，即：

$$h_{发} = t_{离去} + t_{作业} + t_{确认} + t_{进站} + t_{站}$$

式中：$t_{离去}$——出发列车驶离车站闭塞分区的时间，s；

$t_{作业}$——车站为折返线停留列车办理调车进路的时间，s，包括道岔区段进路解锁延迟、排列进路和开放调车信号等各项时间；

$t_{确认}$——司机确认信号时间，s；

$t_{进站}$——列车从进站渡线道岔处至车站正线的走行时间,s;

$t_{站}$——列车停站时间,s。

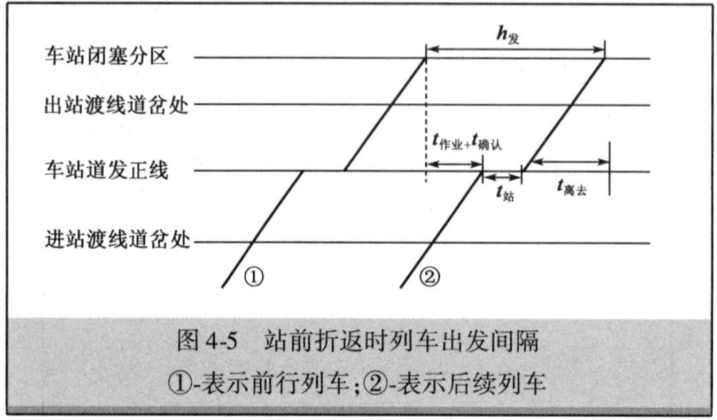

图 4-5 站前折返时列车出发间隔

①-表示前行列车;②-表示后续列车

第三节 通过能力与使用通过能力

一 最终通过能力

城市轨道交通最终通过能力通常受限制于线路或列车折返设备的通过能力,则最终通过能力可用下式表示:

$$n_{max} = \frac{3\,600}{\max\{I, I_{发}\}}$$

式中:n_{max}——城市轨道交通在1小时内最终能够通过的最大列车数,列;

I——城市轨道交通追踪列车间隔时间,s;

$I_{发}$——最小的折返列车出发间隔时间,s。

从目前我国城市轨道交通系统的运营实践来看,系统通过能力主要受折返设备的通过能力的制约。

二 使用通过能力

在日常行车组织中,因为列车运行时分偏离、设备故障、行车事故以及外界影响等带来的通过能力损失是很难避免的。因此,实际可使用的通过能力达不到理想状态下的计

算能力。为合理安排列车运能、保证列车运行秩序,有必要计算实际使用通过能力,如下式:

$$n_{使用} = \frac{3\,600}{I + t_{损失}}$$

式中:$n_{使用}$——扣除能力损失后,城市轨道交通线路在1小时内能够通过的最大列车数,列;

$t_{损失}$——平均每列车分摊到的损失时间,s,可根据列车运行统计资料计算确定。

三 输送能力

轨道交通线路的输送能力是衡量其服务水平和技术水平的重要指标。轨道交通线路在单位时间内所能运送的乘客人数,在线路通过能力一定的条件下,主要决定于列车编组辆数和车辆定员人数。即

$$P = n_{max} m p_{定}$$

式中:P——线路在1小时内最大输送能力,人;

n_{max}——1小时内线路能够通过的最大列车数,列;

m——列车编组辆数,辆;

$p_{定}$——车辆定员数,人。

1 列车编组辆数(二维码20)

二维码20

列车编组辆数确定的主要依据是预测的规划年度高峰小时最大断面客流量,计算公式如下:

$$m = \frac{P}{n_{高峰} p_{车}}$$

此外,在确定列车编组辆数时还应考虑如下制约因素:

(1)站台长度限制:站台长度通常在设计阶段就已经确定,后期难以改变。

(2)对线路通过能力的影响:当列车长度接近站台长度时,要求列车准确停车,通常要增加停车附加时间。并且由追踪列车间隔时间的分析计算可知,列车长度也是一个影响变量。

(3)经济合理性:采用长编组列车,车辆满载率在非运营高峰时间内一般较低。

2 车辆定员人数

车辆定员人数由车辆的座位人数和站位人数组成。站位面积为车厢面积减去座位面积,显然,轨道交通线路车辆的尺寸大小、座席布置方式、单位站位面积内的站立人数是决定车辆定员人数多少的主要因素。表4-1是部分城市轨道交通系统的车辆尺寸和车辆定员人数情况。

部分城市地铁车辆尺寸和定员情况　　表4-1

项　目	洛杉矶	新加坡	香港	上海	莫斯科
车宽(m)	3.08	3.2	3.11	3.00	2.71
车长(m)	22.78	23.65	22.85	24.14	19.21
座位(人)	68	62	48	62	47
站位(人)	164	258	279	248	187
定员(人)	232	320	327	310	234
制造国	意大利	日本	英国	德国	前苏联

表4-1中所列的美国洛杉矶地铁采用大型车辆,但车辆定员人数相对较少,其原因是为了提高乘客的乘车舒适程度,以吸引私人小汽车方面的客流。其他几个城市地铁的资料基本上反映了车辆尺寸和车辆定员人数的关系。20世纪80年代前后修建的新加坡、香港和上海地铁大多采用大容量地铁车辆,车体宽度在3.0~3.2m之间。前苏联的莫斯科等城市修建地铁时,尽管各个城市客流量差别较大,但均采用统一的小型车辆。在运输组织方面,通过调整行车密度和列车编组辆数以及改变车辆内的座位数和站位密度等措施都可以实现不同的输送能力水平。

四 运输能力储备

交通运输系统的特点之一,是不能像其他生产部门那样储备产品或半成品来增加生产经营系统的可靠性。只能靠储备生产能力来适应运输波动。所谓运输储备能力,是指在一定的时期内给定的运量条件下,充分考虑运量波动、维修作业、技术改造和系统发展等因素后,运输系统具备的完成一定日常运输任务必需的最小的使用能力以外的附加能力。

上述储备能力中,有一类是考虑运量波动和车辆运行波动的储备能力,考虑运输突发性的故障、中断、调度指挥失误等的储备能力,考虑大、中修施工所预留的储备能力,考虑抢险、救灾等不可预测任务的储备能力,这类储备能力体现了为应对由于日常运输变动的应急和应变能力。

另一类是运输系统运营初期过余的储备能力,为适应系统以后的发展阶段在技术改造时期施工预留的储备能力,考虑社会经济长远发展规划的储备能力。运输储备能力是保证系统运营可靠性的重要指标,也是实现运输安全指标、质量指标和效益指标的重要条件。

按照性质,储备能力可分为通过能力储备和输送能力储备。通过能力储备是固定设备的能力储备,主要是运输线路上的通过能力储备,如在列车追踪间隔时间中预留一定的缓冲时间。输送能力储备是活动设备的能力储备,如保有一定的备用车辆,以备急需。由于活动设备可以调拨,因此,固定设备的通过能力储备就显得更为重要。能力储备一般都是指通过能力的储备。

能力储备实质上是利用设备冗余或时间冗余提高运输系统可靠性,使运输系统的发展能够适应不断增长的运输需求。规定设备的能力储备,实际上也就是界定运输设备的合理负荷水平。

第四节 运输能力与加强措施

在一定时期内,城市轨道交通系统的运输能力通常是相对固定的。但随着城市经济的不断发展和市民出行需求的不断增加,客流则往往是呈逐年增长的态势,这样运输能力不足的问题就会逐渐凸显出来。对于特定的轨道交通线路,运能不足时可以通过增加列车数量、缩小发车间隔等方法提高运能。如已达到最小行车间隔时,必须采用设备改造等措施提高运输能力。因此,为了适应客流的增长,轨道交通系统应及时和有计划地采取加强运输能力的措施,提高运输能力。

一 运能——运量适应分析

在研究解决运输能力不足的情况下,是否需要采取和何时采取提高运输能力的措施,应通过运能——运量适应分析来确定,即根据轨道交通线路的高峰小时现有运输能力能否适应规划年度高峰小时需要运输能力来确定。高峰小时需要运输能力,可根据预测的规划年度高峰小时最大断面客流量进行计算确定,计算公式如下:

$$p_{需} = p_{规划}(1+\gamma_{备})$$

式中:$p_{需}$——规划年度高峰小时线路应具有的运输能力,人;

$p_{规划}$——规划年度高峰小时线路单向最大断面客流量,人;

$\gamma_{备}$——考虑客流波动的能力后备系数,一般可取0.1。

图4-6是根据现有运输能力和需要运输能力资料绘制的运量适应图。图中需要运输能力假设在运营初始年为25 000人/h,以后平均每年增加2 500人。现有运输能力和采用各种提高运输能力措施后所实现的运输能力按表4-2数据绘制。从运量适应图上可以清楚地看出运量——运能适应分析的结果,确定现有运输能力能否满足需要运输能力的逐年增长,了解采用某种提高运输能力措施形成能力的最后期限以及适应的运营年限,运量适应图还可以比较采用不同提高运输能力措施的运量——运能适应情况等。

绘制运量适应图数据　　表4-2

序　号	运能状态变化	h(s)	m(辆)	$p_{车}$(人)	p(人)
1	现有运能(1)	180	6	250	30 000
2	扩能措施(2)	180	8	250	40 000
3	扩能措施(3)	120	8	300	72 000

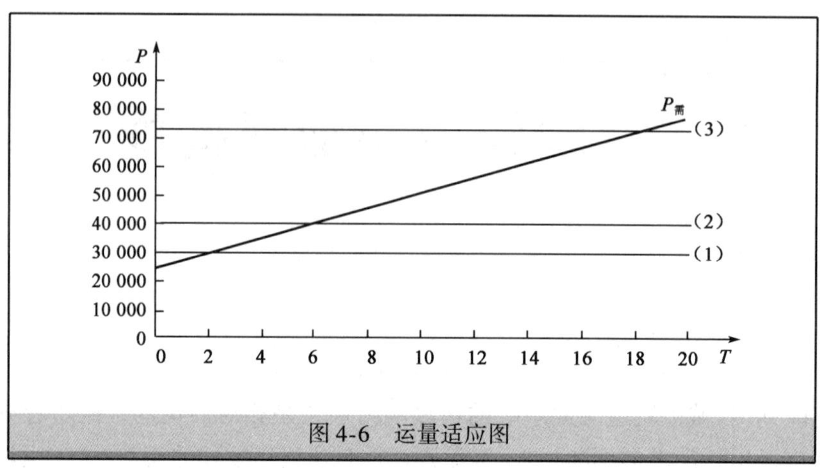

图 4-6 运量适应图

二 提高运输能力的途径

1 影响运输能力的变量

(1)线路:包括正线数目,路权使用,交叉口类型和交通控制方式等。

(2)车辆:包括车辆型号,定员数,最高运行速度,加、减速度,车门数及车门宽度和座椅布置方式等。

(3)车站:包括站间距,站台高度和宽度,售检票方式和上下车区域是否分开等。

(4)列车运行控制:列车自动控制系统的控制方式。

(5)运输组织:列车编组辆数,列车在折返站停留时间,客流的时间和空间分布特征。

(6)其他交通:与其他交通方式的衔接形式、线路设置等。

在上述影响运输能力的变量中,最重要的是列车追踪间隔时间、折返线数量及其布置方式、列车编成辆数和车辆定员数等。

2 运输能力加强的途径

根据公式 $P = n_{\max} m p_{定}$,输送能力与列车编组辆数和车辆定员人数直接相关,而列车编组辆数在站台固定的情况下很难改变,因此运输能力加强的途径主要在于提高通过能力和增加列车定员。

(1)修建新线或线路改造。

新线路的建成运营可以使轨道交通网逐步形成,线路改造会改善列车运行条件,这样能使运输能力有较大的提高,满足乘客日益增长的出行需求,提高轨道交通系统的服务水平。

(2)增加行车密度。

由于修建新线会遇到资金、土地及环保等一系列的困难或限制,并且修建新线也不是在任何客流条件下都是合理经济的。因此,增加既有线行车密度是提高既有线运输能力的基本途径。增加行车密度的通过能力提高值可由下式表示:

$$\Delta n_{max} = 3\,600\left(\frac{1}{I''} - \frac{1}{I'}\right)$$

式中：Δn_{max}——增加行车密度后的小时通过能力提高值，列或对；

I'——增加行车密度前的追踪列车间隔时间，s；

I''——增加行车密度后的追踪列车间隔时间，s。

（3）增加列车定员。

通过增加列车编组辆数、采用大型车辆或优化车辆内部布置来增加列车定员，是提高既有线输送能力的又一途径。但扩大编组数往往受到站台长度的限制；而轻轨列车的编组辆数较多，在路权混用时，会在平交道口对其他交通产生一定影响。增加列车定员的输送能力提高值可由下式表示：

$$\Delta p = n_{max}(p''_{列} - p'_{列})$$

式中：Δp——增加列车定员后的小时输送能力提高值，人；

$p'_{列}$——增加列车定员前的列车定员数，人；

$p''_{列}$——增加列车定员后的列车定员数，人。

三　加强运输能力的措施

运输能力是通过能力与输送能力的统称。在地铁、轻轨等线路上，通过能力主要是由线路通过能力和列车折返能力两者中的能力较小者所决定；在市郊铁路上，通过能力主要是由区间通过能力所决定。提高运输能力的措施有多种多样，各种提高运输能力措施解决能力问题的内涵也不一样，但尽管如此，提高运输能力的措施大体上还是可以分为运输组织措施和设备改造措施两大类。

运输组织措施是指无需大量投资，运用比较完善的运输组织方法，更有效地使用既有技术设备，就能使运输能力达到需要水平的提高能力措施。如优化列车运行图，合理规定列车停站时间，合理组织列车折返作业，改善列车乘务制度等措施。

设备改造措施是指需要一定投资来加强技术设备的措施。随着科学技术的进步，不断地以先进的技术设备来装备轨道交通系统，以加强轨道交通运输的物质技术基础，提高运输能力。这些措施包括新建线路，改造既有线路与车辆段，采用先进的信号和列车运行控制系统以及购置新型车辆等。

根据各国轨道交通的运营实践，在扩能的措施方面，提高既有线运输能力，通常运输组织措施和设备改造措施两者并用，如增加行车密度和增加列车定员来提高既有线运输能力，并以增加行车密度为主。但在线路行车密度已经很大的情况下，要较大幅度地提高运输能力，往往需要通过采用设备改造措施来实现。

1　提高线路通过能力的措施

决定线路通过能力的是追踪列车间隔时间，因此可通过压缩列车的进站时间、加减速附

加时间和停站作业时间来提高线路通过能力。因此,提高线路通过能力的措施主要有:

(1)修建双线或四线。

在既有单线或双线基础上建成双线或四线、平行双线能大幅度提高线路通过能力,在市郊铁路的繁忙地段可修建平行双线。

(2)改造线路平、纵断面。

采用该措施能提高行车速度,进而提高线路通过能力。但改造线路的平面和纵断面会受到诸如工程经济性、施工困难和影响日常行车等因素的制约。因此该措施通常在旧式有轨电车线路改造为轻轨线路时采用;而在既有轻轨或地铁线路情况下,则更倾向于采取用新型车辆来适应线路条件的做法。

(3)客流较大中间站修建侧线。

采用该措施使侧式站台变成岛式站台,单向运行列车能在站台两侧轮流停靠,这样可以缩短构成追踪列车间隔时间的列车停站时间部分,较大幅度提高线路通过能力。该措施一般适用于郊区地面线路情况。

(4)客流较大中间站增建站台。

该措施通常在岛式站台情况下采用,使停站列车的两侧均有站台,乘客能从两侧上下车或上下车分开,缩短列车停站时间,提高线路通过能力。此外,在增建站台时也可根据客流需求同步修建侧线,该措施一般也适用于郊区地面线路情况。

(5)使用新型车辆。

新型车辆的含义包括车辆运行性能改善和安装车载控制设备等。车辆运行性能主要包括车辆构造速度、车辆起动加速度和制动减速度等运行参数,车载控制设备主要有车载制动自动控制和车载道岔自动转换设备等,车辆运行性能改善和安装车载控制设备能提高列车运行速度,缩短追踪列车间隔时间。

(6)改进车辆设计。

车辆上的新设计通常是针对缩短列车停站时间、增加车辆定员和提高乘车舒适程度等进行的。

(7)采用先进的列车运行控制系统。

采用先进列车运行控制系统能较大幅度提高线路通过能力。列车自动控制系统(ATC)由列车自动防护(ATP)、列车自动驾驶(ATO)和列车自动监控(ATS)三个子系统组成,在实践中,也有单独采用基于计算机控制的 ATP 子系统情况,它的主要功能是使列车的调速制动实现连续化、自动化,以达到提高列车运行速度及缩短追踪列车间隔时间的目的。

(8)改用移动闭塞。

在列车追踪运行过程中,移动闭塞能使后行列车与前行列车始终保持一个自动控制程序规定的最小安全间隔距离,而不是原先固定闭塞时规定必须间隔若干个闭塞分区所形成的安全间隔距离。因此,用移动闭塞取代固定闭塞,能缩短追踪列车间隔时间。

(9)分割车站区域轨道电路。

图 4-7 是采用该措施后缩短追踪列车间隔时间的一个图解。通过分割车站区域轨道电

路,增加了一个前行列车离去速度监督等级,图中当前行列车出清轨道电路段 cd,达到被监督速度,续行列车恰好运行至进站线路的 a 处,如图 4-7a)所示;当前行列车出清整个车站轨道电路区域时,续行列车已运行到进站线路的 b 处,如图 4-7b)所示。

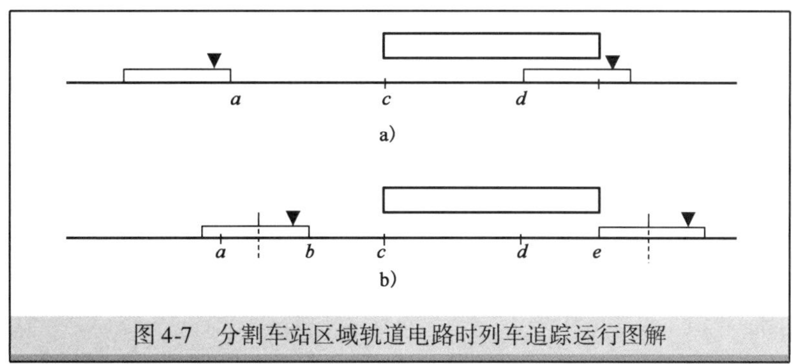

图 4-7　分割车站区域轨道电路时列车追踪运行图解

(10)加强站台客运组织。

乘客为了减少走行距离,同时避免时间延误,往往在靠近自动扶梯或楼梯的位置候车,进而导致列车内乘客分布不匀,最终造成列车在车站的停站时间延长。采用该措施就是通过站台乘车的组织,使列车内的乘客尽可能分布均匀,以减少列车停站时间。

2 提高列车折返能力的措施

在行车密度比较高的情况下,线路终点站的列车折返能力会成为限制通过能力的薄弱环节。影响列车折返能力的主要因素包括:在站后折返情况下有出发列车驶离车站闭塞分区时间、车站为折返线列车办理调车进路时间、列车从折返线至出发站线的走行时间和图定终点站列车停站时间等;在站前折返情况下有出发列车驶离车站闭塞分区时间、车站为进站列车办理接车进路时间、列车从进站信号机至到达站线的走行时间和图定终点站列车停站时间等。针对上述各种影响因素,折返站提高列车折返能力的措施主要有:

(1)修建环形折返线。

图 4-8 是地面轨道交通线路修建环形折返线的图解,图 4-9 是环形折返实例。折返站的这种站场配置能缩短乘客上下车总时间、消除列车在折返线等待前行列车出清站线的时间,提高终点站的列车折返能力。但环行线因受平面曲线最小半径限制,环绕距离偏长,工程巨大,需要适合的地形条件。但目前从建设与运营成本投入和运营效果来看,单独设置环行折返线,经济合理性较差。

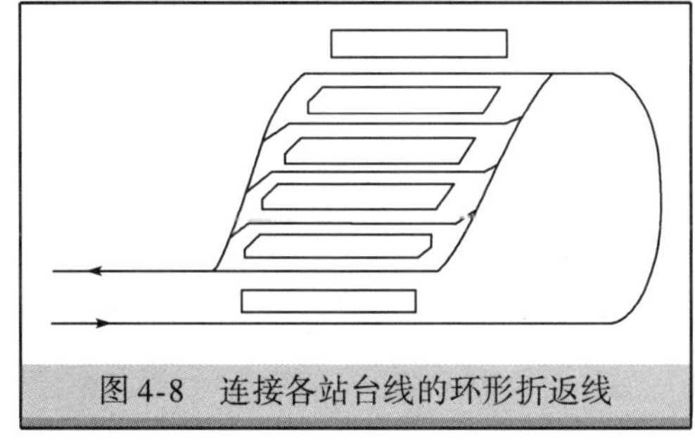

图 4-8　连接各站台线的环形折返线

图 4-9　环形折返

(2)增建站台。

采用该措施形成岛式与侧式站台的组合形式,可以缩短乘客上车总时间,加速列车折返作业过程。该措施一般适用于地面线路情况,由于土建工程量较大,是否采用应在与提高运输能力方案进行技术经济比较后确定。

(3)优化道岔与轨道电路设计。

如将渡线道岔按两个单动道岔进行设计和将车站区域轨道电路进行分割等,采用这些措施后能减少列车等待进路空闲情况,缩短列车的折返时间。

(4)采用自动信号设备。

采用该措施后,道岔转换、排列进路、信号开放及进路解锁等能根据列车折返运行情况自动进行。这样,列车在折返作业过程中,能减少办理调车或接车进路时间,从而达到加速列车折返的目的。

(5)在折返线上预置一列车周转。

在前行列车已经腾空出发站线,而续行列车还未进入折返线或在折返线停留过程中,采用该措施能提高列车折返能力。

(6)改变折返方式。

通过采用不同的折返方式来缩短折返列车在终点站的出发间隔时间。有两条折返进路的车站可分别使用直进侧出、侧进直出两种折返方式进行交替折返。

从实际的运营和维护角度上看,不采用交替折返时仅仅使用了两条折返进路中的一条,另一条仅作为存车线或停车线用,其结果会造成部分线路的偏磨,不利于线路的维护和实际效益的发挥。但是采用交替折返模式时将会出现不均衡的发车间隔和接车间隔,这种情况将给全线的行车组织和运营管理增加一定难度。

3 提高输送能力的措施

在通过能力一定的条件下,决定输送能力的因素是列车编组辆数和车辆载客人数。因此,提高输送能力的措施主要有:

(1)增加列车编组辆数。

采用该措施能较大幅度提高输送能力,但列车扩大编组受到站台长度、运营经济性等因素的制约。

(2)采用大型车辆。

由于大型车辆定员多,是目前新建轨道交通系统,尤其是地铁等大容量城市轨道交通系统的首选车型。

(3)优化车辆内部布置。

该措施的基本出发点是在车辆尺寸一定的条件下,通过将双座椅改为单座椅或将纵向布置的固定座椅改为折叠座椅,来增加车辆载客人数。改为折叠座椅后,在高峰运输期间可翻起座椅,增加车内站立人数,同时也能提高了乘车舒适程度。

第五章

城市轨道交通信号系统

第一节 概述

城市轨道交通的基本任务是安全、准时、高效率、高密度地运送旅客。因此,必须采用可靠的列车运行控制设备来指挥列车的运行,以确保列车的安全运行。从传统的“闭塞、联锁信号设备”,到现代化的列车运行自动控制(ATC)系统,是长期实践、经验的积累、技术不断改进和发展的结果。

城市轨道交通信号系统是指挥列车安全运行的关键设备,只有在列车运行前方的轨道区段没有列车占用、道岔位置正确、敌对或相抵触的信号没有建立等条件满足,才允许向列车发出允许前行的信号,所以列车只要严格遵循信号的指示运行,就能够确保安全运行;反之,如果列车不遵循信号的指示运行,将导致事故。所以信号系统担负着确保运输安全的重要使命,有了信号系统的保障,可以杜绝和减少列车运行事故。

信号设备在城市轨道交通建设中的投资尽管很少,但是对于提高行车效率起着极其重要的作用。在城市轨道交通中,由于采用了先进的信号系统,可以缩短列车发车间隔时间和缩短停站时分,提高行车密度;根据设定的列车运行时刻表,自动、安全地指挥列车按列车运行图运行。据有关资料统计,复线自动闭塞系统,可以提高通过能力 1 ~2 倍;采用 ATS 子系统,在不增加车站到发线的情况下,提高通过能力 12% ~24%;所以现代化的信号系统,提高行车效率尤为显著。

城市轨道交通信号系统中,已经普遍采用基于计算机实时控制的列车运行自动控制(ATC)系统。ATC 系统是自动控制技术、计算机技术和数据通信技术在信号系统中的集中体现,也可以说是现代化信息技术在城市轨道交通信号系统的综合应用。利用 ATC 系统的列车运行实时数据信息,可以实现乘客导向系统的列车信息预报,列车和站台实时信息广播;尤其在城市轨道交通网络化运行时,实现城市轨道交通网络的综合监控和统一调度。

信号系统随着信息技术的不断发展也产生了革命性的变化,轨旁的地面信号已由车载信号所替代,其信号的内容已发生根本性的变化,列车接收的目标速度、目标距离或进路地图,由车载计算机,直接控制列车的自动运行,实现列车超速防护和车站的程序定位停车。尤其是近几年,基于无线通信的列车自动控制系统(CBTC),已在城市轨道交通信号系统中采用,为信号系统中摆脱传统的轨道电路和地面信号,为进一步缩短行车间隔,真正实现列车自动运行奠定了基础。

第二节　基础设备

城市轨道交通信号系统的基础设备包括：信号机、转辙机、轨道电路等。

一　信号机

城市轨道交通的信号机一般采用色灯信号机。色灯信号机有高柱型和矮柱型之分，不论是高柱型还是矮柱型，其机构都分为单显示、二显示和三显示。

由于城市轨道交通行车组织作业相对铁路系统来说较为简单，所以一般信号机（二维码 21）的颜色种类和含义相对较少，比如：

二维码 21

红灯：表示停车。

绿灯：表示前进，前方道岔在定位（直股）。

黄（或月白）灯：表示前进，前方道岔在反位（侧股）。

红灯 + 黄（或月白）灯：表示引导信号。

蓝灯：CBTC 列车可越过该架信号机，非 CBTC 列车不允许越过该架信号机。

二　转辙机（二维码 22、23）

二维码 22

二维码 23

转辙机是用于转换道岔的装置（见图 5-1），是道岔控制系统的执行机构。在微机联锁或电气集中联锁设备中，它接收到转换命令后即带动道岔转换。

转辙机的主要功能有三项：转换道岔、锁闭道岔及给出表示。与此三项功能相对应，对转辙机的主要要求为：

（1）有足够的转换力。

（2）当道岔尖轨达到规定密贴程度时才对尖轨进行锁闭，其锁闭力应保证道岔不致因列车通过时的振动而解锁移位。

（3）当道岔尖轨达到规定密贴程度，且被锁闭后，才给出正确的道岔位置表示。

图 5-1　转辙机

(4)在意外情况下发生道岔被挤事故,转辙机应能给出必要的挤岔表示,且非经人工恢复,道岔不能再度转换。图 5-2 为 S700K 转辙机内部结构图。

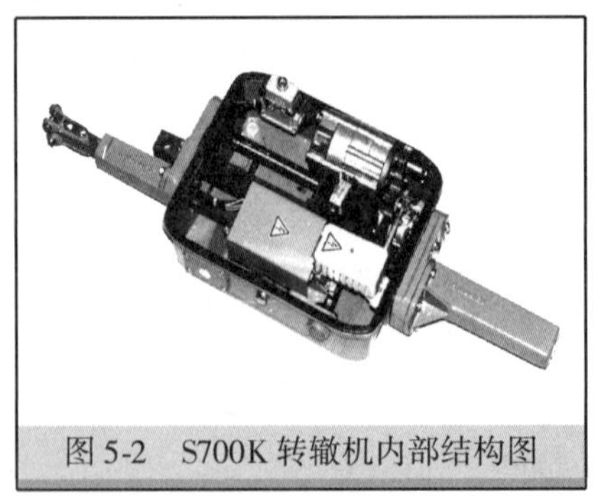

图 5-2　S700K 转辙机内部结构图

转辙机由动力、传动、表示和锁闭等部分构成。

转辙机从动力方面分为直流电动机和交流电动机两种;从传动机构方面分为机械传动、液压传动和风压传动三种;从锁闭机构方面分为圆弧锁、插入锁和燕尾锁三种。不管采用何种类型的转辙机,当转辙机故障时,均应能手摇转换道岔。

二维码 24

二维码 25

三　轨道电路(二维码 24、25)

利用轨道的两根钢轨作导体,在一定长度的钢轨两端装设钢轨绝缘,中间的轨缝用轨端接续线连接起来,并用引接线连接电源和接收设备的电路叫轨道电路。轨道电路是微机联锁、电气集中联锁、自动闭塞,车载信号和调度集中等信号设备的基础设备。

轨道电路又称轨道空闲及占用的检测装置(见图 5-3)。轨道电路由钢轨、钢轨绝缘、钢轨接续线(见图 5-4)、轨道电源、轨道电阻器、轨道继电器组成。平时,在控制台或显示屏上显示白色或黄色光带,表示该区段处于空闲状态;当有车占用时,显示红色光带,表示该区段有车占用。遵循"故障—安全"原则,轨道电路设备在发生故障时必须确保只能给出"占用"通报。

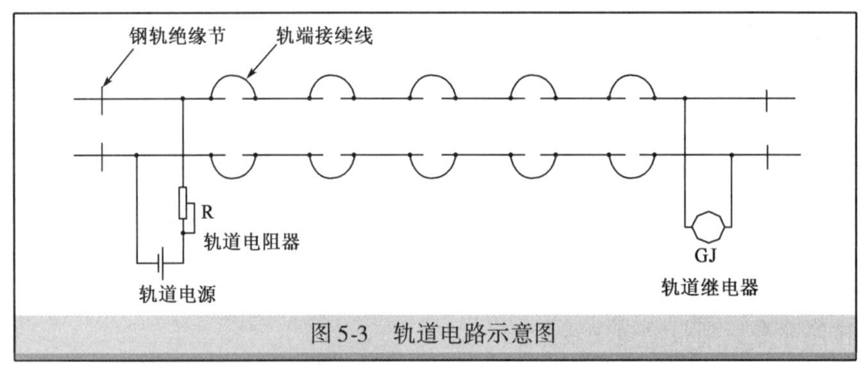

图 5-3　轨道电路示意图

四　计轴器(二维码 26)

图 5-4　钢轨接续线

计轴器由传感器、计数比较器等组成。计轴器和轨道电路一样,都是检查区间是否有列车或车辆占用的检查监督设备。它的特点是工作不受道床、轨道状态和气候条件等的影响,并且其控制距离

二维码 26

可达到20km，区间无需安装钢轨绝缘节和绝缘轨距杆等设备。但是计轴器也有缺点，它不能检查断轨，不能传输其他与行车有关的信息。

传感器是计轴器的基础设备。其作用是将列车通过的车轴数转换成电脉冲信号。一般采用电磁式。电磁式传感器由磁头、发送器、接收器三部分组成。计数比较器主要由计数器、鉴别器、比较器组成。它将进出两个计轴点之间的车轴电脉冲信号进行计数和比较，以判断区间（或轨道区段）是否空闲。

在区间始端和末端各有一传感器，当车轮进入始端轨道传感器作用区时，传感器发出电脉冲信号给计数器，开始计轴进行加轴运算。当车轮进入末端轨道传感器作用区时，传感器同样发出电脉冲给计数器，进行减轴运算。计数器显示如为0，表明此时区间无车；如不为0，则表明此时区间有车占用。图5-5为计轴磁头实例，图5-6为计轴器工作原理。

图5-5　计轴磁头

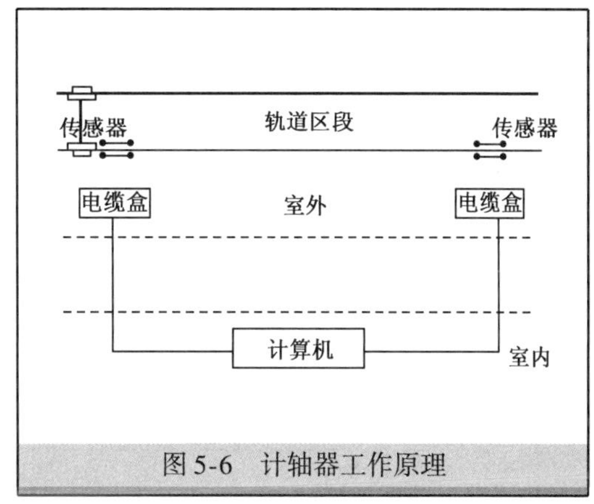

图5-6　计轴器工作原理

第三节　闭塞

车站与车站之间的线路为区间，确保列车在区间安全、有序运行的技术措施就是闭塞制度（二维码27）。区间闭塞方式，由人工（电话）闭塞发展为半自动闭塞、自动闭塞方式；20世纪90年代发展准移动闭塞方式，近年来正在推广移动闭塞方式。

二维码27

一　人工闭塞

通过发车站和接车站之间的电话联系，在证实区间空闲的前提下，由行车调度员向发车站行车值班员下达签发“路票”指令，发车站行车值班员填写路票，并交与司机，司机根据路票的指令，允许该列车占用区间，运行至接车站；列车到达接车站后，司机将路票交还给接车站行车值班员，区间闭塞解除。这样一种闭塞方法，在交接凭证和检查区间空闲状态，都是依靠人来完成，所以称为人工闭塞，也叫做“电话闭塞”。

二 半自动闭塞

使用闭塞设备，人工办理两个车站之间的闭塞手续，列车凭出站信号机的允许信号显示，作为发车凭证；列车进入出站信号机内方后，出站信号机会自动关闭，这样一种闭塞制度称为半自动闭塞。如图5-7所示在半自动闭塞的情况下，发车站要发车，发车站必须与接车站相配合，办理好闭塞手续，才能开放出站信号机；列车进入出站信号机内方的轨道区段，出站信号机因该轨道电路分路而自动关闭出站信号，使区间实现闭塞；也就是，列车在区间运行过程中，两站处于“闭塞状态”，不允许其他列车再进入该区间，而当列车到达接车站后，由接车站行车值班员确认列车整列到达，才能向发车站发送闭塞复原信息，使区间闭塞解除。这种方法，既要行车值班员办理手续、开放出站信号，又依靠列车占用轨道电路，自动关闭信号，而解除闭塞又要行车值班员参与，所以将这种闭塞制度称为半自动闭塞。

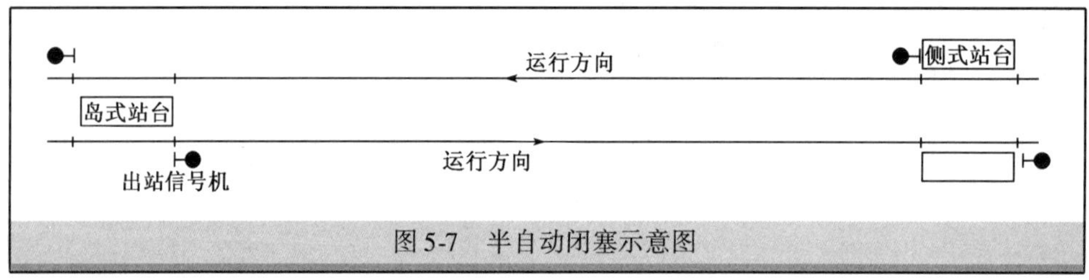

图5-7 半自动闭塞示意图

三 自动闭塞（二维码28）

将站间区间划分成若干个闭塞分区，在每个闭塞分区的入口处，设置相应的通过信号机予以防护，而通过信号机的显示，是根据列车的运行而自动变换，这样一种闭塞制度就是自动闭塞。在自动闭塞制度下，根据前方列车的位置，通过轨道电路，自动地控制通过信号机的显示，并向列车发送运行“指令”；而且可以允许多列列车在区间运行，图5-8为三显示自动闭塞原理示意图；这种闭塞方式不仅可以确保行车安全，也提高行车效率。

二维码28

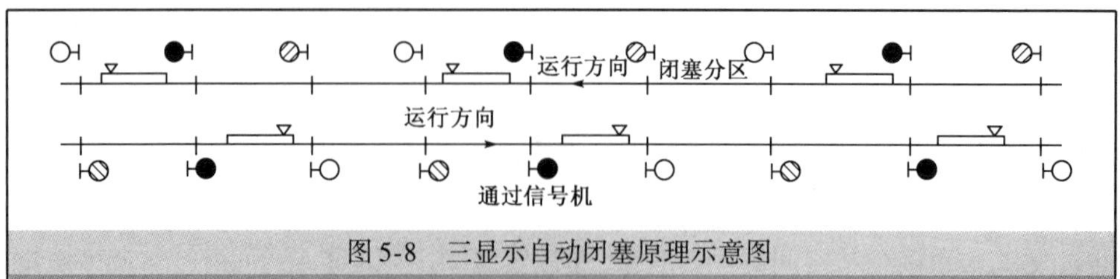

图5-8 三显示自动闭塞原理示意图

站间区间的各个闭塞分区的轨道电路发送端所发送的信息,需通过钢轨传送至轨道电路的接收端,从而控制通过信号机的显示;当列车进入该闭塞分区后,轨道电路发送端的信息,也通过钢轨的感应,传送至车上,控制车载信号的显示。

按所采用的信号显示制度的不同,传统自动闭塞可分为三显示自动闭塞、四显示自动闭塞和多信息自动闭塞。

三显示自动闭塞就是通过信号机具有三种显示,能预告列车前方两个闭塞分区状态的自动闭塞。其特征为:通过信号机具有三种显示,一般为红、黄、绿;能预告列车前方两个闭塞分区状态;分两个速度等级,一个闭塞分区的长度满足从规定速度到零的制动距离。

四显示自动闭塞就是通过信号机具有四种显示,能预告列车前方三个闭塞分区状态的自动闭塞。其特征为:通过信号机具有四种显示,一般为红、黄、绿黄、绿;能预告列车前方三个闭塞分区状态;分三个速度等级,两个闭塞分区的长度满足从规定速度到零的制动距离。

多信息自动闭塞也称多显示自动闭塞,是对四显示及以上自动闭塞的统称。多于四显示时,往往地面通过信号机不具备多显示的条件,而以车载信号显示为主。

四 准移动闭塞(Quasi-Moving Vlock)

前方列车与后续列车之间的最小安全追踪间隔距离单元预先设定且固定不变,并根据前方目标状态设定列车的目标距离和速度,是介于固定闭塞和移动闭塞之间的一种闭塞方式。

传统的固定闭塞制式下,系统无法知道列车在分区内的具体位置,因此列车制动的起点和终点总在某一分区的边界。为充分保证安全,必须在两列车间增加一个防护区段,这使得列车间的安全间隔较大,影响了线路的使用效率。

准移动闭塞在控制列车的安全间隔上比固定闭塞进了一步。它通过采用报文式轨道电路辅之环线或应答器来判断分区占用并传输信息,信息量大;可以告知后续列车继续前行的距离,后续列车可根据这一距离合理地采取减速或制动,列车制动的起点可延伸至保证其安全制动的地点,从而可改善列车速度控制,缩小列车安全间隔,提高线路利用效率。但准移动闭塞中后续列车的最大目标制动点仍必须在先行列车占用分区的外方,因此它并没有完全突破轨道电路的限制。

五 移动闭塞(Moving Block,二维码 29)

二维码 29

在城市轨道交通中,移动闭塞是一种采用先进的通信技术(Communication)、计算机技术(Computer)、控制技术(Control)(合称为 3C)相结合的列车控制技术,所以国际上习惯称之为基于通信的列车控制系统 CBTC(Communication Based Train Control)。

1 移动闭塞的概念

移动闭塞是相对于固定闭塞而言的。固定闭塞有固定的闭塞分区,移动闭塞与固定闭塞相比最显著的特点是,取消了以通过信号机分隔的固定闭塞分区,列车间的最小运行间隔距离由列车在线路上的实际运行位置和运行状态确定，闭塞分区随着列车的行驶，不断地向前移动和调整，所以称为移动闭塞。

移动闭塞采用车—地双向通信，并将前方列车的移动信息，经由车—地通信安全地传给后续列车。在移动闭塞中，后行列车的追踪目标点为移动的前车的尾部。移动闭塞列车间隔是按后续列车在当前速度下所需要的制动距离，加上安全余量计算和控制的，确保不追尾。移动闭塞的行车凭证是后续列车收到的经由车—地通信系统传过来的移动授权，该授权包括前方列车的速度和距离，以及前方的线路坡度、曲线等线路信息，列车根据该移动授权方能继续前行，由于该移动授权是随前方列车的运行不断由车—地通信系统传给后续列车，因此闭塞分区是不固定的。

移动闭塞方式的列控系统与准移动闭塞方式的列控系统相同(见图5-9)，采取目标距离控制模式(又称连续式一次速度控制)。但移动闭塞的追踪目标点是前行列车的尾部，也留有一定的安全距离，后行列车从最高速开始制动的计算点也是根据目标距离、目标速度及列车本身的性能计算决定的。目标点是前行列车的尾部，与前行列车的走行和速度有关，是随时变化的，而制动的起始点也随线路参数和列车本身性能不同而变化。空间间隔的长度是不固定的，所以称为移动闭塞。其追踪运行间隔要比准移动闭塞更小一些，移动闭塞一般是采用无线通信和无线定位技术来实现的。

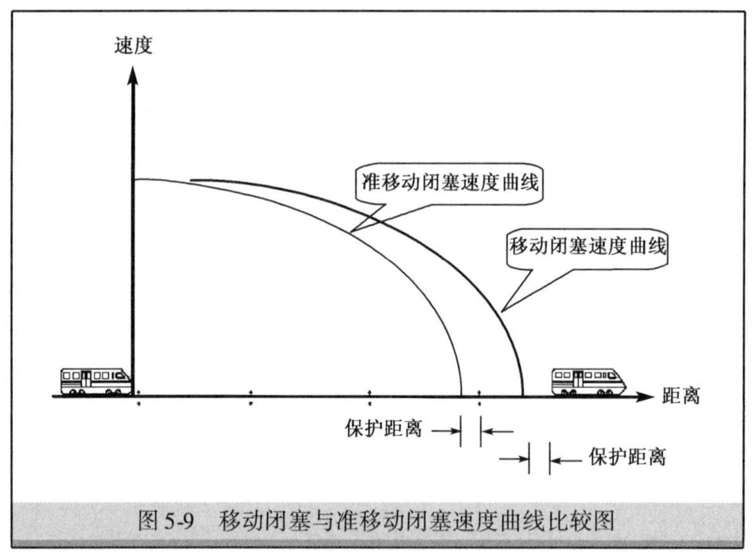

图5-9　移动闭塞与准移动闭塞速度曲线比较图

2 移动闭塞的基本要素

在移动闭塞技术中，闭塞分区仅仅是保证列车安全运行的逻辑间隔，与实际线路并无物理上的对应关系，因此，移动闭塞在设计和实现上与固定闭塞有比较大的区别。其中，列车定位(Train Position)、安全距离(Safety Distance)和目标点(Target Point)是移动闭塞技术中最重要的三个概念，可以称为移动闭塞的三个基本要素。

(1)列车定位。

在固定闭塞和准移动闭塞中有轨道电路或计轴等设备作为闭塞分区列车占用的检查，

就能粗略地进行列车定位，再配以测速测距就能较细地进行列车定位，最多再加应答器校准坐标。在移动闭塞中没有轨道电路等设备作为闭塞分区列车占用的检查，被控对象基本处于动态过程中，只有了解所有列车的具体位置，以何种速度运行等信息，才能实施对列车的有效控制，所以列车定位技术在移动闭塞系统中就显得更为重要。

列车定位由地面设备和车载设备共同完成。列车定位信息的主要作用是：为保证安全列车间隔提供依据，CBTC 系统对在线的每一列车能计算出距前行列车尾部距离，或距进站信号点的距离，从而对它实施有效的速度控制；作为列车在车站停车后打开车门以及屏蔽门的依据。

目前，在列车自动控制系统中得到应用的列车定位技术主要有：测速定位法、查询—应答器法、交叉感应线圈法、卫星定位法。测速定位法的原理是在车轮外侧安装光栅，按车轮旋转次数与转角计算出列车的位移。查询—应答器法是在线路上按一定间隔设置应答器，应答器内存储了其所在位置的公里标，列车上的查询无线经过时读取位置信息。交叉感应线圈法是在线路上敷设轨道电缆，将轨道电缆每隔一定距离交叉一次，利用交叉回线列车可测算出自己的位置。卫星定位法是 GPS（Global Positioning System）和 GNSS（Global Navigation Satellite System）利用导航卫星进行测时和测距，从而实现全球定位功能。

另外，还有多普勒雷达法、无线扩频列车定位法、惯性列车定位法、航位推算系统定位法、漏泄波导法、漏泄电缆法等。

（2）安全距离。

安全距离是后续追踪列车的命令停车点与其前方障碍物之间的一个固定距离。障碍物可以是确认了的前行列车尾部的位置或者无道岔表示（道岔故障）的道岔位置。该距离是基于列车安全制动模型计算得到的一个附加距离，它保证追踪列车在最不利条件下能够安全地停止在前行列车的后方不发生冲撞。所以，安全距离是移动闭塞系统中的关键，是整个系统设计的理论基础和安全依据。

移动闭塞基本原理为：线路上的前行列车经 ATP 车载设备将本车的实际位置，通过通信系统传送给轨旁的移动闭塞处理器，并将此信息处理生成后续列车的运行权限，传送给后续列车的 ATP 车载设备。后续列车与前行列车总是保持一个“安全距离”。该安全距离是介于后车的目标停车点和确认的前车尾部之间的一个固定距离。在选择该距离时，已充分考虑了在一系列最坏的情况下，列车仍能够被安全地分隔开来。

如图 5-10 所示，安全距离是附加在列车常用制动距离上的一段富余量。列车行驶过程中，追踪列车 T_2 和前行列车 T_1 始终保持一个常用制动距离加上一个安全距离，即一个移动闭塞间隔，以确保在最不利的情况下，追踪列车和前行列车不发生碰撞。安全距离与线路状况、列车性能等因素有关。通常在系统设计阶段规定了系统能使用的最小安全距离，同时在满足运营时间间隔的前提下，采用比理论计算值大的安全距离，提高系统运行的安全性。

（3）目标点。

目标点是列车运行的行车凭证，如同固定闭塞系统中的允许信号，列车只有获得了目标点，才能够向前移动。目标点通常是设在列车前方一定距离的某个位置点，一旦设定，即表明列车可以安全运行至该点,但不能超过该点。移动闭塞系统就是通过不断前移列车的目标点,引导列车在线路上安全运行。

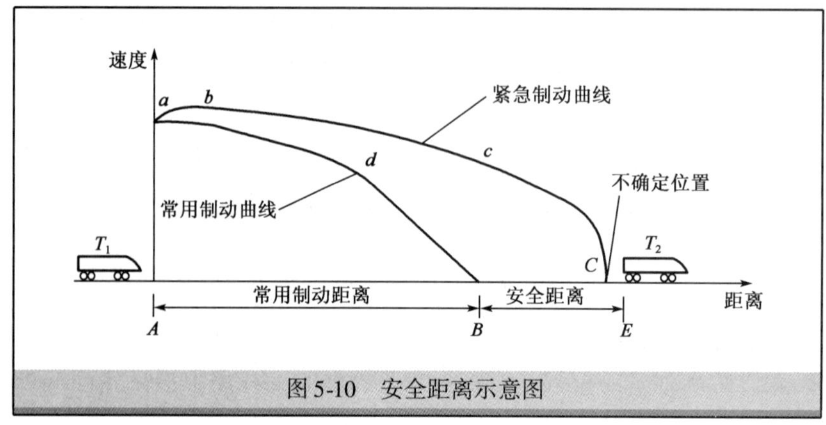

图5-10　安全距离示意图

3 移动闭塞系统的组成和特点

(1)移动闭塞系统的组成。

移动闭塞系统主要包括无线数据通信网、车载设备、区域控制器和控制中心等。如图5-11所示是基于通信的CBTC系统框图。地面和车载设备通过"数据通信网络"连接起来,构成系统的核心。

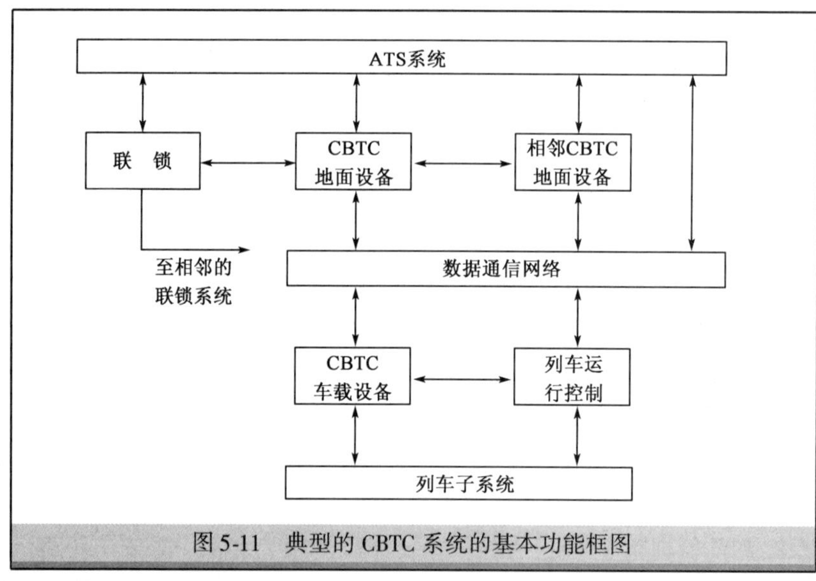

图5-11　典型的CBTC系统的基本功能框图

无线数据通信是移动闭塞实现的基础。通过可靠的无线数据通信网,列车将位置、车次、列车长度、实际速度、制动潜能和运行状况等信息以无线的方式发送给区域控制器;区域控制器追踪列车并通过无线传输方式向列车发送移动授权。车载设备包括无线电台、车载计算机和其他设备(如传感器、查询器等)。列车将采集到的数据(如机车信息、车辆信息、现场状况和位置信息等)通过无线数据通信网发送给区域控制器,以协助完成运行决策;同时对接收到的命令进行确认并执行。

(2)移动闭塞系统的特点。

移动闭塞与传统的固定闭塞相比,具有以下特点:

①线路没有固定划分的闭塞分区,列车间隔是动态的,并随前一列车的移动而移动。

②列车间隔是按后续列车在当前速度下所需的制动距离,加上安全余量计算和控制的,这样可确保不追尾。

③制动的起点和终点是动态的,轨旁设备的数量与列车运行间隔关系不大。

④可实现较小的列车运行间隔。

⑤采用地—车双向数据传输,信息量大,易于实现无人驾驶。

第四节　联锁

一　基本原理(二维码 30)

联锁是指进路、进路上的道岔、防护进路的信号机之间相互制约的关系。实现联锁的设备称为联锁设备。

联锁设备是为保证行车安全而设置的设备,控制命令必须经由联锁设备进行逻辑运算,确认符合安全要求时,才允许控制命令实施执行。为了进行逻辑运算,现场设备的状态必须反映到联锁设备中来,即联锁设备要根据控制命令和现场设备的状态来进行是否符合安全要求的逻辑运算。车站联锁设备的组成框图见图 5-12 和二维码 31。

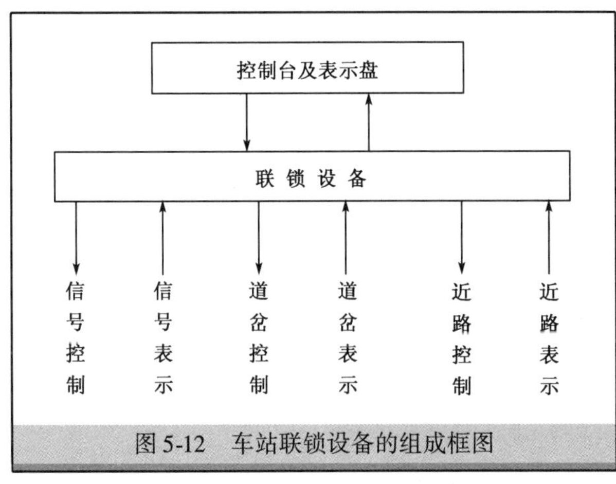

图 5-12　车站联锁设备的组成框图

二维码 30

二维码 31

行车值班员通过控制台控制现场设备,并通过表示盘所反映的现场设备状态来监视车站情况。控制台和表示盘可以设在本站,也可设在控制中心,通过遥控、遥测手段来实现监控。

二 联锁逻辑的主要内容

1 进路锁闭与解锁

当进路排列完成,此时进路即进入预锁闭,所谓预锁闭,第一是指进路已被锁闭(即进路上的有关道岔不能被转换);第二是指只要关闭信号,进路即可解锁。

当进路排列完成、信号开放,且列车已抵达接近区段,此时进路被完全锁闭。进路在完全锁闭条件下就不能轻易地进行人工解锁,必须在列车按进路方向依次通过后,进路才能被逐段解锁。

2 信号机的开放与关闭

信号机只有在检查了道岔位置准确、进路空闲、敌对信号机处在关闭状态以及进路已完全锁闭之后,在未进行人工解锁时才能开放,且不间断地对上述条件进行检查。

信号机在下列情况下自动关闭或人工关闭:

(1)当列车第一轮对压入信号机内方第一轨道电路区段时信号机自动关闭。

(2)信号设备发生故障或上述检查条件发生变化时信号机自动关闭。

(3)对调车作业而言,调车车组全部进入信号机内方时信号机自动关闭。

(4)信号操作人员认为有必要时,可即时人工关闭信号机。

3 道岔转换

正常情况下,道岔是按照排列进路的要求自动转换的,必要时也可单独操纵转换,单独转换优先于自动转换。

在进路被锁闭或者道岔轨道电路区段被占用时,道岔不能转换;道岔轨道电路区段故障时,在排除故障之前道岔不能转换;道岔的定、反位表示必须与道岔的实际位置和动作保持一致;道岔开始转换后,即使列车驶入轨道电路区段,道岔仍应转换到底,道岔如因故不能转换到底(例如岔尖被异物卡住),只要轨道电路区段无车,道岔将能自动转换回原来位置;道岔表示在转辙机一启动就被立即切断。

4 引导信号的开放与关闭

引导信号是在异常情况下信号无法开放时的一种辅助信号,可以允许司机以安全的低速(例如10km/h)缓缓驶入车站。

城市轨道交通通常以黄灯加红灯作为引导信号,也有以月白色灯加红灯作为引导信号的情况。车站行车值班员在行车调度员授权情况下有权在任何情况下开放引导信号,但要做登记或记录。开放引导信号前,应检查进路锁闭及敌对进路条件。当列车尾端出清引导信号所在轨道电路区段或计轴区段后,引导信号自动关闭。

三 微机联锁

若联锁逻辑和有关的输入、输出控制及表示主要由计算机来完成,则称为微机联锁,其联锁逻辑和继电器联锁是相同的。城市轨道交通正线普遍采用微机联锁。

第五节 列车自动运行控制系统

列车自动运行控制系统简称ATC(Automatic Train Control)系统是列车自动运行全过程的控制系统(见图5-13)包括列车自动防护(ATP,Automatic Train Protection)、列车自动驾驶(ATO,Automatic Train Operation)及列车自动监控(ATS,Automatic Train Supervision)三个子系统。三个子系统通过信息交换网络构成闭环系统,实现地面控制与车上控制结合、车站控制与中央控制结合,构成一个以安全设备为基础,集行车指挥、运行调整以及列车驾驶自动化等功能为一体的列车自动控制系统。近年来,随着通信技术的发展,尤其是无线通信、计算机网络技术和数字信号处理技术的迅速发展,信号系统的冗余、容错技术的日趋完善,ATC系统中将无线通信技术融入,形成一种基于通信的列车自动控制CBTC(Communication Based Train Control System)系统。

一 ATP子系统(二维码32)

二维码32

ATP子系统由地面设备、车载设备组成,主要用于对列车驾驶进行防护,对与安全有关的设备或系统实行监控,实现列车间隔保护、超速防护等功能,监督列车在安全速度下运行,确保列车一旦超过规定速度,立即施行制动。

ATP子系统主要的工作原理是:不断地将一些如前方目标点的距离和允许速度等信息从地面传至车上,从而得出此时所允许的安全速度,依此来对列车实现速度监督及管理。使用ATP子系统的一大优点是缩短了列车间隔,提高了线路的利用率和行车的安全可靠性。

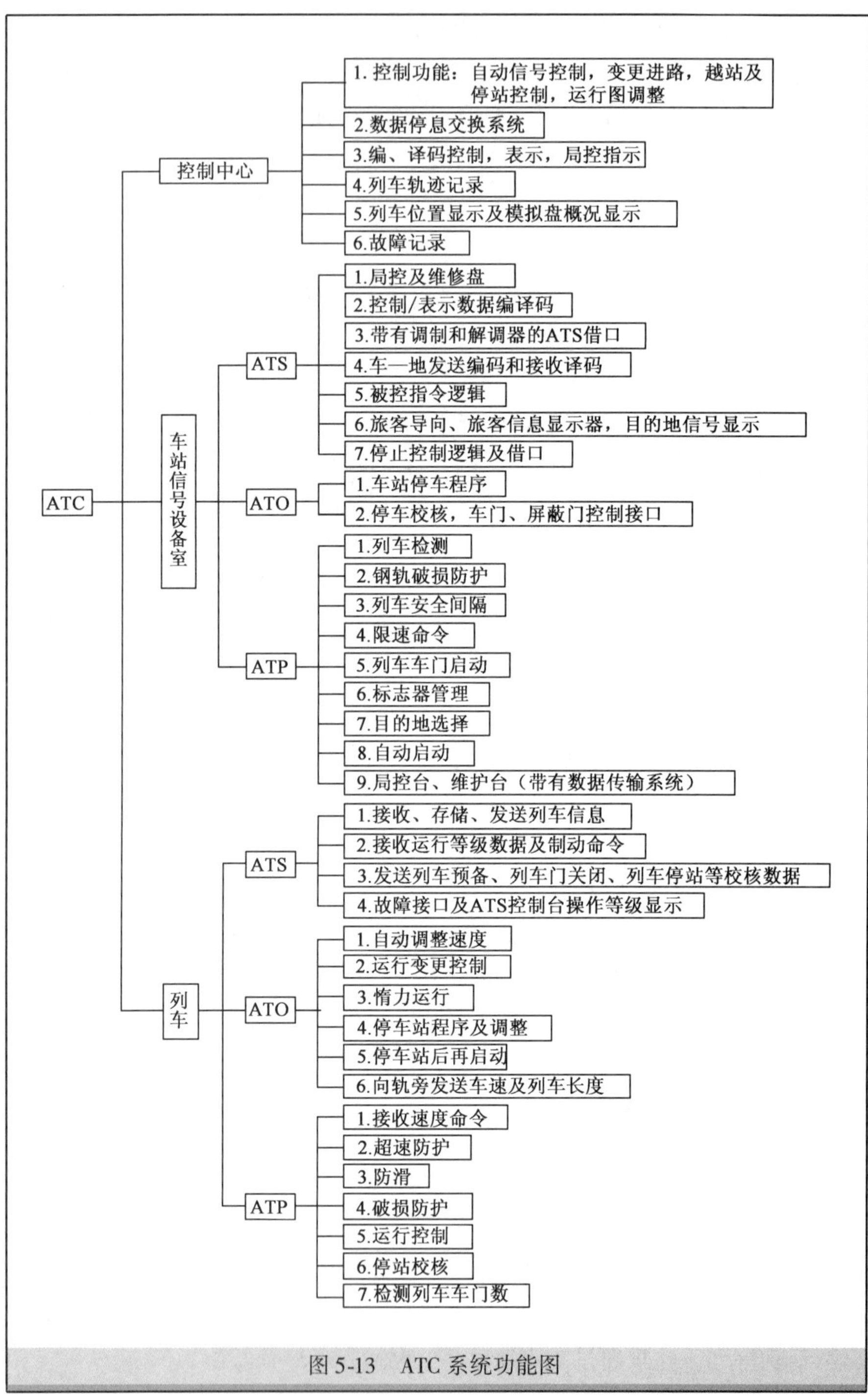

图 5-13　ATC 系统功能图

ATP 子系统具有以下功能：

1 停车点防护

保证列车停靠在设定的停车点，停车点有时即是危险点，例如有车的线路，在停车点的前方通常还设置一防护段。

二维码 33

二维码 34

2 速度监督与超速防护(二维码 33、34)

在城市轨道交通中,列车运行的速度限制分为两种,一种是固定速度限制,如:区间最大允许速度(取决于线路参数)、列车最大允许速度(取决于列车的物理特性)等;另一种是临时性的速度限制,例如线路维修时临时设置的速度限制等。ATP 系统始终严密监视这类速度限制不被超越,一旦超过,就会触发紧急制动。

3 列车间隔控制

列车间隔控制是一种既能保证行车安全(防止两列车发生追尾事故),又能提高运行效率(使两列车的时间间隔最短)的信号概念。如图 5-14 表示出了在列车间隔控制中的一些概念。

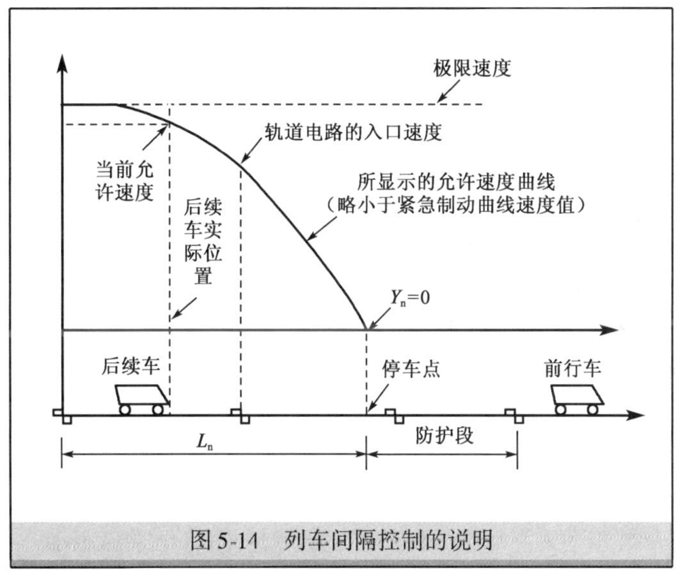

图 5-14　列车间隔控制的说明

(1) 前行车所占用轨道电路的始点被当做危险点。

(2) 前行车的防护段可以是相邻轨道电路,也可以大于轨道分区的长度,视情况而定。

(3) 目标距离 L_n 是指后续车所在轨道电路的始端到停车点(防护段的始端)的距离。

(4) 实时计算所得的紧急制动曲线与列车的最大减速度有关;在驾驶室内显示出的最大允许速度略小于制动曲线上的实际最大允许速度,以便留出时间空隙可以进行告警及由司机做出反应。

4 测速与测距

ATP 子系统利用装在轮轴上的测速传感器来测量列车的即时速度,并在驾驶室内显示出来。ATP 子系统的列车定位是以轨道电路为基础的,而在轨道电路内的运行距离测量则可依赖于所记录的车轮转数及预知的车轮直径加以转换。

5 车门控制

城市轨道交通列车的车门控制是重要的安全措施之一,ATP 子系统的功能之一就是防止以下三种情况的发生:

(1) 列车在站外打开车门。

(2) 列车在站内时打开非站台侧的车门。

(3) 在车门打开时列车启动。

只有在 ATP 子系统检查所有安全条件均已满足时,给出许可信号,车门才能被打开。

6 其他功能

(1) 紧急停车功能。

在特殊紧急情况下,按压设在车站站台上的紧急停车按钮(见图 5-15),就可通过轨道电路将停车信息传递给区间上的列车,启动紧急制动,使列车停止运行。

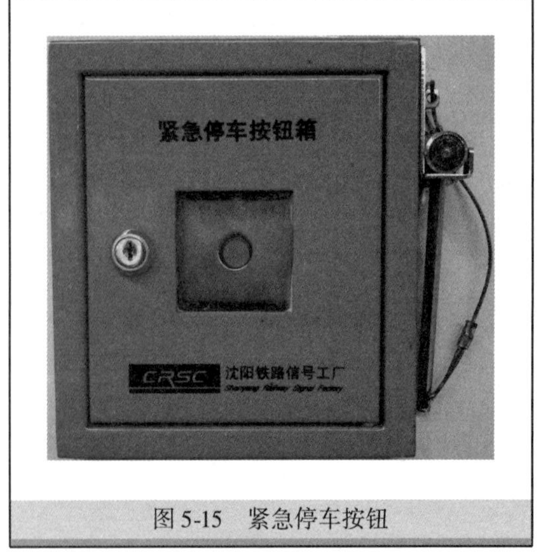

图 5-15　紧急停车按钮

(2)给出发车命令。

ATP 子系统检查有关安全条件并确认符合安全后,给 ATO 子系统一个信号,司机在得到显示后即可进行人工发车,在自动驾驶时,ATO 子系统得到 ATP 子系统的发车确认信息后,即操纵列车自动启动。

(3) 列车退行控制。

根据不同的用户协议,可以实现各种列车退行控制。例如,有的要求防止列车退行,列车退行超过一定距离,或者越过轨道电路分界点,即启动紧急制动。

二 ATS 子系统

ATS 子系统主要是实现对列车运行的监督和控制,辅助行车调度员对全线列车运行进行管理,它由控制中心、车站、车辆段以及车载设备组成。

ATS 子系统给行车调度员显示出全线列车的运行状态,监督和记录运行图的执行情况,在列车因故偏离运行图时及时做出反应(提出调整建议或者自动修整运行图),通过 ATO 子系统的接口,向乘客提供运行信息通报(例如:列车到达、出发时间,运行方向,中途停靠站名等)。

ATS 子系统具有以下功能:

1 列车监控和追踪功能

每列列车与一个列车号相关联,ATS 子系统根据来自联锁系统的信息进行计算,随着列车的前进，列车车次号被适时沿着线路从一个轨道区段向下一个轨道区段步进。

2 时刻表功能

ATS 子系统能实现计划时刻表与实际时刻表的比较，编辑和安装时刻表，时刻表在线或离线修改，运行图显示和打印等。

3 进路自动建立

ATS 子系统的主要功能是形成控制道岔位置的指令和在适当时间发出道岔转换的命令。

4 列车调整

通过时刻表比较功能（不断地对计划时刻表所需状态与实际时刻表的状态进行比较），自动采用以下两种方法实现自动列车调整功能：

（1）改变列车停站时间使列车延时或提前到达车站。

（2）改变站间行车时间，使列车延时或提前发车。必要时，可供行车调度员设置列车不停车通过车站或定义一个新的目的站等。

5 乘客信息显示

通过 ATS 子系统提供的数据将列车的目的地、列车具体位置、列车将要到达的预计时间等信息送到站台和列车上的显示装置。

6 遥控联锁设备

ATS 子系统可以监视和控制各种类型的联锁设备（电气集中或微机联锁）。

7 监控记录

ATS 子系统能记录设备状态信息、人工操作和系统自动操作信息及其执行结果，具备数据备份和回放查询功能。

三 ATO 子系统（二维码 35）

二维码 35

ATO 子系统主要用于实现“地对车控制”，即用地面信息实现对列车驱动、制动的控制。

1 停车点的目标制动

车站停车点作为目标点，ATO 子系统采用最合适的减速度（制动率）使列车准确、平稳地停在规定的停车点。与列车定位系统相配合，可使停车位置的误差达到 0.5m 以下。

2 自动打开车门

由 ATP 子系统监督开门条件，当 ATP 子系统给出开门命令时，按功能设定由 ATO 子系统自动地打开车门。

3 列车从车站出发

列车停站时间等于或大于预置停站时间时,ATS 子系统给出出发时机显示→司机关闭车门→ATP 子系统检查车门关闭,符合发车条件→ATO 子系统给出动车许可(通常是速度码)→司机启动列车→ATO 子系统使列车从制动停车状态转为驱动状态。

4 列车加速

列车启动后开始加速,ATO 子系统按事前规定的数据提供给列车驱动控制机构,由 ATO 子系统给出列车加速命令后,列车平稳地加速到预定速度,然后可以自动转为惰行。

5 区间内临时停车

由 ATP 子系统给出目标点位置(例如前方有车)及制动曲线,经 ATO 子系统启动列车制动器,使列车停在目标点前方。此时,车门还是由 ATP 子系统锁住的。一旦前方停车目标点取消,ATO 子系统能使列车自动启动。

6 区间限速

临时性限速区间的数据通过轨道电路传输给 ATP 子系统的车载设备,再由 ATP 子系统的车载设备将减速命令经 ATO 子系统传达给车辆驱动、制动控制设备。

7 司机手动驾驶及由 ATO 子系统自动驾驶之间可在任何时候转换

手动驾驶时,由 ATP 子系统负责安全速度监督;自动驾驶时,由 ATO 子系统给出对驱动、控制设备的命令,ATP 子系统仍然负责速度监督。

8 记录运行信息

在 ATO 子系统的环形缓冲区可以存储一些用户认为最重要的运行信息。从本质上看,由 ATO 子系统执行的自动驾驶过程是一个闭环反馈控制过程,其基本关系框图见图 5-16。

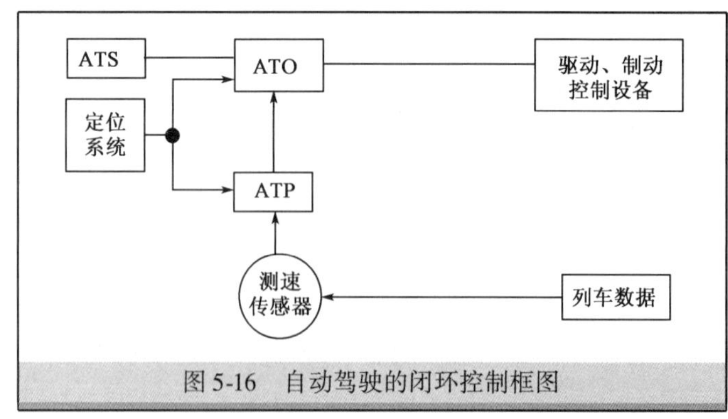

图 5-16 自动驾驶的闭环控制框图

第六章

城市轨道交通调度指挥相关岗位及设备

第一节 控制中心相关岗位及设备

一 控制中心(OCC)简介

二维码36

OCC是地铁日常运营、设备维护、行车组织的指挥中心(见图6-1、图6-2和二维码36)。OCC是地铁运营信息收发中心。OCC代表运营公司领导指挥运营工作,代表公司与外界协调联络地铁运营支援工作。

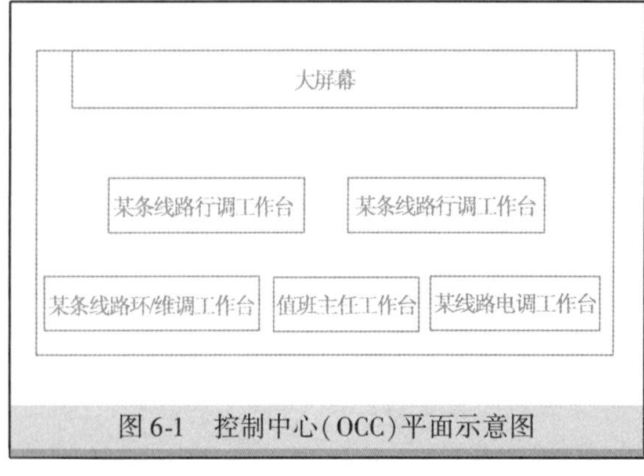

图6-1 控制中心(OCC)平面示意图

图6-2 控制中心(OCC)

二 控制中心(OCC)岗位设置

某条线路的控制中心一般由四个调度班组人员轮值,实行四班两运转制度。每班组设置1名值班主任、2名行车调度员、1名环控调度员、1名电力调度员、1名维修调度员。

(1)值班主任是OCC轮值调度班组的负责人,各调度员由值班主任协调统一指挥。

(2)行车工作由行车调度员(以下简称行调)统一指挥。

(3)供电设备运作由电力调度员(以下简称电调)统一指挥。

(4)环控和防灾报警设备由环控调度员(以下简称环调)统一指挥。

(5)非车辆专业设备的维修组织及相关客运信息由维修调度员(以下简称维调)统一指挥。

三 行车调度员工作职责及相关设备

(1)负责所辖线路运营的日常行车组织、指挥工作,按照运营时刻表的要求组织行车,实现安全、准点、舒适、快捷的运营服务。

(2)负责监督控制所辖线路全线客流变化情况,调集人力、物力和备用车辆,疏导突发大客流;负责组织各种故障、事件、事故情况下的降级运营,协助现场指挥做好应急处理工作。

(3)负责组织、实施所辖线路正线、辅助线范围内的行车设备检修以及各种施工、工程车运输作业。

(4)负责传达上级有关运营工作的指令,发布调度命令,布置、检查、落实行车工作计划,确保行车工作顺利进行。

(5)负责组织、处理在所辖线路运营过程中发生的各种故障、突发事件、事故,及时调整列车运行,尽快恢复正常运营,尽量降低损失和影响。

(6)负责收集、填写所辖线路运营工作有关数据指标,做好原始记录。

(7)负责监控所辖线路行车设备的运行,做好故障记录。

(8)服从值班主任的指挥,与电调、环调、维调配合,共同完成行车和施工组织工作。

四 行车调度员相关设备

二维码 37

1 中央级 ATS 工作站(见图 6-3、二维码 37)

两名行调各配备 1 台功能相同的中央级 ATS 工作站,每台 ATS 工作站配备三台 LCD 显示器,可以实现对正线全线列车的监视和控制。

当中央级 ATS 失效时,可以由行调授权车站行车值班员在车站级 ATS 上设置列车进路,控制列车运行状态;当中央级 ATS 恢复后,行调收回 ATS 控制权。

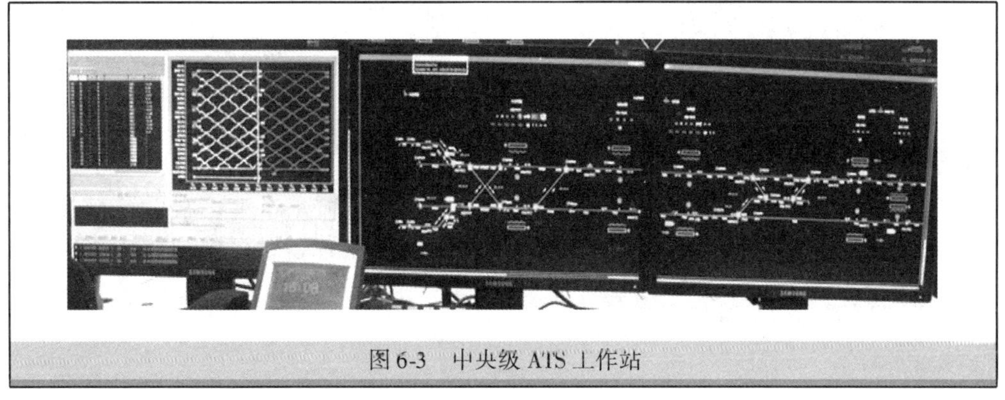

图 6-3　中央级 ATS 工作站

2 中央级 ATS 大屏幕显示屏(见图 6-4)

中央级 ATS 大屏幕显示屏,可全局或局部详细显示控制线路的画面。

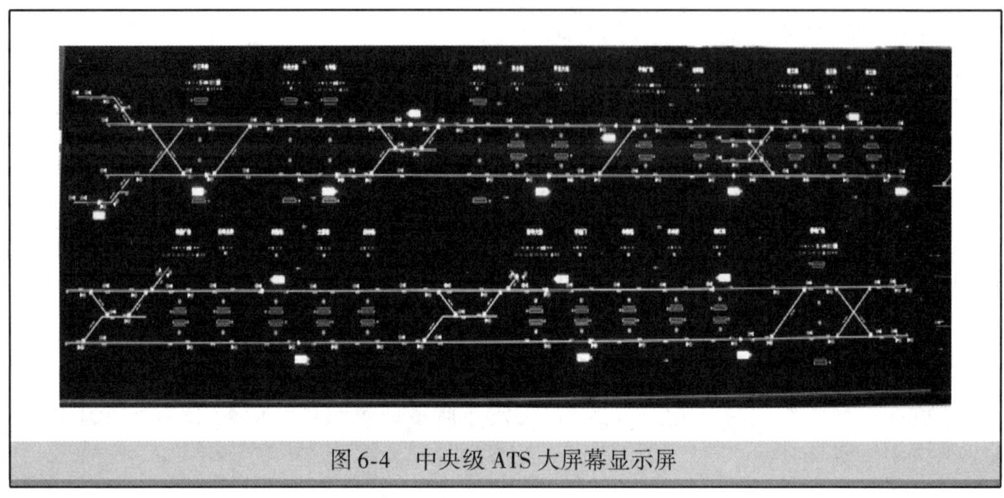

图 6-4　中央级 ATS 大屏幕显示屏

3 有线调度电话

两名行调各配备 1 台有线调度电话,可实现与车站车控室以及车场调度员、派班员、信号楼值班员、车辆轮值工程师等行车岗位进行通话的功能。

有线调度电话设有自动录音装置,可实现单呼、固定组呼、自由选组和全呼等多项功能(见图 6-5)。

4 无线调度台

两名行调各配备 1 台无线调度台(见图 6-6),可实现与持有手持台/车载台的车站值班人员、电客车司机、工程车司机、车场调度员、信号楼值班员、车辆轮值工程师等行车岗位人员进行无线通话的功能。

无线调度台具有自动录音、普通呼叫、紧急呼叫、单呼、组呼、全呼、动态重组等功能。

图 6-5　有线调度电话

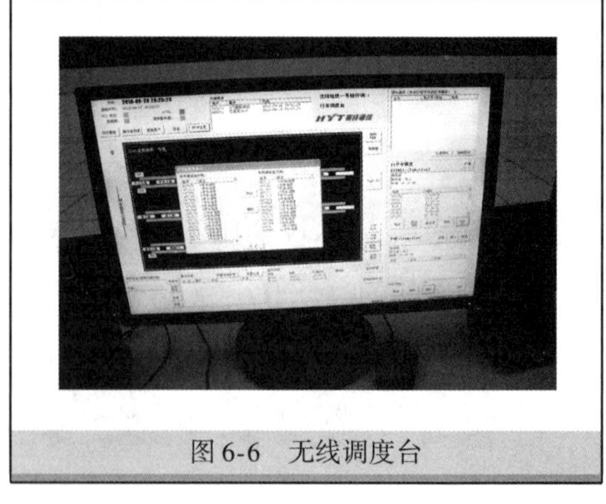

图 6-6　无线调度台

5 中央广播(PA)

两名行调共用 1 套中央广播系统(见图 6-7),具备对车站进行广播的功能。

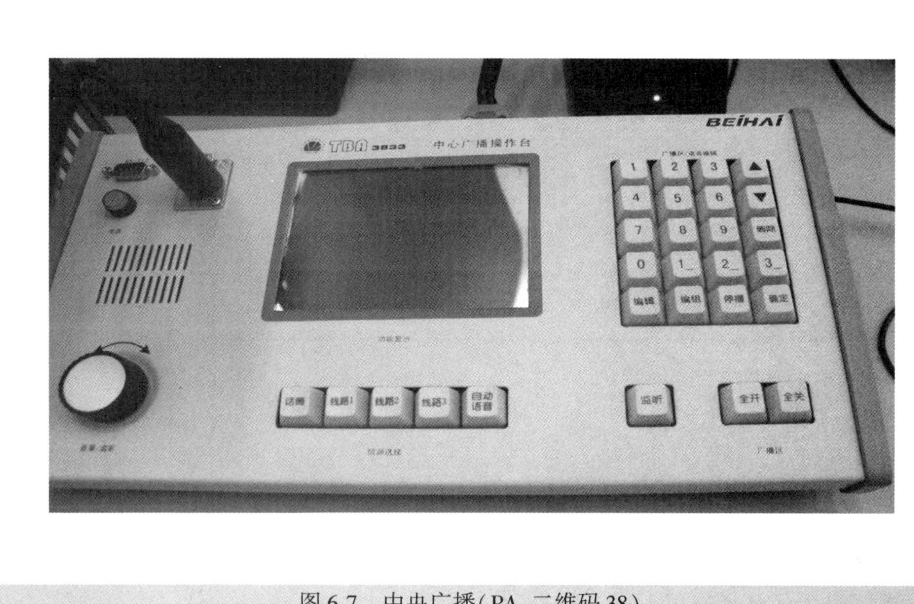

图6-7　中央广播(PA,二维码38)

6 视频监控系统(CCTV,二维码38)

二维码38

两名行调配备1套CCTV(见图6-8),CCTV可提供车站各位置的实时监控画面。

图6-8　视频监控系统(CCTV)

第二节 车辆段相关岗位及设备

一 车场/车辆段简介

车场/车辆段是对车辆进行运营管理、停放及维修、保养的场所,由车场调度员(以下简称“场调”)统一指挥。

二 车场调度员工作职责

(1)负责车场内行车运营秩序的组织和指挥,在车场内发生突发事件时的临时指挥者,负责指挥车场内电客车、工程车的调车转轨作业,对车场辖区内施工、检修作业的审批和办理工作,负责制定试车线调试、检修计划的工作。

(2)按照列车运行图、运营时刻表、轨行区周施工及行车计划通告、车辆检修需求,制作车场收车计划表、车场发车计划表,合理安排电客车出入车场。

(3)掌握车场内列车和车辆的停留状况,根据工作需求,正确及时地编制下达调车作业单,并监督检查计划的实施。

(4)负责车场范围所有计划内和临时性的施工安排,督促施工负责人做好施工区域内的安全防护措施。

(5)指挥信号楼值班员合理安排场内行车作业,布置并监控信号楼值班员的作业,认真执行各项规章制度和作业标准,确保发车、收车及调车作业安全。

(6)严格执行试车线调试的有关规定和作业程序,组织好试车线和车场线路上的调试工作。

(7)严格执行车场内接触网停/送电操作的有关规定,并掌握车场内接触网停/送电状况,及时安排信号楼值班员在微机联锁设备上进行防护。

(8)指挥工程车司机、电客车司机配合各施工部门工作,布置并监控工程车司机、电客车司机的作业流程,认真执行各项规章制度和作业标准。

三 车场调度员相关设备

1 车场 ATS 工作站

场调配备 1 台车场 ATS 工作站(见图 6-9),由两台 LCD 显示器组成显示,可以实现对车场内全部列车的监视和控制。

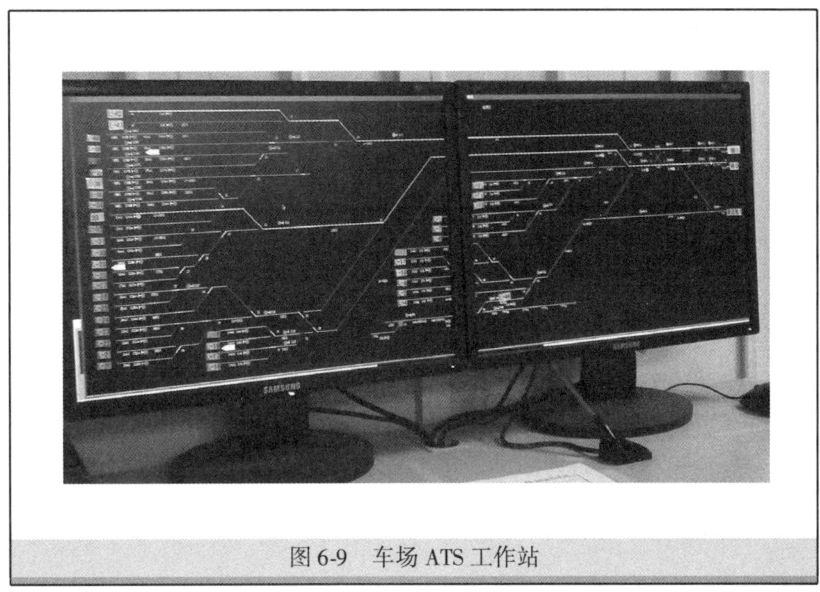

图 6-9　车场 ATS 工作站

2 有线调度电话

场调配备 1 台有线调度电话，可实现与行车调度员、信号楼值班员、派班员等行车岗位进行通话的功能。

有线调度电话设有自动录音装置，可实现单呼、固定组呼、自由选组和全呼等多项功能。

3 无线手持台

无线手持台（见图 6-10）具备强大的呼叫功能，可以实现与行车调度员、信号楼值班员、司机、工程车司机、车场内施工负责人等的组呼、选呼、紧急呼叫等呼叫。

四 车辆段信号楼

车辆段信号楼是车辆段内所有轨道线路的信号联锁设备的集中控制点，隶属车场调度员管理；负责车辆段信号联锁系统的控制及与之相连的正线车站共同组织列车进出车辆段；车辆段信号楼设信号楼值班员及助理值班员，负责排列车辆段内的调车作业和列车进出车辆段的运行进路。

图 6-10　无线手持台

1 信号楼值班员工作职责

（1）负责操作微机联锁设备完成车场内进路排列、施工防护、微机联锁用户端状态监控，按场调指挥,配合完成行车组织、调车作业的工作。

(2)在场调的指挥下,操作微机联锁设备,负责列车和车辆的出入车场进路和调车进路的排列。

(3)负责接收、执行场调下达命令做好记录工作,操作微机联锁系统。

(4)负责通过无线调度台与电客车司机、工程车司机,施工负责人下达命令和通知。

(5)严格执行电客车、工程车调试、试验的有关规定,监控好电客车、工程车在试车线上的调试和试验工作。

(6)每次排列进路前核对车场内施工是否与进路发生冲突,在通过施工区域时,需提前向施工负责人布置动车计划,在得到施工负责人的复述后才允许排列进路。

(7)监视信号显示和列车出入车场运行状况,发现异常时向场调报告,并做好记录。

(8)严格按照车场收车计划表、车场发车计划表、运营时刻表、轨行区周施工及行车计划通告收发列车,负责与行调沟通、确认列车出入车场安排,及时向场调报告收发车情况。

2 信号楼相关设备

(1)微机联锁系统。

微机联锁系统(见图6-11)保证道岔、轨道区段、ATP信号间正确的联锁关系,完成车场管辖范围内所有线路、道岔的进路排列、锁闭道岔等功能。

(2)应急台。

应急台(见图6-12)作为一种应急状态下的备用控制方式,当联锁系统瘫痪后投入使用。可以通过应急台单独操作道岔,道岔操作后,需要人为确认道岔位置。

(3)有线调度电话。

信号楼配备1台有线调度电话,可实现与行车调度员、车场调度员、派班员等行车岗位进行通话的功能。

有线调度电话设有自动录音装置,可实现单呼、固定组呼、自由选组和全呼等多项功能。

(4)无线手持台。

无线手持台具备强大的呼叫功能,可以实现与车场调度员、电客车司机、工程车司机、车场内施工负责人等的组呼、选呼、紧急呼叫等功能。

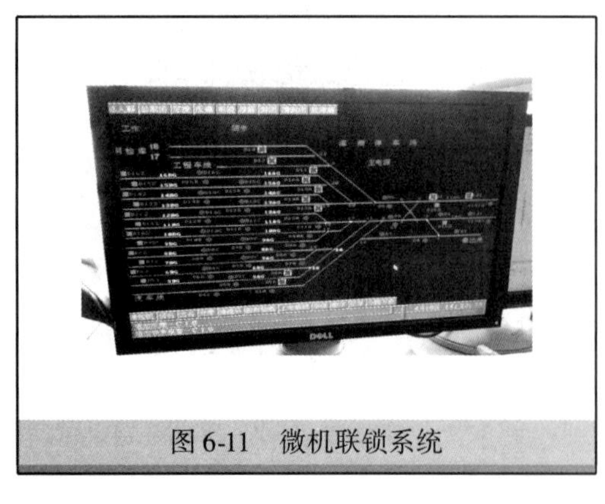

图6-11 微机联锁系统

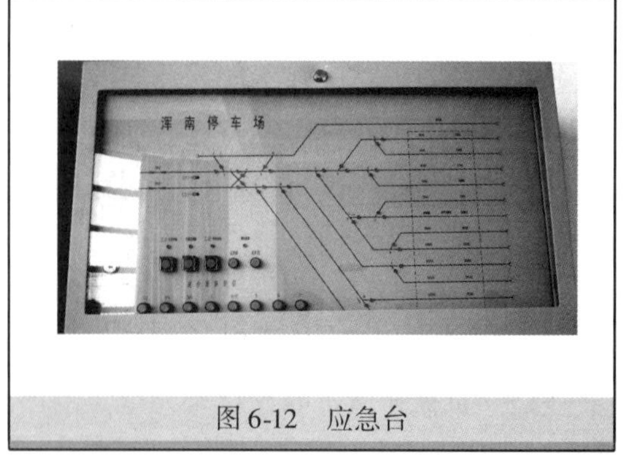

图6-12 应急台

第三节 车站相关岗位及设备

一 车站控制室简介

车站控制室负责车站的行车组织工作，及时掌握列车运行情况。

车站控制室设行车值班员，业务上受行调的领导，服从行调指挥，执行行调命令，严格按列车运行图组织行车。

车站控制室由值班站长负责管理，值班站长不在时，由行车值班员负责。

二 行车值班员工作职责

(1)在值班站长的领导下，主管行车组织工作。

(2)负责监控和操作 ATS 工作站、LCP 盘，BAS、FAS 等设备，通过 CCTV 监视各区域情况。

(3)ATS 工作站停用时负责组织现场人工排列进路。

(4)做好各项施工登记和注销手续。

(5)在线路施工和工程列车开行时安排好安全防护工作，负责车站施工作业登记、施工安全监控、施工负责人管理等工作。

(6)及时将应急信息向站务管理部门汇报，做好与行车调度员的信息沟通传递工作。

(7)协助值班站长管理站务员。

(8)做好对乘客的应急广播。

二维码 39

三 行车值班员相关设备(二维码 39)

1 车站级 ATS 工作站

设备集中站的车站级 ATS 工作站(见图 6-13)能对本联锁区内的车站线路、道岔、信号机及列车状态进行监控。当中央级 ATS 失效时，由行调授权车站行车值班员在车站级 ATS 上设置列车进路，控制列车运行状态。

2 本地控制工作站(LCW)

当中央级及车站级 ATS 工作站失效时,由行调授权设备集中站行车值班员在本地控制工作站 LCW(见图 6-14)上设置列车进路,控制列车运行状态。

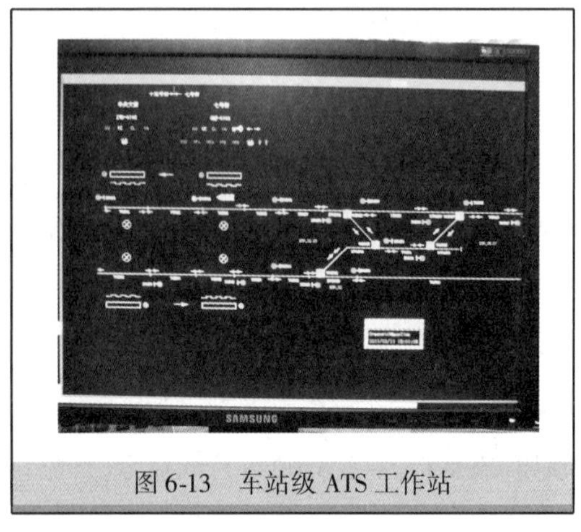

图 6-13 车站级 ATS 工作站

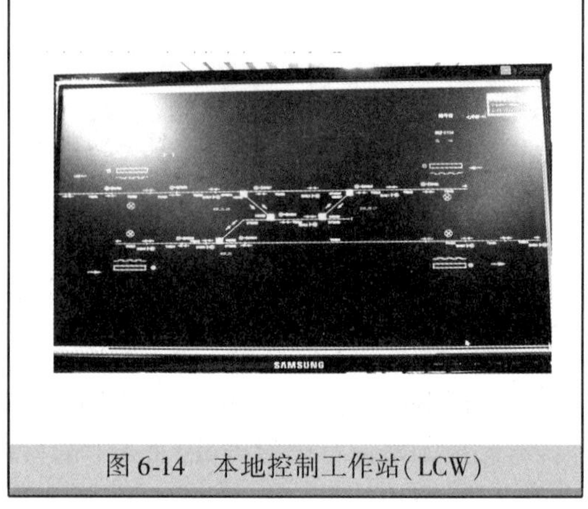

图 6-14 本地控制工作站(LCW)

3 计轴复位盘

当设备集中站联锁区内线路上某段计轴出现故障需要复位时,由行调授权车站行车值班员在计轴复位盘(见图 6-15)上按下某段计轴的复位按钮。

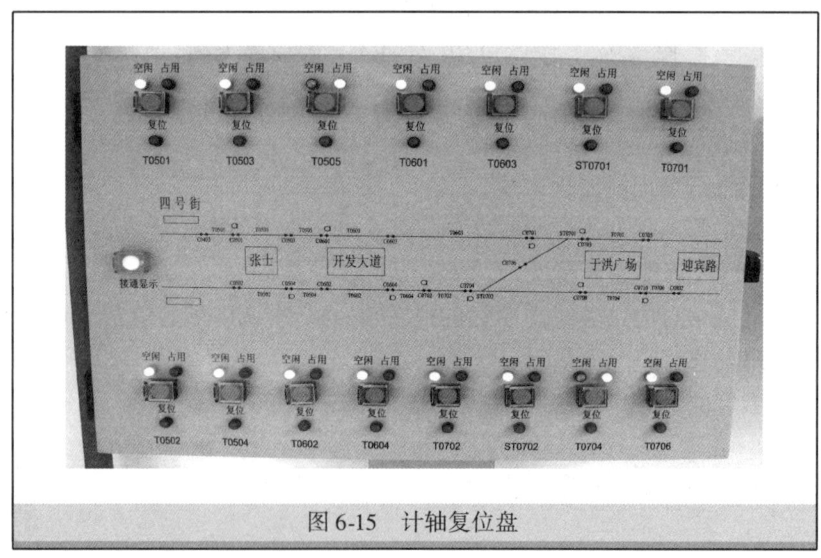

图 6-15 计轴复位盘

4 LCP 盘(二维码 40、41)

车控室设有 LCP 控制盘(见图 6-16),盘面上的上、下行线路分别有紧急关闭、紧急关闭恢复、扣车、取消扣车、提前发车按钮各一个及紧急关闭、扣车、提前发车指示灯各一个,另外盘面还有控制转换开关、报警切除及表示灯测试按钮一个。当 ATP 设备正常使用时,站务人员根据行车工作的需要按压各按钮。

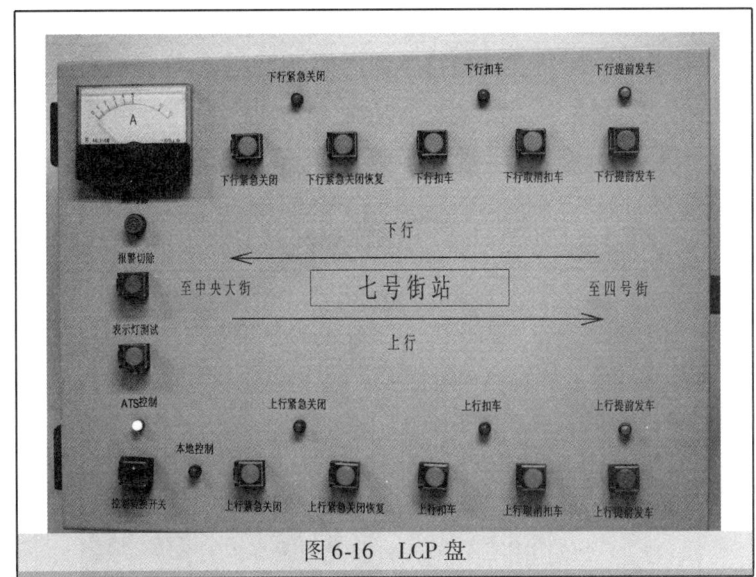

图 6-16 LCP 盘

二维码 40

二维码 41

5 车站安全门报警盘(IBP 盘,二维码 42)

安全门的 IBP 盘(见图 6-17)设置在车控室 BAS 系统的 IBP 报警盘上,IBP 开关是为了在紧急情况下能实现控制整列安全门开关门操作的紧急开关。此开关安装在车控室中,且每列站台各有一个 IBP 开关。IBP 开关是所有安全门系统控制级别中的最高级,当安全门在 IBP 盘上控制状态时,任何级别都无法控制安全门系统的操作。

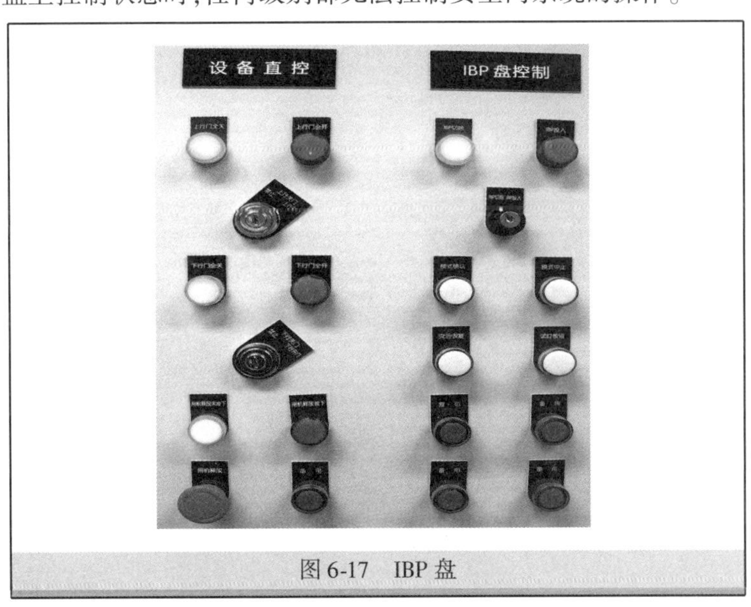

图 6-17 IBP 盘

二维码 42

6 视频监控系统(CCTV)

车控室配备 1 套 CCTV,CCTV 可提供车站各位置的实时监控画面。

7 车站有线调度电话

车控室里配备 1 台有线调度电话，可实现与行车调度员、相邻车站等行车岗位进行通话的功能。

8 车站广播

车控室里配备 1 台车站广播系统（见图 6-18、二维码 43），具备对车站进行广播的功能。

二维码 43

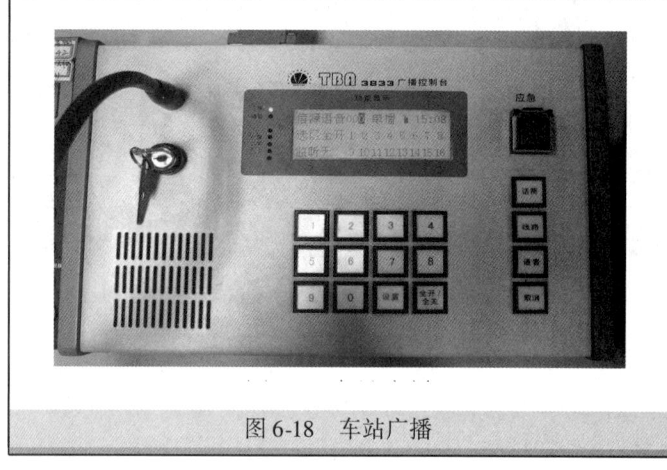

图 6-18 车站广播

第七章

行车调度指挥

城市轨道交通系统是技术密集型的公共交通系统,各个工作环节紧密联系、协同运作,必须实行集中领导、统一指挥的原则。行车调度指挥正是实现城市轨道交通系统日常运输工作的指挥中枢,凡与行车有关的各部门、各工种都必须在行车调度员的统一指挥下进行日常生产活动。

行车调度的基本任务是:科学合理地组织客流,经济合理地使用车辆及其他运输设备,与运输有关各部门密切配合、协同动作,确保列车按图运行,完成运输生产任务,为城市经济建设和人民生活服务。

第一节 轨道交通行车指挥

一 行车指挥工作

在我国的大部分城市,通常由运营控制中心(OCC)担任城市轨道交通系统的列车行车指挥工作,它是城市轨道交通系统的运营生产指挥部门,负责所辖各条轨道交通线路行车、电力、消防环控等的运行调度和突发事件处理等工作。其日常工作包括:

(1)参与制定行车、电力、环控等调度规程,参与制定运营技术管理、行车组织等规程及突发事件预案,并组织实施。

(2)组织各有关行车人员按运行图行车,遇到列车晚点和突发事件时,及时采取运营调整措施,迅速恢复列车正常运行。

(3)密切注意客流动态,并按规定负责与客运等有关单位一起实行相关运营方案。

(4)负责行车、设备事故及突发事件的救援抢修的调度指挥,采取有效措施,防止事故扩大,尽快恢复正常运行。

(5)负责组织实施线路施工、抢修及工程列车、调试列车的作业计划。

(6)建立、健全运营生产、调度指挥等各项原始记录及统计,分析报表,并按规定向上级主管部门报告。

(7)维护调度纪律,督查各基层单位执行调度命令和有关规章制度的情况,发现问题立即采取相应措施。

二 行车指挥的内容

为实行集中统一指挥、有序组织运输生产活动,轨道交通系统应设立不同级别的运营控制中心,如(COCC 网络运营控制中心→OCC 运营控制中心),其中 OCC 实行分工管理原则,按业务性质划分,设置不同的调度工种。如图 7-1 在运营控制中心通常设有行车调度员、维修调度员、电力调度员和环控调度员等调度工种,有的还设有客运调度员。图 7-1 为 OCC 组织机构示例,具体的形式依据不同的城市轨道交通系统,以及管理体制的差别而有所不同。

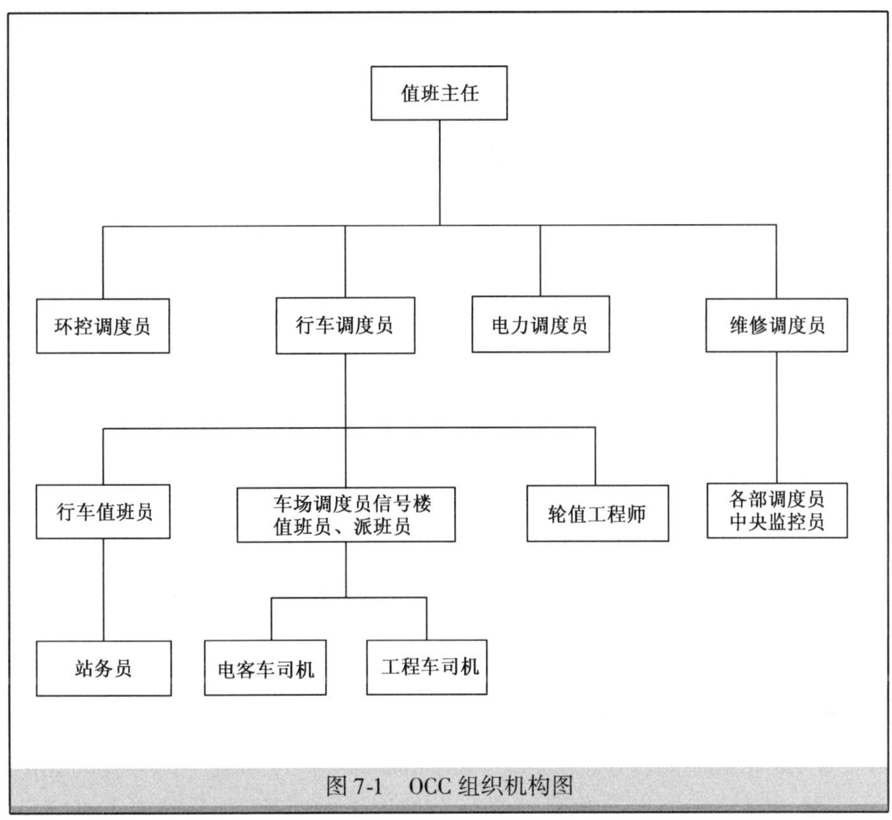

图 7-1 OCC 组织机构图

其中行车调度工作是城市轨道交通系统的核心,它的好坏直接影响运输生产任务的完成,本章将重点讨论行车调度工作的相关问题。

行车调度员应具备的素质包括:

(1)具有运输专业实践工作经验,并经过调度专业知识学习,熟悉行车组织规则、列车运行图、行车调度员手册、应急处理规定等技术文件、各类规程及有关规章制度。

(2)熟悉人、车、天、地、图等各种与行车有关的因素。

(3)熟悉司机、车站行车值班员等与列车运行有关的作业人员情况,如工作经历、业务水平、个性等,充分调动有关人员的工作积极性。

(4)熟悉车辆技术状态,使用性能和特点等情况。

(5)掌握气候变化等因素对客流增减及对列车运行影响的一般规律。

(6)熟悉与行车有关的各种技术设备,如线路平、纵断面、信号、联锁、闭塞设备、车站折返设备、调度集中设备和通信广播设备等。

(7)有很好的沟通能力和应急决策能力。

二维码 44

三 行车调度控制方式(二维码 44)

城市轨道交通系统的基本行车调度控制方式主要与采用的行车调度指挥设备类型有关。当出现设备故障等特殊情况时,可采取车站控制作为辅助方式。

1 人工调度指挥系统(电话闭塞法)

该系统主要由行车调度员通过电话向车站行车值班员直接发布命令,以路票作为行车凭证,因此称为电话闭塞法,由车站行车值班员排列列车进路,通过与车站行车值班员的联系,行车调度员掌握列车到达、出发信息,下达列车运行调整调度命令。行车调度员也可通过无线调度电话呼叫列车司机,发布调度命令。此时由行车调度员人工绘制列车运行图。这种方式通常在线路开通初期,设施设备尚未到位或信号系统、联锁设备故障等特殊情况下才使用。

2 调度集中控制系统(区段行车法、IATP 行车法)

调度集中控制设备是一种远程控制的信号设备。它的特点是区间采用自动闭塞、车站采用微机联锁电气集中联锁,利用电缆引接到指挥该线路列车运行的控制中心。控制中心的行车调度员通过中央 ATS 工作站进行集中控制,并监控列车到达、出发及途中运行情况,确保列车运行秩序正常。行车调度员通过中央 ATS 工作站可以方便快捷地掌握线路上列车运行和分布情况,区间和站内线路的占用情况,各种信号机的显示状态和道岔开通位置等,此时也叫调度集中控制,基本行车方法为点式 ATP(IATP)行车法,列车运行采用人工驾驶。在不能实现调度集中控制时,可改为车站控制,此时也叫调度监督下的半自动控制,基本行车方法为区段行车法。车站行车值班员在行车调度员的指挥下,办理列车进路,接发列车作业。

3 行车指挥自动化控制系统(CBTC 行车法)

基于 CBTC 移动闭塞的 ATC 系统已被越来越多的城市轨道交通系统采用。ATC 系统由列车自动防护系统(ATP)、列车自动驾驶系统(ATO)、列车自动监控系统(ATS)组成。其中 ATS 子系统能监控列车运行状态,实时控制列车运行。中央 ATS 工作站是一个实时控制系统,由调度控制和数据传输计算机、工作站、显示盘和绘图仪等构成,如图 7-2 和图 7-3所示。

ATS 工作站的主要功能包括:能发出控制需求信息,并从轨道线路上及信号设备上接受信息;可人工或自动地将调度指挥信息传递至各集中站 ATC 设备;实现了列车的动态显示,如列车位置、到站出发时分、车次号等;根据储存的基本运行图或调整过的计划运行图,可采用人机对话方式生成当前使用运行图;自动排列列车进路;自动进行列车运行调整;自动绘制实际列车运行图和生成各种运行报告。

随着科学技术的发展,城市轨道交通系统运行控制设备正逐步向自动化、远程化、计算机化的方向发展。

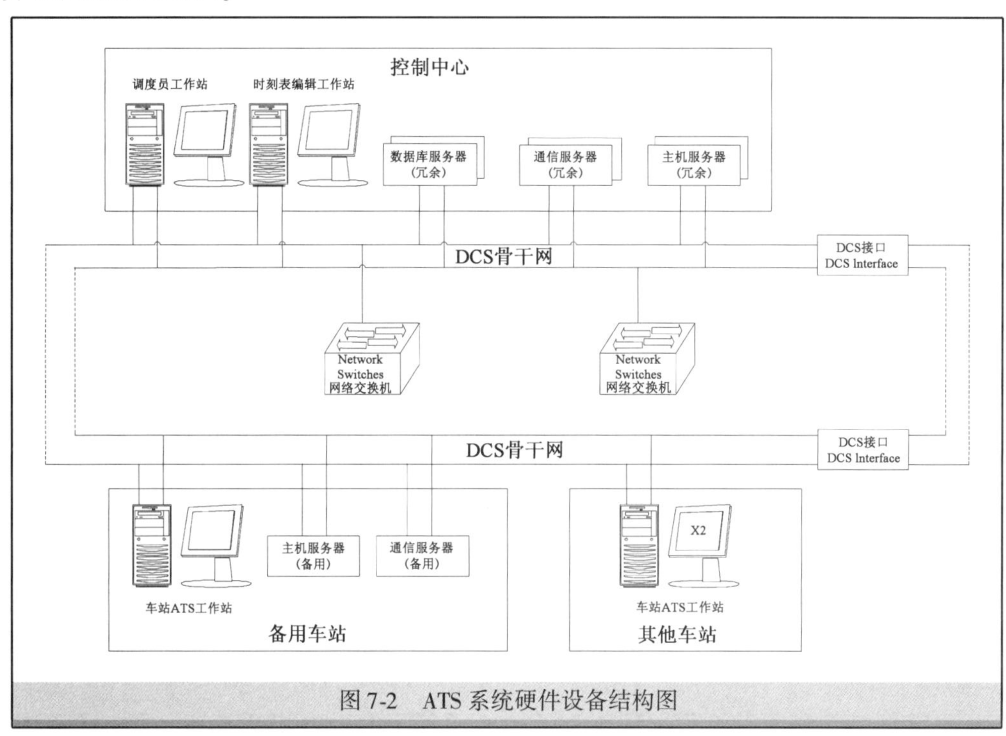

图 7-2　ATS 系统硬件设备结构图

图 7-3　中央 ATS 工作站

第二节 列车驾驶模式

列车驾驶模式(二维码45)主要有以下六种:ATO模式(有人全自动驾驶模式)、ATP模式(有ATP防护的人工驾驶模式)、IATP模式(点式ATP驾驶模式)、RM模式(受限制的人工驾驶模式)、ATB(OFF)模式(关闭模式)、NRM模式(非限制人工驾驶模式,此模式下ATP切除,无车载信号系统防护)。

二维码45

当模式开关1(见图7-4)在NOR(正常驾驶模式开关)位时,可选择使用模式开关2(见图7-5)中的任一驾驶模式,同时在车载TOD显示屏上也均有相应的显示(见图7-6);当模式开关1在NRM位时,仅能使用NRM驾驶模式。

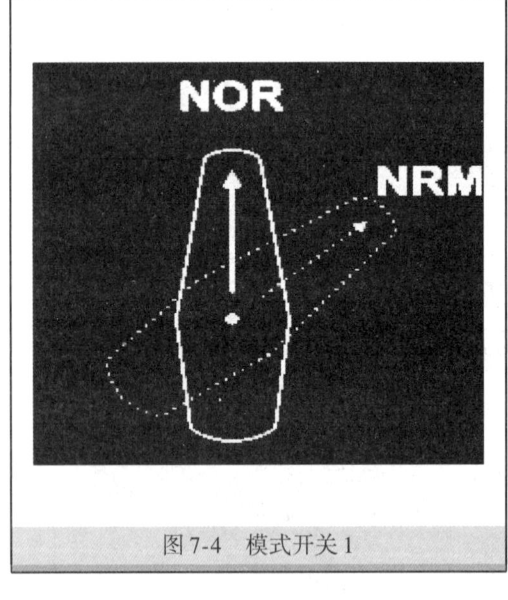

图7-4 模式开关1

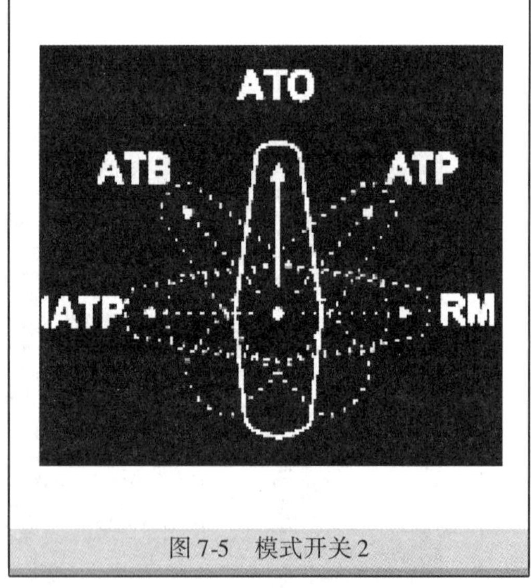

图7-5 模式开关2

1 ATO模式(有人全自动驾驶模式)

在此模式下,列车的启动、加速、巡航、惰行、制动、精确停车、开关门及折返等由车载信号设备控制,不需司机操作。

打开车门、安全门由列车自动控制或者人工控制,但仅在车载信号设备给出车门释放信号时才允许操作。车载信号设备仅在列车停准在站台时才给出门允许信号。

图 7-6　TOD 屏上显示的驾驶模式

在该驾驶模式下,司机可选择自动关门或人工关门,一旦停站时间结束,车门、安全门自动或人工关闭,司机按压 ATO 启动按钮或 ATO 自动启动,列车离站。

车载信号设备连续监控列车速度,并在超过预定速度时实施常用制动。在超过最大允许速度时实施紧急制动。

2 ATP(有 ATP 防护的人工驾驶模式)

在此模式下,列车的速度、监控、运行及制动在车载信号设备限制下由司机操作。

开关车门、安全门由司机人工控制,车门与安全门实现联动,开车门仅在车载信号设备给出门释放信号时才允许操作。

车载信号设备连续监控列车速度,并在超过预定速度时实施常用制动。在超过最大允许速度时实施紧急制动。

3 IATP 模式(点式 ATP 驾驶模式)

司机利用来自信号机处动态信标的信息以及速度限制来驾驶列车。

开关车门、安全门由司机人工控制,车门与安全门不能实现联动。

4 RM 模式(受限制的人工驾驶模式)

在此模式下,列车的速度、监控、运行及制动由司机操作,车载信号设备仅对列车特定速度进行(如 25km/h)超速防护。

车载信号设备提供允许开门信号,开关车门由司机人工控制。

车载信号设备在列车超速(如大于 25km/h)时实施紧急制动。

5 ATB(OFF)模式(关闭模式)

在此模式下,车载信号系统设备处于上电等待状态,不再接收司机室内的驾驶操作命令，当列车两端驾驶室内的车载信号设备均处于该模式时，列车处于不可移动的制动状态。还可与自动折返按钮配合使用，用于无人折返操作。

6 NRM 模式（非限制人工驾驶模式，此模式下 ATP 切除）

在此模式下，列车的速度、监控、运行及制动由司机操作，没有 ATP 防护（见表 7-1）。

此模式在车载信号设备故障或特殊运行需要时使用。此时，车载信号设备对牵引、制动等的控制功能失效。

进入此模式要求司机将模式开关 1 转到 NRM 位。紧急制动仅由车辆设备控制。

列车驾驶模式　　表 7-1

模式	定义	运用
ATO	列车自动驾驶模式	在 ATO 和 ATS 控制下及 ATP 限制下，列车自动驾驶。列车司机人工或 ATO 自动开关车门。列车司机人工或 ATO 自动启动列车的自动驾驶
ATP	有 ATP 防护的人工驾驶模式	通过在驾驶室中的车载 TOD 显示的 ATP 限制下，列车司机驾驶列车
IATP	点式 ATP 驾驶模式	司机利用来自信号机处动态信标的信息以及速度限制来驾驶列车
RM	限制人工驾驶模式	该模式是降级的驾驶模式（车辆段内为正常驾驶模式），列车运行具有最高限速。在这种模式下，列车司机按照地面信号显示运行并不能超过最高限速
ATB（OFF）	关闭模式	列车两端的车载设备都停止，并且，还可与自动折返按钮配合使用，用于无人折返操作
NRM	非限制人工列车驾驶模式	所有车载控制器的输出被旁路，无信号系统防护，列车驾驶完全由司机负责。要求列车停止以便切换到 NRM 模式，否则列车电路会施加 EB（紧急制动）使列车停下

第三节　基本行车法

一　电话闭塞法、电话联系法

二维码 46

1 定义

（1）电话闭塞法（二维码 46）：是车站之间通过站间电话办理闭塞，以电话记录号作为确认闭塞区间空闲的凭证,以路票作为列车占用区间的凭证,以车站值班站长(或指定人员)的发车手信号作为发车凭证的一种行车方法。

(2)电话联系法:是车站与车场之间通过站间电话办理闭塞,以电话记录号作为确认闭塞区间空闲的凭证,以发车指令作为列车占用区间和发车凭证的一种行车方法。

电话闭塞法适用于正线各车站间人工办理行车闭塞。电话联系法适用于正线与车场间人工办理行车闭塞。电话闭塞法与电话联系法无本质区别,操作流程基本相同,因车场不具备交递路票的条件,故电话联系法以车地联控的形式替代交递路票的流程。

2 执行条件

(1)遇下列情况,经值班主任批准,可采用电话闭塞法组织行车:

①正线一个或多个联锁区联锁设备故障时。

②正线一个或多个联锁区在中央 ATS 工作站和车站 ATS/LCW 工作站上均失去监控功能时。

③其他情况需采用电话闭塞法组织行车时。

(2)遇下列情况,经值班主任批准,可采用电话联系法组织行车:

①车场内信号系统联锁设备故障时。

②车场 ATS 工作站和微机联锁设备均失去监控功能时。

③正线与车场信号接口故障时。

④其他情况需采用电话联系法组织行车时。

二 区段行车法

1 定义

区段行车法:将列车运行进路划分为若干个固定的区段,设备集中站确认连续两个或连续两个以上相关区段空闲后,在车站 ATS 或 LCW 上排列进路,列车按地面信号显示行车的一种行车方法。

2 执行条件

(1)信号系统联锁功能正常;各设备集中站 ATS/LCW 监控功能正常。

(2)遇下列情况,经值班主任批准,可采用:

①正线一个或多个联锁区 ATP/IATP 轨旁设备故障时。

②正线 3 列及以上运营列车 ATP/IATP 车载设备故障时。

③中央 ATS 全部或部分失去监控功能,而车站 ATS/LCW 监控功能正常时。

④其他情况需采用区段行车法组织行车时。

三 IATP 行车法

1 定义

基于全线实现 IATP 功能,通过 ATS(或 LCW)自动或人工排列进路,上线列车采用 IATP 驾驶模式,按地面信号显示及 TOD 上指示的推荐速度行车的一种行车组织方法。

2 基本模式

(1)进路控制模式:由 ATS 控制的自动进路。

(2)列车驾驶模式:IATP 驾驶模式。

(3)列车运行控制:采用时刻表控制。

(4)行车控制模式:调度集中控制(中央控制)。

3 执行条件

全线联锁功能可用且具备 IATP 功能、上线列车车载 IATP 可用情况下,采用 IATP 行车法组织行车。

四 CBTC 行车法

1 定义

CBTC 行车法:基于全线实现 ATP 功能,通过 ATS(或 LCW)自动或人工排列进路,上线列车采用 ATP 驾驶模式,按 TOD 上指示的推荐速度行车的一种行车组织方法。

2 基本模式

(1)进路控制模式:由 ATS 控制的自动进路。

(2)列车驾驶模式:ATP 驾驶模式。

(3)列车运行控制:采用时刻表控制。

(4)行车控制模式:调度集中控制(中央控制)。

3 执行条件

采用 CBTC 行车法组织行车时,需具备以下条件:

(1)全线联锁功能可用且具备 ATP 功能。

(2)上线列车车载 ATP 可用情况下。

(3)发车指示器(DTI)运行正常。

4 行车凭证

(1)发车指示器(见图7-7)显示的发车时间已到。

图7-7　发车指示器

(2)全线地面信号显示为蓝灯,司机凭车载TOD显示的速度码动车。

第四节 行车调度组织工作

行车调度组织工作贯穿整个城市轨道交通的行车组织工作,包括运营前的准备、列车出入场作业、运营中的调度监督、运营结束后的收尾及施工工作四个环节。

一 运营前的准备工作

(1)检查OCC行车设备、备品:有线调度电话、无线调度电台、内部电话、手台、CCTV、大屏幕、中央ATS工作站(当日时刻表、运行图、运行数据及线路信号等信息)等工作正常。

(2)检查《施工请销点登记表》及《临时施工登记本》,确认施工全部销点,线路出清,全线具备运营前检查条件。

(3)呼叫全线各车站、场调及信号楼,核对当日所执行的《试运营时刻表》以及中央时间,通知有关工作内容,通知各部门可以开始进行运营前准备工作检查。

(4)各站行车值班员、车场调度员、派班员、信号楼值班员在本单位检查结束后,向行车调度员汇报运营前检查情况,行调如实填写《运营前准备工作检查表》,并对出现的问题进行处理。

二 列车出入场

1 列车出场(二维码47)

(1)确认出场列车为ATS系统所确认的计划列车。

二维码47

(2)每列出场电客车到达转换轨时,司机呼叫行调测试车载电台是否通信正常,确认正线驾驶模式是否已建立。

(3)根据出车计划表核对电客车车体号,在ATS中选择正确的车体号为列车赋车次及目的地码。

(4)组织电客车按照时刻表运行至始发站台,准时投入客运服务。

2 列车入场

(1)确认入场列车为ATS系统所确认的计划列车,可由ATS系统自动控制列车,行车调度员监督列车运行。

(2)在信号楼预先办理入场进路及开放号后,设置为自动信号,中央ATS接收到目的码为“入场”的列车时,可接近触发入场进路,列车由入场线回场。

三 运营中的调度监督

(1)列车进入正线运营后,行车调度员必须时刻关注列车运行动态,确保安全、正常运行。行车调度员以中央ATS工作站为基础,监督列车运行情况,及时处理各类突发性事件。

(2)在进行列车运行调整时,坚持安全生产的方针,在保证安全的基础上积极组织并在最短时间内恢复按图行车。在进行调整时,按列车的性质、用途进行调整,在正常条件下列车等级为:专列、载客列车、临客、空驶列车、调试列车、其他列车。为调整列车运行,可采取停运、加开、备用列车顶替及变更交路等办法,亦可根据需要采取使停站列车变为通过或使通过列车变为停站的办法。

(3)遇有大客流等情况,行车调度员应尽量组织备车投入运行,并采取相应的客运组织措施及时疏散乘客。遇有各类突发事件,应在当班值班主任指挥下,参照《应急处理规定》的各项规定,各司其职,尽快恢复运营正常。

四 运营结束后的收尾及施工工作

(1)按运行图要求保证各类列车运行终止或完成入场作业。

(2)调度员须对当晚行车、电力、环控等施工计划进行核对、落实具体实施人员与安全细则。

(3)组织车站行车值班员等行车相关人员对线路、道岔等各项与运营有关的设备进行测试，提高操作人员的熟练程度和相互的配合协调性，确保设备设施正常运转。

(4)根据施工计划及施工申请，通知需要停电的接触网供电区段的电调停电。

(5)施工开始前，车站行车值班员根据施工负责人的申请向行调请点，并在《施工请销点登记本》或《临时施工登记本》上记录请点情况。

(6)监控施工作业过程。

(7)施工结束后，车站行车值班员根据施工负责人的申请向行车调度员销点，在《施工请销点登记本》及《临时施工登记本》上记录销点情况，同时要求车站或中央进行相关设备的测试及验收，确保次日运营正常。

(8)保证当日计划、实际运行图绘制完毕，并完成其他运行数据报告。根据各项报告，整理统计当日运行情况，并进行汇总分析。

五 交接班制度

为保持调度工作的连续性，应建立完善交接班制度。交接内容应包括：列车运行、线路、车辆、设备等情况及有关文件、命令、指示等事项。

(1)接班行车调度员要在开交班会之前15min到岗，需了解的情况包括以下几项：

①当日所执行的时刻表及有关要求。

②施工情况：上一班施工遗留情况、本班的施工计划及车辆段内影响列车出入车辆段的施工、接触网供电情况。

③正线运营情况及车辆、信号、供电、线路等设备情况。

④上线列车和备用车情况。

⑤上一班的故障及处理情况，运营日报的故障描述。

⑥领导重点交办事项。

⑦本班的重点工作及需跟进的工作。

⑧本日晚点、下线、加开、使用过的加开车次等情况。

⑨交接班台账、施工计划、规章文本是否齐全。

⑩其他需关注的事项。

(2)参加交接班会，通报本岗位的工作情况及注意事项，听取值班主任布置本班工作任务及上级指示，学习新文件及规章制度，做好班前准备工作。

六 调度命令

在组织指挥列车运行过程中，行车调度员在进行某些行车作业时需发布调度命令，以保证行车调度员在指挥列车运行过程中发布指令的严肃性和强制性。行车调度员在发布调度命令前，应详细了解现场情况，并听取有关人员的意见，调度命令发布后，有关行车人员必须严格执行。

1 调度命令的分类

调度命令:是行车调度员在调度指挥工作中对行车有关人员发出的要求及其配合完成某些行动的指令。调度命令分为口头命令、书面命令两种。口头命令与书面命令同样具有严肃性和强制性,均需做到规范发令、严格执行。

(1)口头命令:为向单个受令对象(一般为列车司机)直接发布的短期性指令。在下列情况下,行车调度员应发布口头调度命令:

①临时加开或停开列车(包括电客车、工程车)。

②电客车推进运行、退行,工程车退行。

③停站电客车临时变通过。

④改变列车驾驶模式时。

⑤变更基本进路。

⑥客车清客。

⑦允许越过引导信号、禁止信号时。

⑧故障列车维持运行。

(2)书面命令:一般至少有两个受令对象,有时还需送达司机,较长时间影响行车的命令一般为书面命令。在下列情况下,行车调度员应发布书面调度命令:

①发布线路限速或取消限速。

②封锁或开通线路时。

③开行工程列车。

④开行救援列车。

⑤行车调度员认为有必要按书面命令办理的命令。

2 发布调度命令的一般规定

(1)调度命令应由当班行车调度员发布,发布前应详细了解现场情况,听取有关人员意见。

(2)命令内容应一事一令,先拟后发,书面调度命令必须由负责监护的调度员签阅后方可发布,发布口头命令可不签阅,发令时应口齿清晰、语速中等。

(3)受令处所若为沿线各站,根据标准填记车站全称。

(4)发令人、受令人、复诵人等必须填记全名。

(5)发令日期、发令时间按实际发令时间填写。

(6)所有命令必须记录在调度命令登记簿上(见表7-2),不随意涂改,如有涂改之处,应有发布命令的调度员盖章确认,调度命令登记簿要妥善保管。

(7)下列口头命令在录音设备故障时,必须改用书面命令:

①切除ATP运行。

②列车救援。

③列车反方向运行。

④区间放人。

调度命令登记簿　　表 7-2

日期	调度命令				复诵人姓名	受令人姓名	行调姓名	备注
	发令时间	命令号	受令及抄送处所	内容				

3 数字发音标准用语

二维码 48

行车工作必须使用标准用语，数字发音标准（见表 7-3，二维码 48）。

数字发音标准　　表 7-3

1	2	3	4	5	6	7	8	9	0
yāo	liǎng	sān	sì	wǔ	liù	guǎi	bā	jiǔ	dòng
幺	两	三	四	五	六	拐	八	九	洞

4 调度命令示例

（1）书面命令示例。

区间限速时：

限速命令　　　　（受令者：××站至××站，运转）

"自×××时起，至×××时止，××站至××站上/下行线列车限速××公里/时运行。"

取消限速命令　　（受令者：××站至××站，运转）

"自×××时起，取消××站至××站上/下行线列车限速××公里/时运行。"

（2）口头命令示例。

列车清客时：

适用情况：遇列车不能载客运营时，须令司机广播清客，同时通知车站组织清客。

行车调度员发令："命令号×××，×××××次××××号车，××站广播清客。"

司机复诵："×××××次明白，××站广播清客。"

第五节　列车运行组织调整

一　正常情况下的列车运行组织

城市轨道交通具有行车密度高、运行间隔小、安全运营要求高等特点。一般分为调度集中控制、调度监督下的自动运行控制和半自动运行控制三种方式，按照运行图规定的行车计划组织列车运行。

1 调度集中控制条件下的列车运行控制（IATP行车法）

调度集中控制条件下的行车组织控制，在行车调度员的统一指挥下，利用行车设备对列车的到、发、折返等作业进行人工控制及调整。调度集中控制条件下的行车组织的指挥人为行车调度员。在大多数情况下，车站不参与行车组织的工作。调度集中控制应实现的功能有：

（1）应具有微机联锁或电气集中联锁设备，实现远程控制功能，并从设备方面提供列车的运行安全保障。

（2）通过控制屏或显示器可监护全线列车运行状态、信号显示、道岔位置及线路占用情况。

（3）应能利用微机联锁或电气集中联锁设备转换道岔、排列进路、开放信号，指挥和调整列车运行。

（4）应能自动或人工绘制列车实际运行图。

2 调度监督条件下的列车自动运行控制（CBTC行车法）

列车自动运行控制是城市轨道交通列车运行组织的主要控制方式，自动运行控制方式利用计算机技术对列车运行实行自动指挥和自动运行监护，并有列车运行保护系统来提高行车安全系数。在正常情况下，系统根据列车运行图自动排列列车进路，列车以ATO模式运行；非正常情况下，按调度指令调整行车计划。调度监督条件下的列车自动运行控制可实现的功能有：

（1）计算机系统可输入及储存多套列车运行图，并可根据设定的列车运行图实行行车指挥功能。

（2）对正线运行列车实行自动跟踪，显示进路、道岔位置、区间及线路占用情况。

（3）可自动或人工对列车运行进行调整，可使用人工对进路排列、信号开放、道岔转换进行控制。

（4）提供中央及车站两级运行控制模式，并可根据需要进行控制权转换。

（5）列车运行自动保护系统对列车运行设定防护区段，控制前后列车运行的安全间距。

（6）列车可使用自动驾驶功能，也可采用人工驾驶，列车占用区间的凭证是列车收到的速度码。

（7）通过计算机系统自动绘制列车实际运行图，并进行有关运营数据统计。

3 调度监督条件下的半自动控制（区段行车法）

这种列车运行组织方式是在OCC统一指挥和监督下，由车站行车值班员操作车站微机联锁、电气集中或临时信号设备控制列车运行。早期建成的城市轨道交通体系至今仍保留这种列车运行组织方式。在一些新线上，由于信号系统尚未安装调试完毕，在过渡期运营时也会采取这种方式进行行车组织。在信号设备完全安装完毕的条件下，当中央 ATS 设备发生故障或特殊情况下均可采取此种方式。调度监督条件下的半自动控制可实现的功能有：

(1) 车站信号控制系统具有联锁功能，可对进路排列、道岔转换、信号开放实行人工操作。

(2) 可实时反映进路占用、信号及道岔等工作状态，对线路上的列车运行进行监护。

(3) 可储存信号开放时刻、道岔动作、列车运行等各类运行资料，并可根据需要调用。

(4) 车站根据调度指令对列车运行进行调整。

(5) 计算机自动绘制或人工绘制列车实际运行图。

正常情况下的列车运行凋整是指为实现按图行车，对于较小的行车延误，系统可自动进行调整干预，努力确保列车正点运行。对始发列车，行车调度员应在列车出场、列车折返方式、客流组织等方面进行组织，确保列车正点始发。在正点始发的前提下，由于途中运缓、作业延误或设备故障等原因造成的列车运行晚点。行车调度可根据列车运行的实际情况，对列车的运行等级和运行秩序进行调整，尽快使晚点列车恢复正点运行。

常用的列车运行调整方法有：始发站列车提前或推迟出发、改变列车运行等级、组织车站快速乘降作业、压缩停站时间、跳停作业等。

二　非正常情况下的列车运行调整

1　非正常情况下的列车运行调整

在这里，非正常情况主要是指在某些特殊情况下，如重要政治活动、体育赛事及本线或其他线路突发紧急事件，无法继续执行正常计划时。行车调度员需根据上级指示对运营方案进行变更，以满足实际运营需要，提高服务质量，降低经济损失。一般情况下，行车调度员常用的运行调整方式包括以下几种：

(1) 抽线。当线路出现运能受限，线路效能大幅降低，且短时间内无法恢复时，行车调度员一般采取停运部分车次，以通过降低运能，提高效率的方式，来降低运能损耗。

(2) 加开备车。通过正线备车或库内备车进入正线运营，以调整运营秩序恢复正常。加开备车在平时的运营调度中是比较常用的方法之一在许多调整中都会使用这一调整手段。如列车晚点、突发大客流、列车故障以及专列等。

(3) 载客通过。当某一列车因某些原因晚点，并造成后续列车大量拥堵，且在短时间内难以恢复正点时，行车调度员可以适时地通过将该列车不停站通过某些车站的方式，使该晚点列车对后续列车的制约瓶颈及时释放，恢复正常运营。

(4) 列车清客。在列车载客运行当中，如果线路出现异常情况，无法保证列车运行安全，或因为列车运行调整要求，需要改变运行交路时，需要进行清客作业。但一般情况下，应少用、慎用清客命令。

(5) 改变运行交路。在遇到某些突发事件，导致线路局部中断运营时，行车调度员可根据线路条件，采取小交路折返的方式，保证非故障区段的运营。有时，在既有运营线路的延伸线路刚开通时,在车辆供给不足,运量分布不均的情况下,也采取大小交路套跑的形式。

(6)线路封站,指在某些特定情况下,将某一个或者多个车站封闭,只办理列车通过作业,但不办理客运作业的方式。

除以上调整方式外,还可采取扣车、调整列车发车间隔时间、停运列车、始发站提前或推迟发出列车、组织列车加速运行、反向运行等方式来进行列车运行调整。

2 非正常情况下的行车调度指挥

1)隧道内线路积水时的行车组织

行车调度员在接到巡道、巡检人员、司机及其他行车有关人员发现隧道线路积水时,应及时通知相关维修部门进行抢险,并根据需要下达抢险命令。列车进入积水区段的运行方式为人工驾驶模式,越过积水区段,到达前方站后恢复正常驾驶模式运行。

由于气候与环境以及设备的因素影响,地下隧道内发生积水情况时,为了保证列车运行安全和运行秩序,应根据积水面高度,设定列车的不同行驶速度。积水面距钢轨轨面的距离越小,对行车和列车车辆的影响越大。主要原因是,列车司机无法判断线路状况是否符合行车安全的要求与条件,列车通过该段线路时,水会进入列车下部设备,特别是电机、电器设备等,造成车辆损坏。

当隧道内发生积水情况,行车调度员应根据有关专业人员的报告及时给运行列车司机下达命令规定限速的要求。列车司机接到行车调度员命令后必须按指令执行,列车通过积水地段的行车方式为人工驾驶模式,到达前方车站后恢复正常驾驶模式行车。此外,行车调度员应尽快确定隧道线路积水原因,协助抢险人员排除积水,并告知所有列车司机,抢险人员的具体位置。抢险人员随列车进出事发区间,应配备通信工具并做好自我及邻线防护。在夜间,不管是地面、高架线路还是地下线路,行车调度员须令相关车站的行车值班员打开事发区间的照明。

2)地面站以及地面区间迷雾、台风、暴雨天行车组织

(1)地面、高架线路迷雾情况下应采取如下措施:

①列车进站时,司机要鸣笛警示,加强瞭望,遇有险情,立即采取停车措施。

②行车调度员通知车站要加强安全广播和站台秩序维持工作,遇有险情,立即采取紧急停车措施。

(2)地面、高架线路台风、暴雨情况下应采取如下措施:

①列车进站时,司机要鸣笛警示,加强瞭望,遇有险情,立即采取停车措施。

②行车调度员通知车站要加强安全广播和站台秩序维持工作,遇有险情,立即采取紧急停车措施。

③发生十级以上台风(含十级)行车调度员应令在线列车进站停运待命,利用折返线组织列车在地下线路,进行小交路运行。

④通知客运调度员根据列车晚点情况、运营调整方案,及时发布客运信息,合理组织客流。

3)列车清客

(1)行车调度员作出清客决定后,通知司机、车站做好清客准备。

(2)车站、司机做好宣传解释工作,司机应关闭车厢照明,车站派人协助司机清客。

(3)清客完毕后,由车站通知司机关门,车门关好后,司机与行车调度员联系动车。

(4)清客2min以后,若车上仍有少数乘客未下车,车站通知司机车内乘客情况,司机与行车调度员联系,确定是否再清或关门动车。

(5)若列车上乘客未清完,则在列车退出正线前最后一个车站再次清客,并提前通知车站,公安配合清客。

(6)回库列车若在退出正线前最后一个车站清客后仍有乘客未下车,行车调度员在决定列车回库后,应通知公安、车场调度等部门。

(7)发生列车清客后,行车调度员应及时通知相关部门。

4)ATC系统故障

在采用ATC系统情况下,由ATS子系统完成列车运行的控制任务,行车调度员只起监控作用;列车根据ATP子系统提供的信息,由ATO子系统自动驾驶运行。

ATC系统故障是指ATP、ATS和ATO三个子系统发生故障,在ATC系统发生故障时,行车指挥方法和列车运行控制方式改变如下:

(1)ATO子系统发生故障,列车改为ATP人工驾驶,在ATP车载设备的监护下,按车内速度信号显示运行。

(2)ATP车载设备发生故障,列车接收不到限速命令,此时,列车司机应立即向行车调度员报告,凭行车调度员调度命令,运行至就近有折返线或出入场线的车站,列车清客后退出运营。

(3)ATP轨旁设备发生故障,ATO车载设备接收不到限速命令。此时,如是小范围的设备故障,由行车调度员确认故障区间空闲后,向列车司机发布调度命令,列车在故障区间限速运行;如是大范围的设备故障,由行车调度员发布调度命令,停止使用基本闭塞法,改为车站控制,实行电话闭塞法行车。

(4)ATS子系统自动功能发生故障,改为调度监督下的半自动控制,由集中站行车值班员人工排列列车进路。

(5)在控制中心对所管辖的信号机或道岔失去控制作用或控制中心显示盘或显示器失去显示作用或不能正确显示时,根据行车调度员下达命令或授权,由调度集中控制改为集中站局部控制。

当调度集中控制改为集中站局部控制时,在行车调度员的指挥下,由集中站行车值班员办理闭塞排列进路、开闭信号和接发列车。

3　大客流时的运营组织

随着城市规模的不断扩大,大客流出现的频率越来越高,各地轨道交通运营部门逐渐总结出了一些成熟的经验,大客流的运营调整程序如下:

(1)运营中某一车站发生大客流事件后,客调应通过短信平台及时发布相关短信,做好信息汇报工作,并将该情况及时通知全线各站。同时,将了解的运行信息及时通过车站向乘客发布,并及时通知轨道公安部门配合,协助车站客流疏导工作。

(2)如情况严重,OCC可报公司申请启动公交配合预案,并根据实际情况对车站下达封站、AFC系统降级模式等各种指令。

(3)如遇大客流发生在轨道交通换乘站,邻线行车调度员之间要相互配合,通过邻线车站控制换乘客流。当接到车站客流有继续增长趋势时,必须通知相邻换乘站做好执行“换乘站客流组织应急预案”的准备;当接报车站大客流比例较高且已短时间内无法疏导时,就必须及时下达“换乘站客流组织应急预案”的命令。并对可能发生“大客流爆满”情况的换乘站下达“临时关闭换乘通道”的命令,对其他线路的换乘站视具体情况下达“广播告知”、“临时停售车票”、“临时关闭换乘通道”等命令。

(4)在大客流乘客基本疏散,车站秩序已恢复正常时,由车站向行车调度员报告。

(5)行车调度员接报后通知客调,待大客流疏散后恢复正常运营状态。

第六节 运行质量分析

一 行车调度运营报表种类

运营方案制订完成以后,为检验该方案在实际执行中的可行性、高效性以及为分析各因素对运营生产造成的影响程度,调度部门特制订了相关的统计报表和记录表。主要包括:列车运行图、列车用车情况表、列车的早晚点、清客、越站情况记录表、行车日志、交接班记录表、设备故障缺陷登记表、调度日报报表、施工检修计划通告等。

(1)列车运行图,包括计划运行图和实际运行图两部分。计划运行图是行车调度员组织指挥列车运行的依据,计划运行图由调度部门编制提供。计划运行图必须在组织实施24min前输入ATS系统,并完成校核、加载。实际运行图是根据列车实际的运行情况绘制的,必须保证运行图的完整、准确,其中应包括列车早点、晚点、清客、越站、加开、取消、小交路折返、列车救援连挂等情况。

(2)列车用车情况表,是统计和记录当日列车运用车情况,及因计划改变或运营调整进行列车换车的情况记录。表中需要记录的内容包括车次号、车体号、时间及换车原因。

(3)列车的早晚点、清客、越站情况记录表:按照当日运营计划的完成情况进行填写,列车的早晚点情况,按每2小时进行统计并对早晚点原因进行分类统计。清客、越站情况的填写要求与早晚点情况的要求一致,并与运行图统计数据,能一一对应。

(4)行车日志,是每班调度员日常工作的记录,是各项报表的基础依据,每日关于行车调整、设备故障、客运组织、突发事件及重大施工情况等必须在行车日志上翔实记录。行车日志的记录要以时间为顺序,自接班时起至交班时为止。记录内容应有事件发生时间、地点、内容及影响以及处理结果,记录事项均应闭环。

(5)交接班记录表,是每班调度员对本班运营的简单总结,对通讯、信号、线路、设备、运营情况、各项报表数目、调度命令使用情况、近期要求等进行记录。其中,设备故障情况必须信息闭环。

(6)设备故障缺陷登记表,由每班调度员负责填记,对当班期间发生的各设备故障情况、故障修复情况、采取的应急措施以及故障报修人员、故障修复单位人员等情况进行记录。

(7)调度日报报表,是反映一天内城市轨道交通企业运营情况的综合性报表,主要包括列车运行情况、客流票务情况、电力系统状态、消防环控状态4个部分。从每日运营开始记录至次日运营开始(头班车情况)结束,由当日夜班值班主任填写。

(8)施工检修计划通告,由施工管理工程师负责编制,是行车调度员组织实施施工和掌握施工情况的依据。

二 运营统计指标

1 兑现率

兑现率体现了计划运行图的完成情况。

计划开行列车数:当日使用运行图的计划总开行列车数(包含空车)。

实际开行列车数:当日实际开行的计划列车数(不含加开列车)。

抽线列车数:由于各种原因,取消的计划列车数(包含计划空车)。

$$\text{实际开行列车数} = \text{计划开行列车数} - \text{抽线列车数}$$

加开列车数:全天内开行的计划列车以外的列车数,有空车和载客两种。

$$\text{兑现率} = \frac{\text{实际开行列车数}}{\text{计划开行列车数}} \times 100\%$$

总开行列车数:当日实际开行的列车总数,包括实际开列车数和加开列车数。

2 正点率

晚点列车:列车实际运行时间与图定运行时间相比,超过一定标准的列车。包括早和晚两种情况。加开列车按正点统计。

$$\text{正点率} = \frac{\text{总开行列车对数} - \text{总晚点列车对数}}{\text{总开行列车对数}} \times 100\%$$

3 清客

运营中,已进行载客的列车因故无法继续执行载客业务,需要在车站、区间将乘客由车厢中清出至站台的,均统计为清客。

4 载客通过

载客通过也可简称为越站,出于运营调整,需要在某个站或某些站通过的载客列车,应统计为越站。

三 严重事件报告

严重事件报告是调度员记录当值过程中发生的各类严重影响运营生产事件的报表，调度员对于当值过程中发生的各类造成列车最大晚点超过规定时间的事件，以及其他严重影响运营生产活动的事件（事故），应在迅速采取应急处置的同时，做好相关记录，在事故发生后规定时间内形成报告。经审核无误向公司有关部门书面报告。对于较大晚点，如10min以上的事件，有关人员应及时进行调查、分析，形成严重事件分析报告，供调度员学习、讨论；对于最大晚点，如15min以上的事件或设备事故，需要进行专题分析会，形成严重事件分析报告。

1 严重事件报告填报要求

严重事件报告由当班调度员填写，内容包括事件发生时间、地点，相关单位、人员，以及事件经过及其对运营的影响情况。报告必须如实反映整个事件的全过程，尽量做到言简意赅。

2 严重事件分析要求

事件发生后，由OCC相关人员根据报告、现场处置录音、回放过程等，召集主要当事人员进行专门分析，并整理严重事件分析报告，报告应包括过程分析、建议改进、反馈意见及事件备注等内容。过程分析是对该严重事件的简单归纳，分析调度班组在过程处理中的优点与不足。建议改进是针对过程分析的结果，提出相应的改进建议。反馈意见是指调度员对该报告及分析学习、讨论后给出的合理或创新意见，由相关人员汇总、整理。事件备注是对事件造成影响、事件发生的真实原因的补充说明。

四 运营统计分析

运营分析是通过对运营报表相关指标的记录进行汇总后，对运营完成情况进行统计分析，以找出提高运营质量的办法，同时对日常调度工作进行综合分析，以发现问题，制订措施。另外，还需对班组调度员的报表填计及运营生产完成情况进行审查、考核。

1 运营分析的定义

运营分析是指对运营生产各项指标的原因分析和重大运营事件的影响程度分析，包括了过程分析、日分析、月分析、半年/年度分析四级分析，还包括特殊运营活动的专题分析。

2 运营分析的内容

一般日、月及年度运营分析都包含以下内容：

(1)正点率、兑现率、列车加开、抽线情况及运营里程。

(2)换车、越站、清客、列车救援及严重早、晚点情况。

(3)设备故障、列车故障情况。

(4)列车旅行速度、平均运距。

(5)高峰小时客流、日均客流等客流数据。

(6)施工完成情况,即施工兑现率及工时利用率。

(7)各种记录报表及运营指标的评比考核工作。

3 运营分析的要求

定期(例如每月、半年/全年)对该阶段的各项运营指标、安全生产和施工检修等情况进行分析、统计,并做出相应的报表,以积累资料,为运营决策部门改进日常运营组织方案提供必要的依据。

(1)建立运营过程分析控制制度,由当班调度员对列车运行图完成情况及晚点原因进行及时分析并记录。

(2)建立日分析制度,由运营主管部门对前一日线路运营情况进行分析评估。

(3)对每月运营指标的完成情况、安全生产和施工检修进行统计分析,对影响上述工作完成的各类因素,做好分析、总结,并提出解决的办法。

(4)设备运用分析、施工分析采用月分析制度。

(5)对半年/全年内运营生产各项指标的完成情况进行专项统计,分析运营生产规律性,指出存在的主要问题和解决办法。

第七节　行车组织规章

管理是以人为的手段将系统的各个技术环节有机地联系起来,使得整个系统有效地运转实现系统的预期产出。现代城市轨道交通的设备技术含量与20世纪中后期传统的设备技术相比较有了质的飞跃。信息技术的采用使传统技术时代许多人工操作为技术设备所取代,在更加安全的基础上提高效率。如列车的自动驾驶、信号设备的自动化、售检票系统的自动化以及其他设备的远程控制等,但是任何先进的技术设备都不可能完全取代管理。

列车运行、客运服务和设备检修组成的联动的系统是运营企业的根本,而其他层面的管理是间接地为保障列车正常运行服务的。因此,城市轨道交通运营企业的管理是以技术管理为基础的综合管理。

对城市轨道交通运营企业而言，技术管理的核心是规章制度，它是规范人员生产活动中的行为准则。各岗位人员只有严格执行规章制度才能使得规模庞大而技术复杂的系统有序、安全而高效地运转。

控制中心调度必须熟练掌握的规章主要有：《行车组织规则》《行车调度手册》《行车设备维修施工管理规定》《控制中心应急处理程序》等，当然也要求行车调度员能够熟练掌握《信号故障处理指南》《车辆故障处理指南》以及一些预案等规章规定。下面简单介绍一下《行车组织规则》《行车调度手册》《行车设备维修施工管理规定》《控制中心应急处理程序》涵盖的主要内容。

1 行车组织规则

城市轨道交通运营企业《行车组织规则》是根据某线路信号及有关设备系统运营使用功能和行车设备的配置及实际运营要求而制订的，它是行车管理基本法规，其主要内容如下：

(1)介绍行车设备：主要包括车站设置原则、线路铺设要求、轨道、道岔及信号机的设置、列车自动控制系统、通信设备、供电设备、机电设备、车场等。

(2)介绍行车闭塞法：主要包括移动闭塞法、固定闭塞法、电话闭塞法。

(3)列车出入场的有关规定。

(4)列车到发作业的规定。

(5)列车运行的规定：主要包括列车运行方向的规定、列车运行方式。

(6)列车折返作业的规定：主要包括列车折返方法、折返线的使用、渡线折返方法。

(7)列车监控：主要包括车次号的设置及使用规定、列车运行等级的设置、集中站控制、行车调度命令的下达方法及内容。

(8)非正常情况下的行车组织：包括列车反方向运行的规定、列车推进运行规定、列车牵引故障的运行规定、隧道内线路积水时的行车规定。

(9)列车救援：列车救援准则、救援连挂作业规定。

(10)车场内调车作业要求。

(11)运营准备及停营清场的规定：包括运营准备、停营清场要求。

(12)车站、车场行车工作细则及行车调度工作规则的编审。

(13)日常的养护维修、施工及工程车的开行。

(14)其他：包括隧道照明、标志、行车日期的划分、电动列车司机室添乘要求、事故救援队的组织。

2 行车调度手册

行车调度工作是地铁运输组织指挥系统的中枢，担负着日常行车指挥工作，组织各部门、各单位正确执行列车运行图，并编制安排地铁各施工检修作业，保证完成地铁各项运输生产任务。为此调度指挥工作必须有一个科学的、统一的、行之有效的行车调度工作规则——《行车调度手册》。其主要内容如下：

(1)行车调度工作任务。

(2)行车调度的组织机构、职责范围和工作制度。

(3)行车调度设备及中央 ATS 操作。

(4)调度工作制度,包括日常工作制度、安全管理制度、业务培训制度、填写书面报告、统计工作等。

(5)运营组织:包括运营服务前的准备工作、运营服务期间运营组织、结束运营服务及列车回库安排、工程车开行组织规定、调试列车的行车组织等。

(6)维修施工组织:包括检修施工计划的落实与执行、进入轨道原则、运营时间内的抢修施工、非运营时间检修施工作业组织等。

(7)非正常情况下的运营组织,包括列车不停站通过的规定、运行秩序紊乱的处理、列车清客的规定、列车故障的处理、信号设备故障的处理、突发事件处理等。

(8)列车运行记录及调度命令,包括车次的规定、列车运行记录、调度命令、调度用语、列车运行指标的计算等。

(9)值班主任、行调、电调、环调及维修调度间的工作接口。

控制中心电力调度、环控调度、维修调度、客运调度均有相应调种的调度手册,各个调度必须熟练掌握相应的调度工作手册。

3 行车设备维修施工管理规定

《行车设备维修施工管理规定》主要描述的是维修施工计划的管理办法、施工组织安排及工程车开行的有关规定,主要适用于行车设备、服务设施的养护、检查、维修施工及工程车、调试车开行计划的管理,其主要内容如下:

(1)施工计划的制订程序:包括施工计划的分类、施工计划的编制、施工计划的审批程序等。

(2)施工进场作业令:是允许在运营公司所辖范围内进行施工的一种凭证。

(3)施工安全管理:包括施工安全和施工防护等内容。

(4)施工时间的安排。

(5)施工组织:包括施工人员进出站规定、施工组织规定、请点规定和销点规定等。

(6)工程车开行的规定:主要规定了施工时工程车开行的时间和安全措施等。

(7)运营时间内特殊情况的施工规定:主要包括正线、辅助线发生各类设备故障或事故需封锁区间抢修的规定、运营时间正线、辅助线发生各类设备故障需短时间进行临时抢修的规定、车厂内发生各类设备故障或事故时的规定等。

(8)列车调试、试验要求:主要适用车辆、信号等专业开行列车在车厂、正线进行的调试、试验作业的规定。

(9)统计分析与考核:统计分析的主要内容有施工计划的兑现率与准确率等,考核的主要内容有对擅自取消施工计划或者擅自延长施工时间等的考核。

4 控制中心应急处理程序

《控制中心应急处理程序》主要是结合行车技术设备功能和提供运营服务水平的需要,

列举常见故障及突发事件的应急处理程序和行车组织方案,作为地铁运营调度指挥工作中处理应急事件、事故的指导性文本。其主要内容如下:

(1)应急处理原则。

(2)客车故障救援应急处理:包括客车故障应急处理程序、客车轮轴卡死应急处理程序、客车故障通报或处理流程、客车故障救援行车组织方案等。

(3)工程车故障处理及救援行车组织方案:包括救援时间、救援组织等。

(4)线路及附属设备应急处理:包括安全门故障、轨道故障、爆水管、防淹门关闭等应急处理程序。

(5)有线或无线电话故障应急处理程序。

(6)发生人潮的应急处理程序。

(7)运营期间发现隧道有人的应急处理程序。

(8)车辆脱轨、挤岔应急处理程序。

(9)供电设备事故应急处理程序。

(10)恶劣天气应急处理。

(11)恐怖事件应急处理。

(12)火灾事故应急处理。

(13)启动应急公交接驳预案的应急处理。

(14)OCC 紧急疏散应急处理。

(15)车站关站的应急处理。

(16)控制中心应急信息收发规定。

(17)区间疏散的处理程序。

(18)ATS 故障处理流程图。

5 车站运作规则

《车站运作规则》是根据《行车组织规则》制订的具体指导车站行车工作的工作规则。其主要内容如下:

(1)车站概况:包括车站的位置、性质、等级和任务。

(2)技术设备:包括股道、信号及闭塞、客运设备、自动售检票系统设备、通信、照明、供电等设备。

(3)车站行车组织工作:正常运营期间车站行车工作、非正常情况下车站行车办法。

(4)检修施工管理。

(5)车站运输组织工作。

(6)行车备品管理。

(7)行车簿册填写要求。

(8)设备故障时车站广播宣传的规定。

第八章

车站行车作业组织

与铁路运输系统不同，城市轨道交通系统在整个运输生产过程中，调车作业甚少，行车组织基本上只从事列车运行组织和接发列车工作，由控制中心和车站两级完成。在运输生产活动中，车站起着重要的作用。车站是线路上供列车到发、通过的分界点，某些车站还具有折返、停车检修和临时待避等功能。车站是客流集散的场所，是乘客出行乘坐列车的始发、终到及换乘地点，也是运营企业与服务对象的主要联系环节。车站还是城市轨道交通企业各工种联合协作的生产基地。

车站的运输生产活动主要由行车作业和客运作业两部分组成，本书重点介绍车站的行车工作。

车站从作业角度分类，主要是按运营功能分类和按是否具有站控功能分类。

1 车站按运营功能的不同分为终点站、中间站、折返站和换乘站

(1)终点站是指线路两端的车站，除供乘客上下车外，通常还具有列车折返、停留或临时检修等运营功能。

(2)中间站一般只供乘客上下车，是线网中数量最多的车站。有的中间站设有配线，可供故障列车或备用列车停放；也有的中间站设有折返设备，可供列车折返。

(3)折返站是终点站与中间站中设有折返线、渡线等折返设备，可供长、短交路列车进行折返作业的车站。

(4)换乘站设在两条及其以上线路的交汇地点，除供乘客上下车外，还供乘客由一条线路的列车换乘到另一条线路的列车。

2 车站按是否具有站控功能分为设备集中站和非设备集中站

(1)设备集中站是指具有站控功能的车站，简称集中站。集中站车站行车值班员根据调度命令，在授权的情况下可监控集中站管辖线路上的列车运行、办理电话闭塞行车和执行扣车、发车等行车作业。集中站通常为有道岔车站。

(2)非设备集中站是指不具有车站控制功能的车站，简称非集中站。非集中站通常为无道岔车站。

第一节 车站行车技术设备

车站每天要办理大量的行车作业。为此，根据车站的运营功能的不同，车站上应设置各种不同种类的行车设备。

一 线路(二维码 49)

二维码 49

车站线路包括正线、配线、折返线、存车线和渡线等。

(1)正线是列车在站内到发、通过及停留的线路;存车线是供列车待避的线路,也可供列车折返。

(2)折返线是供列车折返的线路,折返线的布置应尽可能保证线路最大通过能力的实现。

(3)存车线是临时停放列车的线路,存车线的设置应兼顾运营功能需要与车站造价控制。

(4)渡线是供列车转线的线路,分为单渡线和交叉渡线两种。车站辅助线的长度一般按远期列车长度加 30m 设计。

地下车站的线路通常采用“高站位、低区间”设计,如图 8-1 所示。列车在进站前上坡缓行、出站后下坡加速。这种凸形纵断面设计对行车安全、节约电能、减少加减速时间、降低乘客出入站升降高度、降低造价和缩短工期都是有利的。

地下车站的线路坡度,考虑排水因素与防止列车溜逸,一般设计小于 2‰,地面车站与高架车站的线路一般设置在平道上,车站通常不宜设置在弯道上。

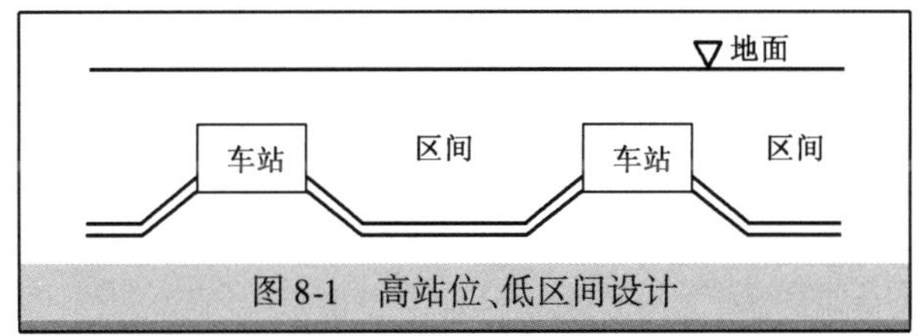

图 8-1　高站位、低区间设计

二 道岔

二维码 50

1 道岔的组成(二维码 50)

道岔是使列车、车辆由一条线路转入另一条线路的连接设备,通常设置在车站上和车辆段内,是轨道的组成部分。道岔有单开道岔、双开道岔和交分道岔等类型,单开道岔是最常用的道岔,如图 8-2 所示。

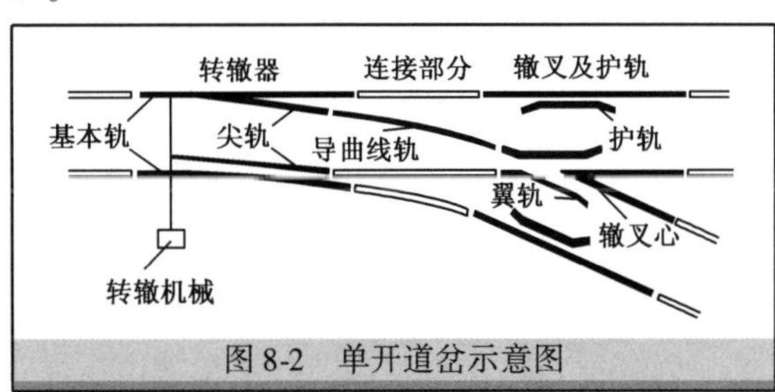

图 8-2　单开道岔示意图

二维码 51

2 道岔的使用(二维码 51)

正常情况下道岔采用遥控操作、电气锁闭。在故障情况下道岔采用扳道员手摇、人工锁闭。一般来说道岔的操作由扳道员专人负责,在没有扳道员的车站可以由站长指定可以胜任该工作的其他人员进行操作。具体操作见表 8-1。

扳道员手摇道岔一次作业标准　　表 8-1

作业内容	行车值班员	扳道员	备　注
(1)布置进路(准备工作)	①布置扳道员:"准备××次道至×道进路"	②复诵"准备××次×道至×道进路"	扳道员携带套筒、手摇柄、锁头、钥匙及手持台至现场,根据行车值班员的指令,确认道岔位置并向行车值班员汇报,根据行车值班员的命令,将需手摇的道岔套筒锁打开,拧开开闭器,将道岔手摇至规定位置,用钩锁器锁闭,然后将进路上所有道岔位置检查一遍,确认所有道岔开通位置正确
(2)听取汇报	④复诵"次道至道进路好了"	③向行车值班员汇报"××次×道至×道进路好了"	行车值班员再次与扳道员确认道岔开通位置是否正确
(3)布置接车	⑤行车值班员在收到邻站报来的列车开点后布置扳道员:"××次开过来了,×道接车"	⑥复诵"××次开过来了,×道接车"	扳道员在接车位置,面向来车方向,显示红色停车信号接车,确认列车整列到达后,收回信号,向行车值班员汇报
(4)听取汇报	⑦填写《行车日志》		

手摇道岔(二维码 52)工作必须严格执行"手摇道岔六步曲",手摇道岔工具见图 8-3:

二维码 52

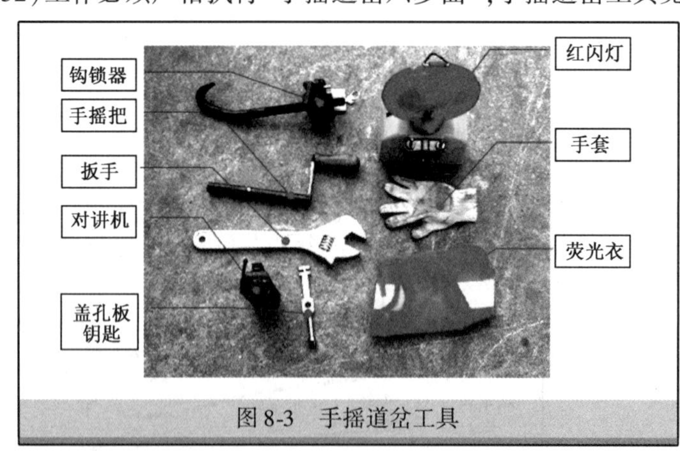

图 8-3　手摇道岔工具

①一看:看道岔开通位置是否正确,是否需要改变位置。

②二开:打开盖孔板。如果有加钩锁器,则需打开钩锁器的锁,拆下钩锁器。

③三摇:摇道岔转向到所需的位置,在听到"咔嚓"的落槽声后停止。

④四确认：手指尖轨："尖轨密贴开通 X 位"，并和另一人共同确认。

⑤五加锁：双人确认道岔位置开通正确后，用钩锁器锁定道岔尖轨。

⑥六汇报：向站控室汇报道岔开通位置正确。

三 信号与通信设备

为保证行车作业安全和提高行车作业效率，车站设置信号联锁闭塞设备和通信设备。

(1)信号是对行车和调车作业有关人员发出指示，车站信号设备通常有出站信号机、发车表示器、道岔防护信号及线路尽头处阻挡信号，如图 8-4 所示。

联锁设备是保证车站内列车进路安全的设备，车站联锁设备主要类型有电器集中联锁和微机联锁，电器集中联锁设备由电动转辙机、轨道电路和行车控制台组成。闭塞设备是保证区间内列车运行安全的设备，车站闭塞设备主要是指 ATC 自动闭塞在车站的部分。车站行车值班员可在行车控制台上对车站信号联锁闭塞设备进行控制和监控。

图 8-4　阻挡信号机

(2)车站通信设备包括行车调度电话、站间行车电话、行车无线调度电话、广播设备和闭路电视监控设备等。

在采用列车自动控制系统的情况下，车站还有轨旁 ATP 设备和车站 ATS 设备等。

四 行车凭证及行车报表

1 行车凭证

城市轨道交通行车凭证是指列车进入区间或闭塞分区的凭证。行车凭证分为两大类：采用基本闭塞法时的行车凭证为自动闭塞的列车速度码及出站信号机的显示；当基本闭塞法停止使用后采用代用闭塞法，即电话闭塞法时的行车凭证为路票或特殊情况下使用的调度命令(书面命令、口头命令等)。

(1)路票是在电话闭塞法行车时，根据区间空闲相邻两站所承认闭塞的电话记录号码而填发的行车凭证。

路票的要素包括：电话记录号码、车次、列车运行方向、车站行车专用章、行车值班员签名、日期，如图 8-5 和二维码 53 所示。电话记录以每站一组 100 个号码，自每日 0 时起至 24 时止，按日循环编号；相邻车站不能使用相同号码；每个号码在一次循环中只准使用一次，号码一经发出无论生效与否，均不得重复使用。

填写路票时应注意：行车值班员签名必须由当班行车值班员手写，不能使用行车值班员印章;路票日期以零点为界,按邻站给予确认闭塞的电话记录号码时间为准;路票作为一种行车凭证,具有严肃性,不得做任何涂改,一经涂改立即作废。

二维码 53

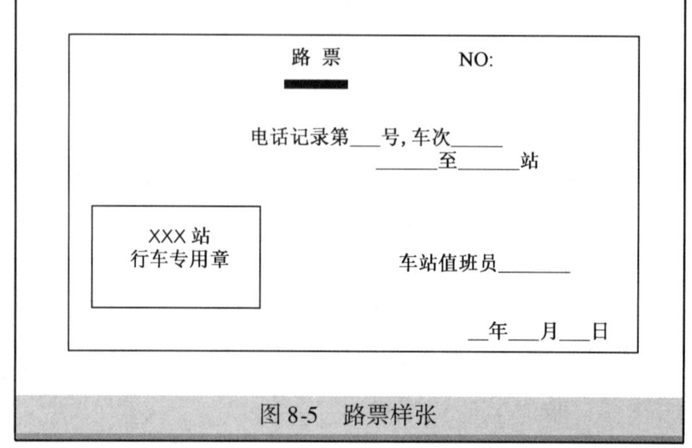

路 票　　NO:

电话记录第___号,车次_____
______至______站

XXX 站
行车专用章

车站值班员_______

__年___月___日

图 8-5　路票样张

(2)调度命令是指在按规定进行某些行车作业时,向行车值班员、司机发布的作业指示,有严肃性、授权性和强制性。调度命令只能有当班行车调度员发布,且一事一令,先拟后发。接调度命令后,行车值班员栏须由当班行车值班员手写,无本站行车专用章的调度命令单不能作为行车凭证使用;调度命令单的填写必须符合规范。

2 行车报表

行车报表是指在列车运行及设备保养等活动中,行车人员及相关人员根据现场实际情况而记录下来的原始资料。行车报表的种类有:车站行车日志、调度命令登记簿、设备故障检修(施工)登记簿等。各类行车簿册都应由行车值班员认真及时填写,应做到填记正确,字迹清晰。

第二节　车站行车岗位职责

根据车站工作组织框架,如图 8-6 所示,车站与行车有关的岗位有值班站长和行车值班员。

在正常情况下车站实行逐级负责制,顺序依次为:站长→值班站长→值班员→站务员。信息汇报实行逐级汇报,由下至上顺序依次为:站务员→值班员→值班站长→站长。

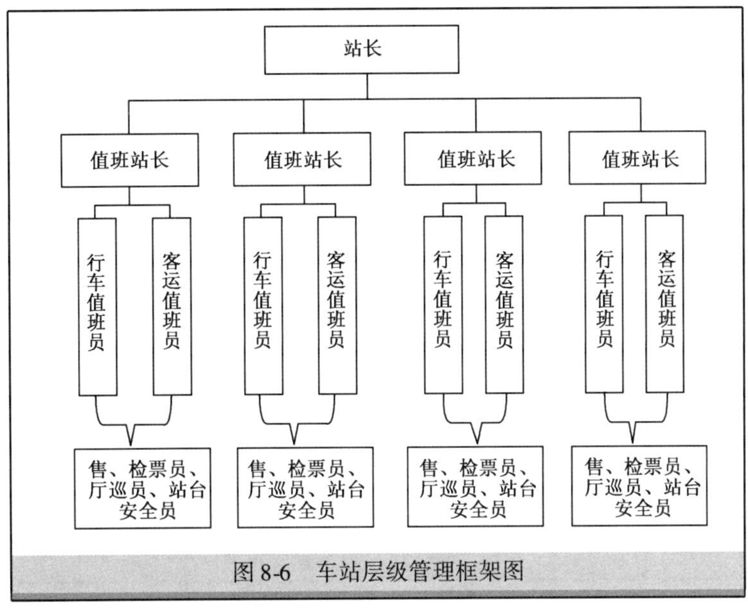

图 8-6　车站层级管理框架图

1 站长

站长代表运营公司在车站行使属地管理权，全面负责车站的现场管理，负责本站的消防、安全、行车、施工、票务、服务和客运组织等工作，直接控制车站的运作及其系统运行。

站长对车站员工的岗位有临时调整权（车站内部）、监督考核权、晋升推荐权，对车站员工奖金按考核规定进行分配。

2 值班站长

值班站长一般负责本班全站的日常行车、客运管理、乘客服务、事故处理、设备日常管理、安全管理、员工培训等工作。值班站长岗位职责：

(1)服从行车调度员指挥，执行行车调度命令。

(2)监督行车值班员接发列车。

(3)对行车值班员监控和操作 ATS 情况并进行抽检。

(4)按客运方案组织乘客购票乘车。

(5)组织突发、紧急情况下的车站运作。

(6)根据需要巡站检查和指导各个工种的工作。

(7)确保车票、现金安全。

(8)监督票务流程的执行，监督票务系统运作情况。

3 行车值班员

行车值班员是一个车站的中枢控制岗位，保证城市轨道交通列车的运行安全和正点，负责对车站的行车组织、设备运行、安全保证等集中调度、统一指挥。车站行车作业实行单一指挥制，车站行车值班员是车站行车作业的组织者和指挥者。根据行车作业和岗位的需要，车站还可指定能胜任的人员协助行车值班员工作。行车值班员业务流程见图 8-7 所示。

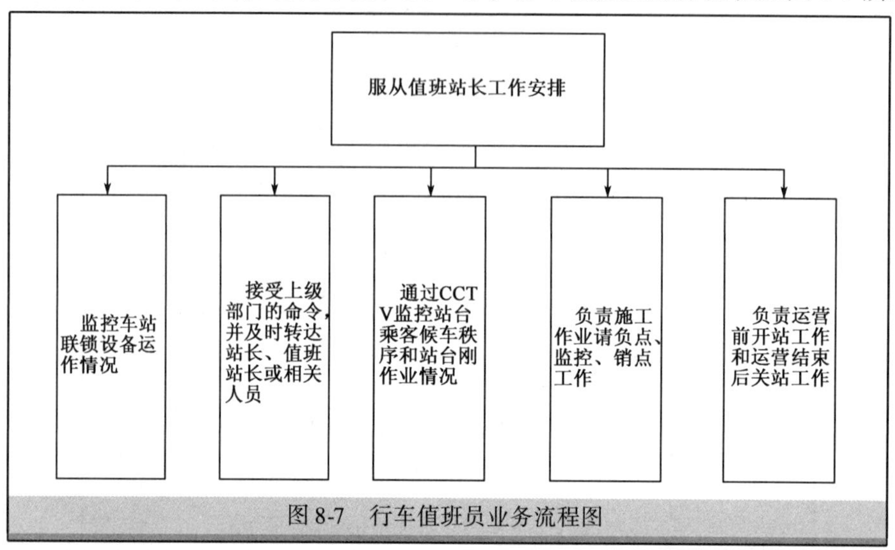

图 8-7 行车值班员业务流程图

助理车站行车值班员的岗位职责包括：接送列车、监护列车运行，交递调度命令及行车凭证，手信号发车，调车作业现场组织，进行站线巡视和协助乘客乘降组织。在不设助理车站行车值班员岗位时，上述职责由站务员承担。

第三节 车站行车作业组织

一 行车作业基本要求

车站行车作业包括列车接发作业、列车折返作业等。车站行车作业应按照列车运行图要求，不间断地接发列车与折返列车，确保行车安全与乘客安全。对车站行车作业的基本要求是：

1 执行命令听从指挥

严格执行单一指挥制，车站行车作业由车站行车值班员统一指挥。车站行车值班员应认真执行行车调度员的命令和上级领导的指示。

2 遵章守纪按图行车

认真执行行车规章制度，遵守各项劳动纪律。办理作业正确、及时，防止错办和漏办，严禁违章作业。当班必须精神集中，保证车站安全，不间断地按列车运行图接发列车。

3 作业联系及时准确

联系各种行车事宜时，必须程序正确、用语规范、内容完整、简明清楚，防止误听、误解和臆测行车。

4 接发列车目迎目送

接发列车严肃认真，姿势端正。认真做好看、听、闻，确保列车安全运行。

5 行车报表填写齐全

行车报表包括各种行车凭证、行车日志和各种登记簿。行车凭证有路票、绿色许可证和调度命令等，登记簿有《调度命令登记簿》《检修施工登记簿》和《交接班登记簿》等。应按规定内容、格式认真填写各种行车报表，保持报表完整、整洁。图 8-8 为行车许可证样式。

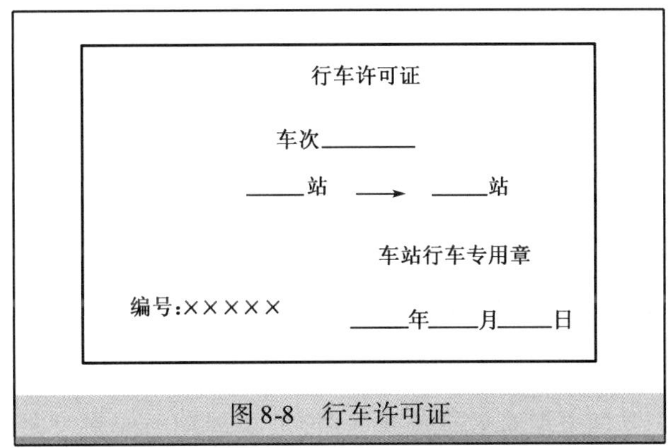

行车许可证

车次________

______站 ——→ ______站

车站行车专用章

编号:×××××

______年_____月_____日

图 8-8 行车许可证

二 行车作业制度

为加强车站行车作业组织，必须建立和健全各项行车作业制度，做到行车作业制度化、程序化、标准化。车站行车作业的制度主要有交接班制度、检修施工登记制度、巡视检查制度、车站信息汇报制度和行车事故处理制度等。

1 车站交接班制度

车站行车值班员交班时，应将列车运行和设备状态，上级指示和命令及完成情况等填记在《交接班登记簿》上，并口头向接班行车值班员交代清楚。行车值班员接班时，要了解列车运行情况，对行车设备、备品、报表进行检查后，签认接班。

2 检修施工登记制度

车站行车值班员对各项检修施工作业，应根据检修施工计划，向检修施工负责人交代有关注意事项后,方可登记。凡影响行车作业的临时设备抢修,要与行车调度员联系作业时间,获同意后方可登记。检修施工作业结束后,行车设备经试验、确认技术状态良好,方可签认注销。

3 巡视检查制度

送电前,车站行车值班员应进行站线巡视,检查线路上有无影响列车运行的异物。对站内检修施工后的现场进行巡视检查,复核检修施工登记注销情况等。

4 车站信息汇报制度

发生重要或紧急事件时,行车值班员第一时间上报调度部行车调度员、值班站长,由当班值班站长第一时间将事件报站长、站务管理部门相关工程师,相关工程师将事件信息立即报站务管理部门副部长、部长,汇报流程如图 8-9 所示。

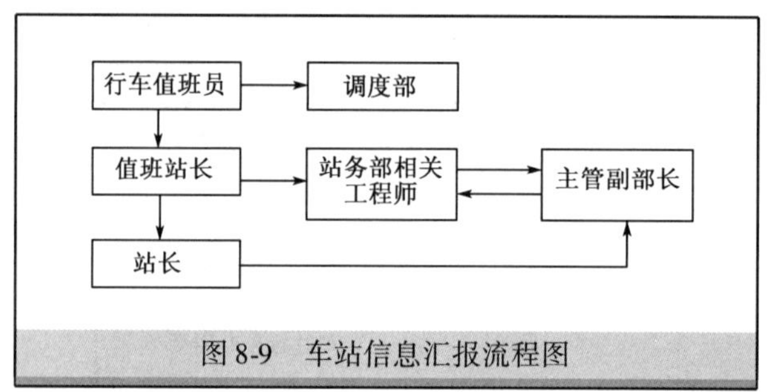

图 8-9　车站信息汇报流程图

5 行车事故处理制度

发生行车事故,应立即采取有效措施进行处理,同时向行车调度员及有关部门报告;应认真记录事故发生的时间、地点、列车车次、车号、关系人员姓名及人员伤亡和设备损坏情况。有关人员应赶赴现场,查找人证与物证,并做好记录。清理现场,尽快开通线路,并恢复运营。对责任行车事故,应认真找出原因,提出处理意见,制订防范措施。

三 车站行车作业组织

由于国内城市轨道交通信号系统普遍实现中央级 ATS 控制,列车实行自动驾驶运行,城市轨道交通车站原则上不办理接发列车作业。车站对列车运行情况进行监视,负责向行调报点,各站间相互报点,当发生意外事件时,向行调请示,经同意后暂不报点;站台站务员按有关规定迎送列车。只有在信号联锁故障,需人工排列进路组织列车运行及列车开到区间因故障要退回车站等特殊情况下须办理接发列车作业。

1 接发列车作业环节

一般的城市轨道交通车站接发列车的基本程序为:办理闭塞、布置与准备进路、开(闭)

信号或交接凭证、迎送列车、开通区间五个步骤。具体接发列车作业程序与信号联锁设备及其状态有关。

1)办理闭塞

闭塞的实质是同一区间在同一时间内只允许一列车占用。办理闭塞实际上就是使出发列车取得占用区间的许可权。

城市轨道交通系统一般都采用自动闭塞,即随着列车的运行,自动完成闭塞作业。新线在全线投入正式运营前采用半自动闭塞时,须由区间两端车站行车值班员在 ATS(或 LCW)工作站上排列进路办理闭塞,当区间两站闭塞表示灯均亮绿灯即表示闭塞完成。

当基本闭塞设备故障须采用代用闭塞法,即电话闭塞法时,办理闭塞主要由区间两端车站行车值班员通过行车电话发出电话记录号码来办理闭塞。

2)布置与准备进路

(1)接发列车进路的划分。进路是指列车运行或调车作业走行的路径,前者称为列车进路,后者称为调车进路。列车进路可分为接车进路、发车进路和通过进路。

①接车进路:接入停车列车时,由后方站进站信号机(或出站信号机、进站方向进路防护信号机)起,至接车站末端警冲标或出站信号机(或另一端进路防护信号机)止的一段线路,称为接车进路。

②发车进路:发出列车时,由列车前端起至前方车站进站信号机(或出站信号机、进路防护信号机)止的一段线路,称为发车进路。

③通过进路:列车通过时,该列车通过车站两端进站信号机(或出站信号机、进路防护信号机)间的一段线路,称为通过进路。

(2)进路的布置。在城市轨道交通系统中,接发列车的关键是正确及时地准备好列车进路,值班站长或行车值班员必须亲自布置和确认进路是否准备妥当。布置准备进路时,一定要确定车次和列车占用线路情况。如果车站一端有两个及以上列车运行方向或双线反方向行车时,还应确定方向。

(3)准备进路。准备进路与联锁设备有关。

①采用电气集中联锁设备准备进路时,顺序按压进路始、终端按钮,道岔即自动转换并锁闭进路,进路一次性排列完毕,同时防护该进路的信号机自动开放。

②采用微机联锁设备时,装有列车控制系统(ATC)的 ATS 子系统能根据列车运行图自动排列进路、开放信号。当中央 ATS 系统故障,可通过微机联锁区域本地控制工作站(简称 LCW 工作站)人工排列进路。

③联锁全部故障或停电时,需要人工手摇道岔准备进路。

当故障处理完毕或恢复供电后,须恢复使用正常联锁,停止手摇道岔。当道岔操纵电路恢复后,即纳入集中操纵。

3)开闭信号

当设备集中站接发列车进路准备好后,信号自动开放。由于轨道电路(或计轴)的作用,当列车第一轮对越过信号机后即自动关闭。引导信号(含人工引导信号)应在列车头部越过信号机(或引导人员)后及时关闭(或收回)。

4)交接凭证

这里所说的凭证,是指发车信号机显示的进路信号以外的“证件”,如路票、列车进入封锁区间的“调度命令”等。交接凭证时要认真检查是否正确,注意安全,一般应停车交付。收回凭证后,要确认凭证是否正确,并及时注销保管。

5)迎送列车

站台接发列车作业人员应在《车站运作规则》规定地点立岗迎送列车,注意列车运行状态,发现危及行车安全情况时,立即采取紧急措施。

6)开通区间

与办理闭塞相对应,接发列车作业完毕后,半自动闭塞和电话闭塞须开通区间,使区间恢复空闲,保证不间断地接发列车。

当列车尾端出清半自动闭塞区间所在信号机时,信号机自动熄灭即表示区间开通。

2 接发列车作业程序及用语

当中央 ATS 系统故障,可通过车站 ATS 工作站(或 LCW 工作站)办理接发列车作业。车站控制是指调度监督和改用电话闭塞法时的两种情况。

1)电话闭塞法情况下的车站行车作业组织

改用电话闭塞法行车,必须有行车调度员调度命令。由于电话闭塞法行车时无设备控制,为了防止因疏忽向占用区间发车,造成同向列车尾追,要求车站行车值班员在接发列车作业过程中,严格按照规定的作业程序和要求进行,以确保接发列车作业安全。

(1)电话闭塞法下,车站行车值班员办理接发列车作业的程序:

①办理闭塞。发车站向接车站请求闭塞。接车站确认接车区间空闲,接车进路准备妥当后,向发车站发出承认某次列车闭塞的电话记录号码,并填写《行车日志》如表 8-2 所示。

所谓进路准备妥当是指接发列车进路空闲、有关道岔位置正确和影响接发列车进路的作业已经停止。闭塞办妥后,因故不能接车或发车时,应立即发出停车手信号进行防护,并由提出一方发出电话记录号码作为闭塞取消的依据,取消闭塞应及时向行车调度员报告。

②发出列车。发车站接到接车站承认闭塞的电话记录号码后,填写路票交给列车司机,向司机显示发车手信号。列车出发后,发车站向接车站和行车调度员报点,并填写《行车日志》。

③接入列车。接车站在列车停车位置向司机显示停车手信号。列车整列到达停妥后,向列车司机收取路票。

④闭塞解除。接车站在列车整列发出或进入折返线,以及接车进路准备妥当后,向发车站发出到达列车闭塞解除的电话记录号码。向行车调度员报点,并填写《行车日志》。

应该指出,由于采用的设备类型和行车组织方式不同,故各城市轨道交通电话闭塞法时的接发列车作业内容、程序与办法的规定存在一定的差异。

(2)电话闭塞法车站接发列车作业过程:

①车站接车作业过程,如表 8-3 所示。

行 车 日 志　　表 8-2

年　　月　　日　　天气　　　　　　　　行车值班员

列车车次	接车								发车									记事
	接车股道	时分					电话记录号码		时分							电话记录号码		
		承认闭塞	发车站发车	本站到达		取消闭塞	承认闭塞	取消闭塞	请求闭塞	邻居承认闭塞	本站出发		到达接车站	开通区间	取消闭塞	邻站承认闭塞	取消闭塞	
				规定	实际						规定	实际						

电话闭塞法的接车作业程序　　表 8-3

作业程序	作业程序及用语			备　注
	车　控　室	接发车人员	准备进路人员	
(1)准备进路并办理闭塞	①根据《行车日志》确认区间及站内线路空闲(首列车听取发车站发车请求,并根据调度命令与行调共同确认区间空闲)	携带笔、红闪灯到站台头端墙指定地点待命	携带相关备品在指定位置待命	
	②向准备进路人员布置:“准备上/下行线×次接车进路”,并听取复诵		③复诵“准备上/下行线×次接车进路”	接车进路上道岔固定开通位置的车站,除首列车外可省略此步骤
	⑤复诵“上/下行线×次接车进路准备好了(线路出清)”		④准备进路,确认正确后出清线路,报告车控室:“上/下行线×次接车进路准备好了(线路出清)”	
(2)准备进路	⑥向后方站发出电话记录号码:“电话记录××号,上/下行线×次接车进路准备好了(线路出清)”,并听取复诵			
	⑦通知站台接发车人员接车:“准备×线×次接车”	⑧复诵“准备×线×次接车”		
	⑩通过 CCTV 监视列车到达,并听取站台接发车人员行车凭证收回的报告	⑨在站台头端墙指定处显示停车信号,向驾驶员收回行车凭证,并打“×”,同时报告车控室:“行车凭证收回”		
	⑪列车停稳后向行调报点:“×次×站×点×分到”,填写《行车日志》			

②车站发车作业过程,如表 8-4 所示。

电话闭塞法的发车作业程序 表 8-4

<table>
<tr><th rowspan="2">作业程序</th><th colspan="3">作业程序</th><th rowspan="2">备注</th></tr>
<tr><th>车控室</th><th>接发车人员</th><th>准备进路人员</th></tr>
<tr><td rowspan="2">(1)确认闭塞区间空闲</td><td>①接收接车站前行列车发车报点:“×次×站×点×分开,电话记录××号”并复诵,填写《行车日志》(首列车需根据调度命令与行调共同确认区间空闲并向前方站请求发车)</td><td>携带行车凭证、笔、红闪灯到站台头端墙指定地点待命</td><td>携带相关备品在指定位置待命</td><td></td></tr>
<tr><td>②根据《行车日志》记载的前行列车开点确认区间空闲,根据电话记录号码确认接车站接车进路准备妥当</td><td></td><td></td><td></td></tr>
<tr><td rowspan="2">(2)准备进路</td><td>③准备进路人员布置:“准备上/下行线×次发车进路”</td><td></td><td>④复诵:“准备上/下行线×次发车进路”</td><td rowspan="2">发车进路上道岔固定开通位置的车站,除首列车外可省略此步骤</td></tr>
<tr><td>⑥复诵:“上/下行线×次发车进路准备好了(线路出清)”</td><td></td><td>⑤将进路上的道岔及防护道岔开通正确位置并加锁。确认正确出清线路,向车控室报告:“上/下行线×次发车进路准备好了(线路出清)”</td></tr>
<tr><td rowspan="2">(3)办理凭证及发车</td><td>⑦指示接发车人员:“×线×次准备发车”</td><td>⑧复诵“×线×次准备发车”,填写行车凭证,确认无误后交与驾驶员,并汇报车控室</td><td></td><td></td></tr>
<tr><td>⑩通过 CCTV 监视列车出发</td><td>⑨确认车门、屏蔽门关好后,向驾驶员显示“好了”信号,列车起动</td><td></td><td></td></tr>
<tr><td>(4)报点</td><td>⑪列车尾部离开站台头端墙时向后方站报点:“×次×站×点×分开,电话记录××号”,填写《行车日志》</td><td></td><td></td><td></td></tr>
</table>

2)调度监督下的半自动控制(区段行车法)情况下的车站行车组织

在调度监督情况下,由于行车调度员只能监督现场设备和列车运行状态,不能直接控制现场列车运行,因此控制权下放,由设备集中站行车值班员运用车站信号、联锁和闭塞设备办理接发列车作业。

(1)车站行车值班员办理接发列车作业必须按规定的程序和要求进行。

车站接发列车作业的内容与程序:

①准备进路。有道岔车站的列车接发车进路可根据当日执行的运行图预先办理。

②办理闭塞。发车站行车值班员用车站站间电话向接车站请求闭塞;接车站行车值班员接到请求闭塞电话后,确认前次列车已经到达前方站,确认接车区间空闲、接车进路畅通、有关道岔位置正确和确认影响接车进路的调车作业已经停止后,确认闭塞登记,用车站站间电话向发车站回复同意闭塞请求。此时,接车站出站信号机为灭灯。

③开放信号。发车站行车值班员再次确认发车进路正确无误后,在ATS(或LCW)工作站上排列发车进路。此时,发车站出站信号机为绿灯显示,接车站出站信号机灯变为红灯显示。

④列车出发。列车出发后,发车站行车值班员向接车站行车值班员和行车调度员报点,填写《行车日志》;接车站行车值班员接到报点后填写《行车日志》。此时,发车站出站信号机变为红灯显示。

⑤列车到达。列车到达后,接车站行车值班员向发车站行车值班员和行车调度员报点,填写《行车日志》,发车站行车值班员接到报点后填写《行车日志》。列车尾端出清接车站出站信号机后,接车站出站信号机变为红灯显示。

⑥取消闭塞。在发车站请求闭塞、接车站同意接车和发车站尚未开放出站信号时,如因故需要取消闭塞,由发车站行车值班员用车站站间电话向接车站行车值班员请求取消闭塞,接车站行车值班员接请求取消闭塞电话后,取消闭塞登记。

⑦接送列车。列车在车站到发或通过时,站台站务员应按规章要求站在规定地点接送列车,密切注意列车运行状态以及乘客乘降情况,发现有危及行车安全和乘客安全的情况应立即采取有效措施妥善处理。

(2)调度监督下的半自动控制(区段行车法)时车站接发列车作业过程:

①单联锁区车站进路办理程序,如表8-5所示。

单联锁区进路办理程序　　表8-5

项　目	作业标准	
	行车值班员	说　明
(1)确认区段空闲	①确认本联锁区内上/下行前方连续两个区段空闲后口述“上/下行X信号机前方连续两个区段空闲”	
(2)排列进路	②通过ATS/LCW工作站排列联锁区内进路	执行“眼看、手指、口呼”程序
	③确认进路排列正确后口述“上/下行X信号机~X信号机信号好”	
(3)监控列车运行	④通过ATS/LCW工作站监视列车运行及信号状态	

②跨联锁区车站进路办理程序,如表 8-6 所示。

跨联锁区进路办理程序　　表 8-6

项　目	作 业 标 准	
	联锁区分界点信号机后方设备集中站行车值班员	联锁区分界点信号机前方设备集中站行车值班员
(1)确认区段空闲		①确认分界点信号机前方一个完整区段空闲后口述"分界点 X 信号机前方一个区段空闲
		②向后方设备集中站报"分界点 X 信号机前方一个区段空闲"
	③接到前方设备集中站的报告后复诵"分界点 X 信号机前方一个区段空闲"	
	④确认跨联锁区的区段空闲后口述"X 信号机～分界点 X 信号机区段空闲"	
(2)排列进路	⑤通过 ATS/LCW 工作站排列跨联锁区进路	⑥按单联锁区进路办理程序通过 ATS/LCW 工作站排列联锁区内进路
	⑦确认进路排列正确后口述:"X 信号机～分界点 X 信号机信号好了"	
(3)监控列车运行	⑧通过 ATS/LCW 工作站监视列车运行及进路状态	⑨通过 ATS/LCW 工作站监视列车运行及进路状态

3)调度集中控制(IATP 行车法)、行车指挥自动化(CBTC 行车法)情况下的车站行车组织

在采用调度集中控制(IATP 行车法)、行车指挥自动化(CBTC 行车法)时,区间闭塞是自动办理的,进路排列有下列两种情形:一是在行车指挥自动化时,控制中心 ATS 根据使用列车运行图自动排列进路、实时控制列车接发作业;二是当控制中心 ATS 自动功能故障时,列车进路由行车调度员人工排列。

在上述两种情形下,车站行车值班员通过 ATS 工作站(或 LCW 工作站)监视列车进路

排列、信号显示，列车到发、通过情况，以及列车运行状态是否正常等。

(1)行车值班员。集中站行车值班员或值班站长通过 LCW 工作站监视列车运行情况。行车值班员通过监控设备观察站台情况，向站务员发布相关命令，如：自动售票机前排队过长，可通知站务员引导顾客到站台上其他售票机前购票；站台卫生、站台客流拥堵等都可通过对讲机通知站务员处理及疏导。

行车值班员通过环控监控设备监控站台环境情况，随时调整环境湿度和温度，当调整内容不在站控范围内时应与 OCC 中的环调联系，由环调控制。当出现紧急情况需紧急停车时(如车门夹人或物)，行车值班员可通过车控室的紧急停车按钮实施紧急停车。爆发大客流时，行车值班员可通知客运值班员操作相关设备开放站台所有闸机，疏导出闸客流。

(2)站务员。在客车进站时，站务员原则上应站在站台扶梯口靠近紧急停车按钮处，应随时注意列车运行情况及站台乘客动态，防止乘客在列车关门时冲上车被夹伤，同时负责维护站台秩序，监督驾驶员按规范动作关门。

当发生紧急情况需要停车时，站务员可按下紧急停车按钮实施紧急停车。一旦实施紧急停车，驾驶员不得动车，只能由车控室授权才能动车。发车时，站务员(或驾驶员)发现站台或屏蔽门或安全门异常，应通知驾驶员并及时处理。当乘客上下车完毕，确认车门关闭状态良好，列车具备了发车条件后，方可向驾驶员显示发车信号。

四 车站折返作业组织

1 调度集中控制

列车在进行折返作业前，应清客、关车门。列车折返进路由中央 ATS 自动排列或行车调度员人工排列。在车站有数条折返进路的情况下，应在折返作业办法中规定优先采用的列车折返模式，明确列车折返优先经由的折返线或渡线。在办理列车折返作业时，如要变更列车折返模式，在折返列车尚未起动时，可在通知折返列车司机后，变更列车折返模式。

在自动排列折返进路时，折返列车凭地面信号或者 TOD 上显示的推荐速度进入折返线或折返停车位置。在人工排列折返进路时，折返列车凭地面信号显示进入折返线或折返停车位置。列车进行站后折返时，当停站时间已到，司机凭车载信号显示以正常模式驾驶列车进入折返线。

在列车自动驾驶时，列车进出折返线的速度按接收到的 ATP 速度码自动控制；在列车人工驾驶时，列车进出折返线的速度根据有关规定、由司机人工控制。

2 车站控制

车站控制时的折返作业组织，除列车折返进路由车站行车值班员人工排列，其余与中央控制时相同。原则上，车站行车值班员按优先采用的列车折返模式排列折返进路，如要变更列车折返模式，必须得到行车调度员的同意。

第四节 车站施工作业组织

城市轨道交通行车设备由轨道、供电、机电、信号、通信等十多个专业组成，各专业设备都要按照检修周期与工作内容对其设备进行检修，由于检修工作都集中在同一个有限的时间、空间和工作平面内，这就要求有严格的统一计划、统一指挥、统一组织、统一协调的管理手段及协调部门。处理好调度、车站、行车、检修等方面的关系，以确保设备检修和工程施工工作做到安全、优质、高效。

一 施工的分类

1 按施工的范围及性质可分为以下3类

(1)影响正线、辅助线行车的施工。开行工程车的施工作业，接触网停电作业，车站范围内影响行车设备的施工作业。此类施工作业，均须经行调批准，方可进行。

(2)在车辆段范围内的施工。此类施工作业须经车场调度员同意方可进行，如影响正线行车须报行调批准。

(3)在车站范围内进行但不影响行车的施工作业。此类施工作业如由公司内部单位进行施工，须经车站批准。如由外部单位施工须经涉外单位生产管理的职能部门同意，与有关车站或车辆段协调，经车站或车场批准方可进行。

2 按施工计划的时间可分为以下4类

(1)月计划。

(2)周计划。

(3)日补充计划。

(4)临时补修计划。

二 施工计划的编制原则

(1)周施工作业计划的安排应确保在安全的前提下考虑均衡性，避免集中作业。

(2)处理好列车的开行时间和密度、施工封锁等几方面的关系,避免和克服抢时、争点现象发生(原则上车与车、人与车需有一个安全区间或安全站台)。

(3)施工作业系统计划内的各项作业应注明施工日期、作业起止时间、作业内容、作业区域、负责人、安全事项、是否停电及其他应说明的问题。

(4)确保计划的严肃性,规定日补充计划不能超过周施工计划数的一定比例。施工计划一般需要各工种的相互配合和协调,合理安排,不得随意更改。

三 施工作业组织

城市轨道交通企业施工检修作业应按《施工检修作业管理办法》严格办理。OCC 负责对申请的各施工检修作业统一编制订期施工计划,并根据情况分期对施工计划进行调整,并将每周的施工作业计划下发车站。在车站管辖范围内的任何施工均应在车站行车控制室登记,在得到行车值班员的签字确认后方可进行;对影响运营的施工检修作业,例如信号设备检修、道岔检修等作业必须得到 OCC 的同意后方可进行。车站一般的施工作业程序如下:

1 施工登记

施工负责人应在施工开始前规定时间到车站行车控制室要点施工,行车值班员核对施工作业计划,向行调申请,在得到行调同意后,由施工负责人填写《施工检修作业登记簿》,见表 8-7,行车值班员在确认无误后,签字同意,施工作业开始。

2 施工注销

施工负责人应在规定的施工作业时间内完成施工检修作业,并到车站行车控制室进行施工注销,行车值班员在对施工检修作业后的运营设备进行检测并确认工作状态正常以及施工场地、人员、工具出清后,向行调报告后签字确认施工注销。

施工检修作业登记簿　　表 8-7

施工登记内容													施工注销内容						
日期	作业代码	作业单位	施工负责人	作业内容	作业区域	施工时间		行值同意签认	行调承认时间	行调承认号码	行调代码	备注	注销时间	注销人签名	施工结果	行值同意签认	行调销点时间	行调代码	备注
						起	止												

3 施工延长

因故施工检修作业未能在规定的施工时间内完成,施工负责人应在规定施工结束时间前的规定时间至车站行车控制室申请施工延长,行车值班员应立即向行调汇报,行车调度员同意后,应先对原施工进行注销,重新进行施工登记后方可开始进行。如施工延长未得到行调的同意则施工按原规定时间结束并注销。

4 异地注销

施工作业登记开始与注销不在同一车站办理称为异地注销。异地注销施工在进行施工登记时应向车站说明情况并由车站向行调汇报,得到同意后,由登记站行车值班员电话通知注销站同时对施工进行登记;施工结束,施工负责人在注销站办理施工注销手续,车站行车值班员向行车调度员汇报并通知登记站同时对施工进行注销手续。

四 特殊施工作业

1 动车施工

每日运营结束后车站行车值班员需查看本日施工计划,若本站在动车施工范围内则应再次确认本站管辖范围内无其他施工与该动车施工冲突;运营结束后根据行车调度员的调度命令使用电话闭塞或自动闭塞办理列车的出库;列车出库后,至相应站办理施工申请手续,该站行车值班员根据行车区域施工办理手续申请该施工;其他施工相关车站在列车施工期间做好安全监护工作;施工列车施工结束后回注销车站注销施工,该站行车值班员根据行车区域施工办理手续注销该施工;列车回库所经各站根据行车调度员下达的调度命令使用电话闭塞或自动闭塞办理列车的回库作业。

2 接触网停电施工

每日运营结束后车站行车值班员需察看本日施工计划,若本站在接触网停电施工范围内则应确认无其他必须带电施工项目;运营结束后施工人员至相应车站办理申请手续,该站行车值班员确认接触网停电后,根据行车区域施工办理手续向行车调度员申请该施工,并申请接触网停电。行车调度员通知电力调度员办理,接触网停电完毕后发布施工命令号同意该施工。施工结束后施工现场负责人回登记车站注销施工并申请接触网送电,该站车站行车值班员根据行车区域施工办理手续注销该施工;行车调度发布施工注销号码,注销该施工后通知电力调度员办理接触网送电操作。接触网送电完毕后相关集中站确认接触网处于供电状态,以便次日正常运营。

3 影响通信设备施工

施工人员至相应车站办理申请手续,该站行车值班员需向施工现场负责人再次核实影响哪些通信设备,再根据行车区域施工办理手续,向行车调度员申请该施工,并说明影响的通信设备。行车调度员根据当日施工计划及实际情况发布施工命令号同意该施工,行车值班员告知邻站临时通信方式后同意该施工。

施工期间发生通信设备严重故障时按《通信设备故障预案》办理。施工结束后施工现场负责人回车控室注销施工，车站行车值班员确认相关通信设备恢复正常后向行车调度员注销该施工并通知邻站恢复正常通信方式。

4 施工冲突

动车作业区域内不安排其他检修施工同时作业。两列或两列以上动车在同一线路同时作业时，相邻动车的安全防护距离至少为两站一区间；动车和其他无需动车的检修施工在同一线路同时作业时，安全防护距离至少为一站一区间；电动列车和其他需接触网停电的检修施工在同一线路同时作业时，需设置一定的安全防护距离。

第九章

车辆段行车作业组织

第一节　车辆段及停车场

一　车辆段及停车场概况(二维码 54)

城市轨道交通车量保有量较多,运行时间长,运行距离长,技术要求高,安全可靠性高,对车辆的运用、维护保养、检修均有很高的要求,需设置专门的机构完成。

车辆段是城市轨道交通系统中对车辆进行运营管理、停放及维修保养的场所(有的公司也称之为"车场"),如图 9-1 所示。在轨道交通建设初期通常采用每条线布置一个车辆段,若运营线路大于 20km 以上,为保证配属列车停放数量,以及减少两终点站首末班车时间差异、空驶里程及提高运营调整能力,应在线路另一端增设一个停车场。

图 9-1　车辆段

二维码 54

车辆段总体上分为三个部分:咽喉部分、线路部分和车库部分。如图 9-2 所示。

(1)咽喉部分是车辆段的停车库、检修库与正线连接地段,有出入段线和众多道岔,它直接影响整个线路的正常运营。咽喉部分在规划设计中既要保证行车安全,满足输送、接收能力的需要,又要保证必要的平行作业,还要努力缩短咽喉区的长度,尽量节省用地。

(2)线路部分由各种用途不同的线路组成,如出入段线、停车线、列检线、镟轮线、检修线、洗车线、牵出线、试车线、静调线、救援线和联络线等。

(3)车库部分有停车库、定修库、架修库(见图 9-3)、洗车库等。

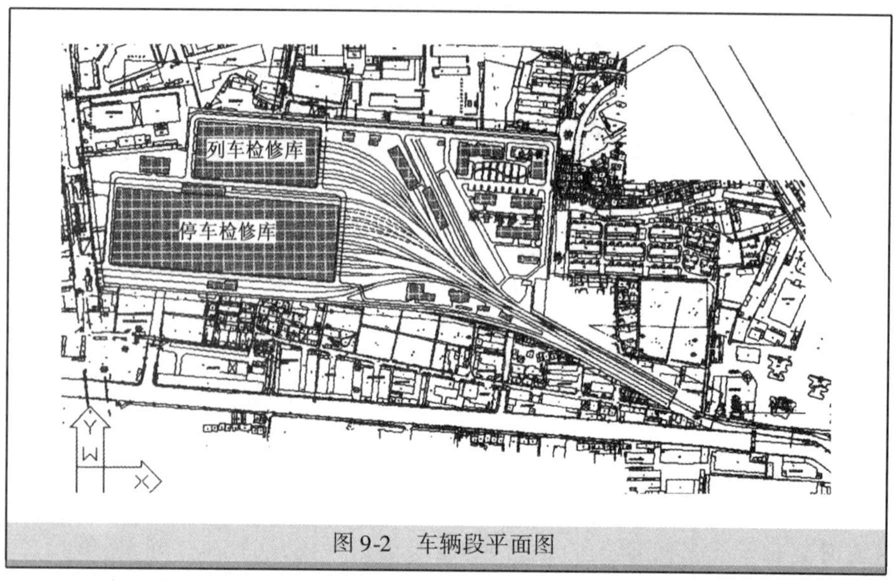

图 9-2　车辆段平面图

图 9-3　架修库

部分运营线路较长的线路另设停车场，停车场规模、设施较车辆段小，一般用做停放列车及小规模的维修保养等。

二 技术设备简介

车辆段技术设备由站场、车库、调机、供电、信号、通信、通风空调和给排水设备等组成。

1 站场

站场由咽喉区与线路两部分组成。

(1)咽喉区：车辆段咽喉区是指连接车库与正线的部分，由出入段线与道岔组成。咽喉区应有若干平行进路，具备一定的通过能力。此外，在满足咽喉区的运营功能前提下，应尽量缩短咽喉区长度，节约用地。

(2)线路:车辆段线路包括出入段线、停车线、列检线、镟轮线、检修线、洗车线、牵出线、试车线、静调线、救援线和联络线等。线路的配置应满足各种生产功能的要求,避免列车或车辆在段内的迂回走行或相互干扰。

图9-4　检修坑道

①出入段线:连接正线与车辆段的线路。尽端式车辆段采用双线,贯通式车辆段可在两端各设置一条单线。出入段线与正线的接轨有平交和立交两种方式。

②停车线:用于停放列车的线路。为减少占地和道岔数量,每条线按停放两列车设计。为能进行列检作业,部分停车线设有检修坑道,如图9-4所示。

③列检线:用于车辆日常检查的线路,设有检查坑。列检线数一般按运用列车数的30%进行配置。

二维码55

④镟轮线:在轮对磨耗不符合使用要求时,可对轮对踏面进行镟修的线路。

⑤检修线(二维码55):用于车辆定期检修的线路,包括定修线、架修线和临修线等,设有检修坑,并根据检修作业需要配置车顶作业平台、架车机和起重机等设备。

二维码56

⑥洗车线:用于车辆清洗作业的线路,一般安装自动洗车机,列车以低于5km/h的速度通过洗车设备即可完成车体清洗,如图9-5所示。

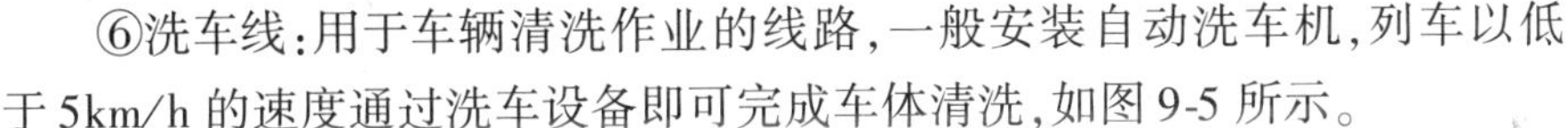

⑦牵出线(二维码56):用于车辆段内调车作业的线路,根据车库的位置,牵出线通常设置1~2条。

二维码57

⑧试车线:用于车辆定修、架修后动态调试的线路,试车线一般设在段内靠近检修库一侧。试车线的有效长度应满足按远期列车最高速度和紧急制动进行调试的要求,如图9-6所示。

图9-5　洗车设备

图9-6　试车线

⑨静调线(二维码57):用于新车停放及静态调试的线路。

⑩救援线:用于停放救援列车的线路,一般设置在咽喉区附近。

⑪联络线：与铁路接轨的线路，用于车辆、设备等的调运。

2 车库

车库分为停车库、列检库、定修库和架修库、洗车库等。停车库与列检库用于停放车辆、进行列车技术检查等日常作业。定修库与架修库用于车辆定期检修作业，有时统称为检修库，如图9-7所示。洗车库为车辆清洁、清洗场所。

车库的规模，既与保有的客车数有关，也与车辆检修制度及检修修程有关。采用“状态修”与“在线修”等现代车辆维修理念和维修技术，有助于压缩检修库的建设规模。

3 调车机

调车机简称调机，是调车作业的动力，车辆段通常采用内燃机车或动车作为调机，如图9-8所示。

图9-7 检修库

图9-8 调机

三 车辆运用生产岗位

车辆运用生产部门一般设在车辆段或停车场内，这样有利于车辆合理使用及人员调配。包括车场调度室、信号楼值班室、司机组、派班室、车辆轮值室、工程车辆组。其中主要岗位的职责如下：

(1)车场调度室：设有车场调度员，主要负责车场内行车运营秩序的指挥和管理，司机的调配，行车信息的搜集、统计等工作。

(2)信号楼值班室：设值班员和助理值班员，主要负责车辆段或停车场内行车指挥、进路排列和列车接发工作，隶属于车场调度员管理。

(3)司机组：根据列车配置数和运行图的要求设若干班组，由司机长进行管理指挥。司机组主要职责是按运行图的要求安全、快速、准点地驾驶列车，并配合场内的车辆调试、验收、保养等工作。

(4)派班室：设派班员，主要负责安排司机的出勤、退勤，编制、实施司机的派班计划，遇突发事件及时安排好司机的出勤、派班的工作。

(5)车辆轮值室:设车辆轮值工程师,主要负责车辆计划检修、故障检修、运用列车、车辆紧急事故处理,车辆调试、车辆改造等作业的安排及实施。

(6)工程车辆组:负责牵引机车与工程车辆的驾驶,配合车辆维修、线路施工及列车救援等工作。

第二节　车辆运用流程

一　车辆运用流程

车辆运用流程可用图9-9所示的列车作业流程来描述。

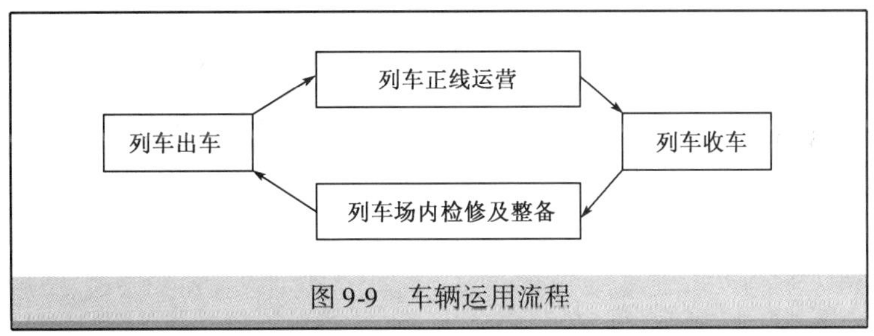

图9-9　车辆运用流程

1　列车出车作业

列车出车作业主要包括编制发车计划、司机出乘、列车出库与出段等六部分,如图9-10所示。

(1)编制发车计划:发车计划由车场调度员根据使用列车运行图、运营检修用车安排、车辆段线路存车情况等编制,内容包括列车车次、待发股道、运用车编号等。编制发车计划时,应注意避免交叉发车和保证列车出库顺序无误。发车计划编制完毕后,除应将计划下达给信号楼值班员外,车场调度员还应将计划中列车车次、车号、有无备车、备车车号等内容上报给行车调度员。

(2)司机出乘:司机应在充分休息的情况下出勤,按规定时间、在规定地点办理出勤手续,领取相关物品。在办理出勤手续时,司机应仔细查看行车告示牌上的行车命令、指示和安全注意事项,本次列车出车股道,并认真回答车场调度员的询问、听取车场调度员传达的事项。

办妥出勤手续后，司机应对安排值乘的列车按突出重点、兼顾一般的原则进行出车前检查，检查合格后方能发车。检查时发现车辆故障不能担负列车任务时，应及时上报车场调度员并按其指示执行。车场调度员应立即通知检修部门检修故障列车，及时调整司机值乘列车的出车次序，并向信号楼值班员传达变更出车计划。

备用司机应与值乘司机同时出勤，完成备用列车检车程序后，备用司机应在车上待命。在发车工作结束后，方可回到司机休息室待命。

二维码 58

(3)列车出库与出段(二维码 58)：列车起动前应确认信号开放与库门开启正常，并注意平交道口是否有人员、车辆穿越。在规定的出库时间已到而出库信号仍未开放时，司机应主动询问信号楼值班员，联系不上时可通过车场调度员询问。图 9-11 所示为出库信号机。

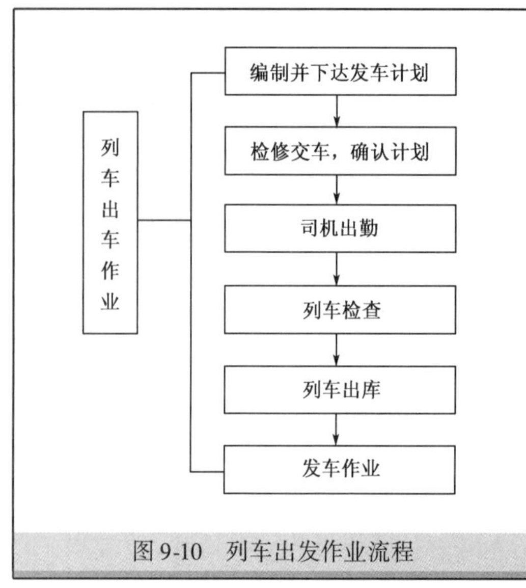

图 9-10　列车出发作业流程

图 9-11　出库信号机

正常情况下，列车经由出段线出段。列车出段凭防护信号机的显示，在出段线的有码区按 RM 模式运行，在出段线的无码区按 NRM 模式运行。在设备故障(咽喉道岔、道岔区轨道电路、牵引供电)或检修施工(车辆段线路、信联闭设备、接触网)时，列车可以由入段线出段，但应得到行车调度员准许。信号楼值班员在办理列车发车作业时，应确认区间空闲(出、入段线视为区间)，停止影响发车进路的调车作业。

二维码 59

2 列车正线运行(二维码 59)

从车辆运用角度，列车正线运行主要涉及列车运行交路、列车驾驶作业和司机正线交接班等。

(1)列车运行交路：列车正线运行的循环交路，以及列车在两端折返站的到、发时刻和出入段时间、顺序由列车交路图规定。

(2)列车驾驶作业：司机在值乘中应集中注意力，严禁违章行车。在发现异常、紧急情况时，司机应根据有关规章、应急预案，及时采取措施排除故障或险情，确保行车安全与乘客安全。

(3)正线交接班:司机在正线交接班时,接班司机应按规定、提前到指定地点出勤,交班司机应将列车技术状态、有关行车命令与注意事项交代清楚,并填写在司机报单上。如接班司机因故未能按时接班,交班司机应坚守立岗、并报告行车调度员。

3 列车收车作业

二维码60

列车收车作业包括列车入段与入库、库内作业两部分。

(1)列车入段与入库(二维码60):正常情况下,列车经由入段线入段。列车入段凭防护信号机的显示,在入段线的有码区按RM模式运行,在入段线的无码区按NRM模式运行。在设备故障或检修施工时,列车可以由出段线入段,但应得到行车调度员准许。信号楼值班员在办理列车接车作业时,应确认接车线路空闲,停止影响接车进路的调车作业。

列车入库按调车作业有关规定进行,进入车库前应在车门外一度停车。有人接车时按入库手信号进入车库;无人接车时,司机应确认库门开启正常、接触网送电后方能进入车库。

(2)库内作业:列车进入车库停稳后,司机应对列车进行检查,在确认列车无异常后携带列车钥匙、司机报单及其他相关物品办理退勤手续,然后向司机长汇报当日工作情况,并听取次日工作安排与注意事项。

在发现列车技术状态不良时,司机应向车场调度员报告并在有关报表中详细记录。

在发生列车晚点、抽线、清客、行车事故与救援时,车场调度员应组织当事人及有关人员填写情况报告并及时上报有关部门处理。此外,车场调度员还应对当日列车故障与安全情况进行统计。

4 列车整备作业

列车整备作业包括列车清洗、列车检修和车辆验收三部分。

(1)列车清洗:列车清洗包括车辆内部的清扫、清洁和车身清洗等,根据清洗计划进行。列车清洗计划应下达给信号楼值班员、调车司机、调车员及其他相关人员。列车清洗时的动车按调车作业办理。

(2)列车检修:列车回库停稳、收车后,如无列车清洗等其他作业,车场调度员应及时与车辆检修部门办理车辆交接手续。未办理车辆交接手续、未经车场调度员同意,检修部门不得擅自进行列检作业。

正在进行列检作业的车辆,未经检修负责人同意,车场调度员不得擅自调动,无关人员不得擅自动车。

(3)车辆验收:信号楼接到车辆检修部门移交的车辆后,应指派专人对车辆技术状态进行检查,确认车辆技术状态符合正线运行要求后方能接收、投入使用。

二 车辆的值乘方式

司机是轨道交通行车的关键工种。列车在区间运行时,司机负有列车安全与乘客安全的重要责任。因此,司机的招聘选拔、业务培训和平时考核均应围绕建立一支具有较高综合素质、过硬业务水平、较强安全意识的司机队伍展开。此外,在乘务管理方面,合理选择乘务方式、优化配备司机,对提高乘务管理水平和企业经济效益具有显著意义。

乘务方式:轨道交通乘务方式有轮乘制和包乘制两种。

1 轮乘制

轮乘制是指列车的值乘司机不固定,由各个司机轮流值乘。采用轮乘制后,有利于合理安排司机作息时间,以较少的司机完成乘客输送任务。但司机对车辆性能、状态的熟悉和对车辆保养的责任心,可能不如包乘制,为此需要通过建立制度、加强教育,明确司机的职责、提高车辆保养质量。

交接班:在线路某一固定地点上行进行,由班组长或专人负责记录监督。列车出库、回库的交接在停车场内进行。

特点:

(1)由于采用轮乘,司机配置人数可减少到最低程度。

(2)司机值乘时一人工作,对司机的要求较高。

(3)不利于列车保养,值乘人员对列车性能不熟悉,需制订措施强化值乘要求。

目前,大多数轨道交通线路采用轮乘制,这里面既有提高劳动生产率的考虑,也有车辆可靠性不断提高的因素。

2 包乘制

包乘制是指列车的值乘司机固定,由若干个司机包乘包管。采用包乘制后,便于司机掌握车辆性能、状态,有利于增强司机对车辆保养的责任心。但与轮乘制相比,采用包乘制时,司机劳动生产率较低;对车辆运用计划的编制要求较高。

交接班:接班司机需预先用电话向派班室了解自己包乘列车当日运营车次,并在规定的时间段和地点完成本列车驾驶工作的交接。

特点:

(1)司机对自己包乘列车的车况、性能比较了解,有利于司机对列车的保养及维护。

(2)司机与列车相对固定,便于管理和监督。

(3)每天的实际工作时间缩短,减轻了司机的作业强度,提高了安全性。

(4)要求运营列车相对固定,不宜频繁更换。

(5)作业人员增加,司机配备数量比轮乘制多。

(6)对运营列车时刻表的编排要有计划有规律,备车和计划修车调配要求合理。

(7)由于司机是连续驾驶,在作业过程中的疲劳程度有所增加。

第三节 车辆段行车工作

一 车辆段内行车组织机构

车辆段内行车组织机构如图 9-12 所示。

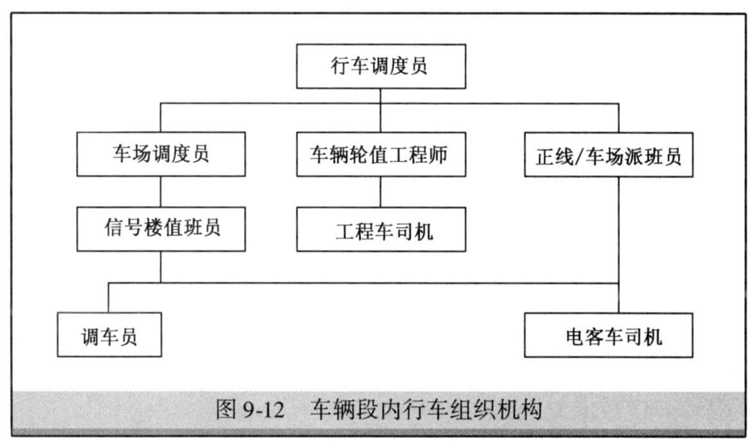

图 9-12　车辆段内行车组织机构

车辆段内行车工种的主要职责：

1 车场调度员

统一指挥车辆段内的行车组织工作，全面负责组织实施客车、机车车辆转轨和取送作业，组织实施调试作业、列车出入车辆段等工作，合理科学地调配人员、机车车辆，协调安排车辆段内行车设备、消防设备及库房等设备设施的检修维护。向行调通报运用客车情况，协调车辆段内部与外部的工作接口问题，组织相关部门及时处理设备故障问题。

2 信号楼值班员

信号楼微机联锁设备控制室设置两名信号楼值班员，负责接收车场调度员的接发列车、调车作业计划，操作微机设备，实现微机联锁设备的用途及功能。

3 车辆轮值工程师

全面负责车辆的计划维修、故障抢修、事故处理、调试、改造作业安排及组织实施，监视所有车辆技术状态，提供运行图所规定的客车数上线服务，并确保其状态良好、符合有关规定。负责车辆检修内务管理及协调。

4 正线、车场派班员

负责安排司机的出、退勤作业，制订和组织实施司机的派班计划，遇突发事件及时调整交路、调配好司机的派班。负责与车辆轮值工程师(简称轮值)交接检修及运用客车、与出、退勤司机交接运营客车，向行调通报司机的配备情况。

5 调车员(调车长)

车辆段调车作业时，负责机车车辆移动的现场指挥者，由工程车司机(或副司机)担任。

6 工程车司机

工程车开行时，由两名司机担任：一名负责驾驶列车，另一名担任车长负责指挥列车运行及检查监视车辆调车作业的安全，推进运行时负责引导瞭望。

7 电客车司机

电客车司机按资格分为：电客车司机、调试电客车司机及见习电客车司机；按业务分为正司机及副司机；主要负责驾驶电客车在正线上运行及在车场内的调车作业和电客车运作的安全。

二 车辆段调车作业

1 调车作业的定义分类

除列车在正线上的运行以外，凡因列车折返、转线、解体、编组和车辆摘挂、取送等作业需要，列车或车辆在线路上进行有目的的调动，都属于调车。

按调车目的不同，轨道交通调车主要有折返调车、转线调车、解体调车、编组调车、摘挂调车和取送调车等。折返调车是列车在折返站的正线、折返线和渡线等线路上进行的调车作业，其他种类的调车是列车和车辆在车辆段的牵出线、调车线、检修线和洗车线等线路上进行的调车作业。

轨道交通的调车作业主要是在车辆段和折返站内进行，调车作业的动力是内燃机车或动车。车辆段调车作业的特点是作业量大和作业复杂，除列车折返调车外，其他各种类型的调车都有。

调车作业是轨道交通行车工作的组成部分，也是车辆段和折返站行车工作的重要内容。列车能否按列车运行图正点出发、到达与运行，线路通过能力能否充分利用，很大程度上取决于调车作业的组织和效率。因此，调车工作应达到以下要求：

(1)及时完成调车任务,保证列车按图运行和其他有关作业按时完成。

(2)充分运用各种技术设备,采用先进的作业方法,提高调车作业效率。

(3)确保调车作业安全。

为了实现上述要求,调车工作必须遵守《行车组织规则》和《车站运作手册》中有关调车作业的规定,建立和健全有关工作制度。

2 车辆段调车作业组织

1)调车指挥及要求

调车作业是一项多工种联合进行的复杂作业,为了安全、协调、迅速地进行工作,按时完成调车任务,必须实行统一领导、单一指挥。

(1)车辆段调车工作由车场调度员统一领导,调车作业人员应按规定和调车作业计划单执行。

(2)车场调度员应根据机车车辆(包括电客车、工程车,下同)、线路、设备检修计划和现场作业情况,合理、科学、正确地编制调车作业计划,组织调车人员安全、及时地完成调车任务。

(3)调车作业(二维码61)由信号楼值班员单一指挥。根据调车作业计划单,正确、及时地显示信号,指挥调机运行,并注意行车安全。

二维码 61

(4)调车司机应根据显示信号,准确、平稳地操纵机车,时刻注意确认信号,不间断进行瞭望,正确、及时地执行信号显示要求,负责调车作业安全。

(5)信号楼值班员根据调车作业计划单和现场作业情况、机车车辆停放股道,以及司机(车长)的要道请求,正确、及时地排列调车进路,开放调车信号,做到随时监控机车车辆运行。严格执行调车作业程序和联控用语,确保调车进路安全。

联锁设备正常时车辆段的调车作业程序见表9-1。

联锁设备正常时车辆段调车作业程序　　表9-1

步骤	项目	调车作业程序		
		车场调度员	信号楼值班员	调车员
一	接收计划	①接收调车申请,确认机车车辆停留位置计划与实际相符,编制调车计划及安全注意事项		
二	布置计划	②确认计划正确可行,向信号楼值班员、调车员布置计划,传达重点注意事项	③接收调车计划后,认真阅读和正确理解调车计划内容,了解现场具体情况	④接收调车计划后,认真阅读和正确理解调车计划内容

续上表

步　骤	项　目	调　车　作　业　程　序		
		车场调度员	信号楼值班员	调　车　员
三	调车作业	⑰做好调车作业的安全防护工作，并根据调车作业的实际情况及时修改调车作业计划	⑥接到调车员整备作业完毕请求进路后，向信号楼助理值班员布置开放××道往××道的调车信号。信号楼助理值班员开放调车信号时，用鼠标指、口呼"××道"，点压始端信号机按钮；"××道"，点压终端信号机按钮。确认光带、信号显示正确后，报告"××道往××道信号好"。信号楼值班员通过微机联锁系统监督信号员操作，确认信号开放正确后回答："好"，并复诵"××道往××道的信号好"	⑤整备作业完毕后，按计划呼叫信号楼，请求"开放××道往××道的调车信号"
			⑦信号楼值班员呼叫调车员"××(次、号)，×道进路准备好"	⑧复诵"××(次、号)，××道往××道进路准备好，调车员××明白"
			⑩作业中严格执行"干一勾，划一勾"的制度	⑨按计划进行作业
			⑫密切注视微机联锁系统，监督列车、机车车辆运行动态。听从调车员作业完成的汇报，将该勾计划用横线划掉 ⑬密切注视微机联锁系统，监督列车、机车车辆运行动态，将该勾计划用横线划掉	⑪作业中严格执行"干一勾，划一勾"的制度。一勾作业完毕及时汇报信号楼，并申请下一勾计划进路
			⑭按上述步骤，根据调车员申请和作业计划布置下一勾进路 ⑮按上述步骤准备下一勾进路	⑯重复以上步骤

续上表

步　骤	项　目	调　车　作　业　程　序		
		车场调度员	信号楼值班员	调　车　员
四	注意事项	1. 信号楼值班员应认真确认机车车辆的具体位置，通过微机联锁系统确认机车车辆的位置与调车员呼叫的位置相符后，再排列进路； 2. 车场调度员负责车场行车指挥工作，加强监督机车车辆动态，如有两列车或机车车辆运行有交叉时，提前通知扣停列车、机车车辆，要求司机/调车员提前减速停车； 3. 车场内所有作业，车场调度员、信号楼值班员发现或接到行车设备或与作业有关的设备发生故障或异常影响到行车安全或作业的正常进行时，应立即通知司机停车待令，等到故障或异常排除后，确认不影响行车安全的前提下，通知司机确认现场情况正常后方可动车		

2）调车工作制度

（1）交接班制度：交接班时，调车组在规定地点对号交接线路存车数、停留车位置、安全及有关注意事项等。

（2）作业前准备制度：在调车作业前，调车长应将调车作业计划、作业方法向调车司机及其他调车人员传达清楚。调车员应对线路、车辆进行检查，在解体调车作业前，必须确认连接车辆的机械、电路与气路装置已处于拆开状态。

（3）班后总结制度：每班工作结束后，由调车长负责召集调车组人员，总结本班生产任务完成、安全等情况，遇非正常情况及时向车场调度员报告。

（4）要道还道制度：要道还道是指调车长或调机司机向信号楼值班员要道，信号楼值班员在进路准备要道后向调车长或调机司机还道。在非集中联锁设备或集中联锁设备因故不能使用时，调车作业必须执行要道还道制度。要道还道制度是一项确保安全的互控制度，目的是防止车辆进错股道或发生挤岔事故。

3）调车计划的布置和变更

（1）调车计划的编制、下达。调车作业计划由车场调度员根据调车作业内容编制书面计划（使用调车作业通知单），书面计划编制后电话抄送给信号楼值班员、调车组长。

编制调车作业计划一式四份：调车组长（司机）、信号楼值班员、调车员各一份，存根一份。

（2）调车作业计划的变更。一批作业（指一张调车作业通知单）变更计划不超过三钩时，可用口头方式布置，但必须停车向有关人员传达清楚，复诵核对正确。

严禁调车员变更计划，必须变更时必须得到信号楼值班员的同意，并征得车场调度员的同意。

3 特殊情况调车作业

1）救援调车

救援列车连挂故障列车，牵引或推送故障列车在适当的车站清客，然后返回车辆段称为救援调车。救援调车兼有摘挂调车和取送调车的特点。

救援调车作业根据行车调度员下达的调度命令和信号显示的要求进行。在手信号调车时,调车指挥人为故障列车的司机。调车指挥人应正确及时地显示调车手信号,救援列车司机应认真确认调车手信号,并鸣笛回示。

在进行救援调车作业时,救援列车应在距故障列车三车距离时一度停车,距一车距离时再度停车,然后按调车指挥人的调车手信号显示进行车辆连挂。车辆连挂后先进行试拉,在确认连挂妥当后,方可起动运行。

救援列车牵引故障列车运行时,调车进路的确认由救援列车司机负责;救援列车推送故障列车运行时,调车进路的确认由故障列车司机负责。

在救援调车作业中,救援列车接近被连挂的车辆或调动载有乘客的车辆时,调车速度不得超过表9-2所列速度。

调车速度(单位:km/h) 表9-2

序号	项目	速度
1	空线牵引运行	25
2	空线推进运行	15
3	在尽头线调车时	10
4	在维修线调车时	10
5	在库内调车时	5
6	接近被连挂车辆三、二、一车时	8、5、3
7	接近被连挂车辆时	3

2)越出站界调车

占用区间正线进行调车称为越出站界调车。为保证列车运行和调车作业安全,越出站界调车按照下列作业办法进行:

(1)双线区间正方向越出站界调车:如区间为自动闭塞,只要确认第一闭塞分区空闲;如区间为非自动闭塞,只要确认区间空闲;车站行车值班员即可办理调车进路、口头通知调机司机,准许越出站界调车。

(2)双线区间反方向越出站界调车:在收到停止实行基本闭塞法的调度命令后,车站行车值班员与邻站办理闭塞手续,并将调度命令发给调机司机作为占用区间的凭证,调机司机凭手信号进入区间调车;调车作业结束后,行车值班员应及时向行车调度员报告并通知邻站。

3)手推调车

以人力推移车辆称为手推调车,通常是在短距离移动车辆时采用。正常情况下,原则上不使用手推调车。如确有必要采用手推调车,应得到车场调度员或安全主管部门批准,并有可靠的安全措施,如车辆能随时停住、无触电危险等,以确保作业安全和人身安全。根据规定,线路坡度大于2.5‰、车辆有溜行可能、夜间无照明等情形均禁止手推调车。

三 车辆段接发列车

1 接发车作业的模式

停车场内接发车咽喉道岔布置的特点及影响范围,可分为三种:

(1)接发车作业模式一:此模式使用两条联络线双向接发列车,即出场线与入场线都能接发列车,简称双线双向。

此接发车作业模式为首选模式,在正常情况下接发列车时使用。

使用此模式接车时,在两条联络线正向使用联锁设备接发列车,列车凭信号机显示动车。

使用此模式接车时,两条联络线反向列车经由入场线运行至下、上行站线或列车由上行站线经出场线回库时无设备联锁,应按电话闭塞手续办理,显示引导信号或引导手信号接车。

(2)接发车作业模式二:此模式使用联络线中出场线单线双向接发列车,简称出场线单线双向。此模式为备用模式,在非正常情况下接发列车时使用。

(3)接发车作业模式三:此模式使用联络线中的入场线单线双向接发列车,简称入场线单线双向。此模式为备用模式,在非正常情况下接发列车时使用。

2 接发车作业备用模式使用时机与使用方法

1)使用时机

(1)由于接发车咽喉道岔故障,导致一条线接车进路不能使用联锁设备办理时。

(2)由于岔区轨道电路故障影响接发车咽喉道岔使用,导致一条线接车进路不能使用联锁设备办理时。

(3)由于供电设备故障部分区域停电,不能使用该线接发列车时。

(4)由于车场内线路、道岔、信联闭设备、接触网等行车设备检修施工或其他施工作业,必须停用该线、施工封锁区域包括该线时。

(5)故障车辆迫停于车场咽喉岔区压岔、压轨道绝缘节堵塞一条线时。

(6)联锁设备故障、失效无法使用,必须人工手摇道岔办理接发车进路时,为降低作业难度、提高效率、保障安全,也应使用单线双向接发车模式。

2)使用方法

(1)申请:当出现以上情况之一时,车场调度员应向行车调度员申请改变原接发车作业模式,使用单线双向接发车模式。申请时应同时汇报以下情况:影响接发车作业的原因、两站接发车联锁设备能否正常使用、列车是否需要减速运行和其他必要的情况。行车调度员批准后向两端站行车值班员及信号楼值班员下达改变接发车作业模式的命令,命令应包括:起始时间、更改后的接发车作业模式、是否改用电话闭塞法行车等信息,如需要限速时应同时给有关列车司机下达限速命令。

(2)恢复:行车调度员在得到车场调度员关于影响接发车作业的行车设备故障修复、接触网恢复送电、接发车咽喉畅通、封锁线路开通的报告后,应立即向两端站行车值班员及信号楼值班员发布恢复使用双线双向接发车模式和原行车闭塞法的命令。

3 接发车工作有关规定

1)正常接发车作业程序

(1)车辆段正常接车作业程序,如表9-3所示。

车辆段正常接车作业程序

表9-3

步骤	项目	作业程序		说明
		信号楼值班员	信号楼助理值班员	
一	听取接车报告	①确认转换轨空闲。确定该列车收入×道,填写《信号楼工作日志》,并通知信号楼助理值班员	②登记电客车占用股道	
二	准备收车进路开放信号	③指示信号楼助理值班员开放信号"排列转换轨×道对××股道进路",听取复诵无误后命令"执行"	④复诵"排列转换轨×道对××股道进路",听到"执行"后操作	应确认转换轨哪一道入车场
三	收车		⑤开放进车场信号时,手指、口呼,"进车场",点压进路始、终端信号机按钮。确认光带、信号显示正确后,报告:"排列转换轨×道对××股道进路"	
		⑥微机联锁系统复检、确认信号正确,回答:"转换轨×道对××股道进路好",与司机进行联控"转换轨×道对××股道进路好,司机可凭地面信号动车",待司机复诵正确后,方可允许其动车	⑦监视列车进车场情况	
四	列车到达段内	⑧列车段内停稳后与信号楼值班员报告,填写《信号楼工作日志》	⑨填写《车辆段占线簿》	

(2)车辆段正常发车作业程序,如表9-4所示。

车辆段正常发车作业程序

表9-4

步骤	项目	作业程序		说明
		信号楼值班员	信号楼助理值班员	
一	听取发车预告	①确认转换轨空闲。确定该列车停于×道,填写《行车日志》,并通知信号楼助理值班员	②登记电客车占用股道	
二	准备发车进路开放信号	③指示信号楼助理值班员开放信号"排列××股道对转换轨×道进路",听取复诵无误后命令"执行"	④复诵"排列××股道对转换轨×道进路",听到"执行"后操作	应确认转换轨哪一道入车场

续上表

步　骤	项　目	作 业 程 序		说　明
		信号楼值班员	信号楼助理值班员	
三	发车		⑤开放出场信号时，手指、口呼，“出车场”，点压进路始、终端信号机按钮。确认光带、信号显示正确后，报告：“排列××股道对转换轨×道进路”	
		⑥微机联锁系统复检、确认信号正确，回答：“××股道对转换轨×道进路好”，与司机进行联控“××股道对转换轨×道进路好，司机可凭地面信号动车”，待司机复诵正确后，方可允许其动车”	⑦监视列车出车场情况	
四	列车到达转换轨	⑧监视列车到达转换轨×道后，填写《信号楼工作日志》	⑨填写《车辆段占线簿》	

2）一般规定

办理接车时的确认及准备工作：

（1）信号楼值班员在办理闭塞手续时需确认区间空闲。

（2）接车前，必须亲自或通过有关人员确认接车线路空闲、进路道岔位置正确、影响进路的调车工作已经停止后，方可开放进场信号机，准备接车。

3）停止影响接发列车的调车工作、准备进路和开放进场信号机的时机

（1）接车：不迟于列车到达前10min停止调车，不迟于列车到达前4min开放信号。

（2）发车：不迟于列车出发前10min停止调车，不迟于列车到达前2min开放信号。

4）确认接车线路空闲的方法

（1）信号楼值班员通过微机联锁系统显示屏上股道表示的显示确认。

（2）控制台发生故障不能确认时，信号楼值班员布置规定人员到现场确认。

5）确认发车进路准备妥当的方法

信号楼值班员通过微机联锁系统显示屏的显示进行确认，当微机联锁主备机故障不能确认时，应通过应急盘道岔定反位表示灯进行确认，遇应急盘故障不能确认时，由扳道员现场确认汇报进路上有关道岔开通的定反位置。

6）报点工作

列车到达、发出后，信号楼值班员应立即向邻站报点并记入《行车日志》内。

（1）使用电话闭塞时应同时向行车调度员报点。

（2）报点时，先报列车实际到开时刻。车场作为始发站、终到站还应报早、晚点时分或正点。

用语：

正点：“×××次列车正点发（到）”。

晚点：“×××次列车×点×分发（到），列车晚点×分钟”。

早发:“×××次列车×点×分发,列车早发×分钟”。

(3)报点时间按设于信号楼控制室内的行车子母钟为准,子母钟与OCC内母钟同步。子母钟故障时按有关校对钟表时间方法执行。

7)列车到开时刻的采点方法

(1)发车时刻:以列车由场内实际动车后不再停车的时刻为准。

(2)到达时刻:以列车实际停于场内相应接车股道为准。

4 接发列车的其他规定

1)联锁设备故障使用电话闭塞法时列车进入车库的有关规定

(1)同意列车闭塞前信号楼值班员应及时与车场调度员联系停车股道,车场调度员确认停车库内股道空闲(电动客车及电力牵引机车车辆入库还必须确认接触网作用良好并已送电)后发出:“××次进×道”,信号楼值班员复诵。

(2)列车进入车库前应在库门外一度停车,有人接车时按接车员入库手信号进入车库,无人防护时司机应下车确认车库大门开启良好、接触网已送电后方能入库。列车进入车库限速5km/h。

(3)电话闭塞法接车作业程序,如表9-5。

电话闭塞法接车作业程序 表9-5

步骤	项目	作业程序				
		信号楼值班员	信号楼助理值班员	司机	车场调度员	派班员
一	核对回段车辆				①制作车场收车计划表,发送给信号楼值班员	
		②根据《信号楼工作日志》、《车辆段占线薄》、车场调度员发送的收车计划核对回场车辆				
二	同意闭塞	③听取××站请求闭塞				
			④核对电客车所回股道,确认转换轨空闲			
		⑤同意电话闭塞“车辆段同意××站对转换轨×道电话闭塞,闭塞号码××”。确定该列车收入转换轨×道,填写《信号楼工作日志》并通知信号楼助理值班员				

续上表

步骤	项　目	作 业 程 序				
		信号楼值班员	信号楼助理值班员	司　机	车场调度员	派班员
三	开放信号	⑥待列车在转换轨×道停稳后，指示信号楼助理值班员开放信号"排列转换轨×道对×股道进路"				
			⑦复诵"排列转换轨×道对×股道进路"			
		⑧听取复诵无误后命令"执行"				
			⑨听到"执行"后操作转换轨×道对×股道进路，确认光带、信号显示正确后报告："转换轨×道对×股道进路好"			
四	列车回场	⑩与司机进行联控，"转换轨×道对×股道进路好，司机可凭地面信号动车，完毕"				
				⑪司机复诵："转换轨×道对×股道进路好，司机可凭地面信号动车，×××车（车体号）司机×××明白"		
			⑫监视列车进车场情况			
		⑬填写《信号楼工作日志》				

续上表

步骤	项　目	作 业 程 序				
		信号楼值班员	信号楼助理值班员	司　机	车场调度员	派班员
四	列车回场			⑭列车库内停稳后与信号楼值班员联控"×××车,××股道停稳,收车完毕"		
			⑮填写《车辆段占线薄》			
		⑰注销路票				⑯回收司机路票,并统一送至信号楼值班室

(4)电话闭塞法发车作业程序,如表9-6。

电话闭塞法发车作业程序　　　表9-6

步骤	项　目	作 业 程 序				
		信号楼值班员	信号楼助理值班员	司　机	车场调度员	派班员
一	列车出库				①接到行车调度员命令采用电话闭塞法组织行车的命令后,制作车场发车计划表发送给信号楼值班员	
		②接到行车调度员命令采用电话闭塞法组织行车的命令后,根据《信号楼工作日志》,《车辆段占线薄》,车场调度员发送的发车计划核对出场车辆				

续上表

步骤	项　目	作业程序				
		信号楼值班员	信号楼助理值班员	司　机	车场调度员	派班员
一	列车出库					③填写路票中的相应项目：根据行调命令，填写车辆段转换轨×道至××站×行站台、信号楼值班员×××，××××年××月××日。填写完毕，确认行车专用章加盖后，交给出勤司机
				④整备完毕后，根据《运营时刻表》所开行的车次，填写路票"车次×××××"		
		⑤确认转换轨×道空闲后，指示信号楼助理值班员："排列×股道对转换轨×道进路"				
			⑥复诵"排列×股道对转换轨×道进路"			
		⑦听取复诵无误后，命令"执行"				
			⑧听到"执行"命令后，排列出车场进路。手指、口呼，点压进路始、终端信号机按钮，确认光带、信号正确后，报告："×股道对转换轨×道信号好"			

续上表

步骤	项　目	作 业 程 序				
		信号楼值班员	信号楼助理值班员	司　机	车场调度员	派班员
一	列车出库	⑨与司机联控，“×股道对转换轨×道信号好，司机可凭地面信号动车，完毕”				
				⑩复诵“×股道对转换轨×道信号好，司机可凭地面信号动车，×××(车体号)司机×××明白”		
		⑪填写《信号楼工作日志》，记录动车与到达转换轨时间				
				⑫到达转换轨×道后，与信号楼值班员联控，“×××车转换轨×道停稳”		
二	申请闭塞	⑬确认司机到达转换轨×道后，向××站请求闭塞“车辆段信号楼××次列车请求转换轨×道至××站×行站台电话闭塞”				
		⑭听取接车站承认闭塞的电话记录号码，复诵“×时×分××站同意车辆段××次列车电话闭塞，闭塞号码××××”				
		⑮填写《信号楼工作日志》				

续上表

步骤	项　目	作业程序				
		信号楼值班员	信号楼助理值班员	司　机	车场调度员	派班员
三	列车出场	⑯用无线调度台与司机核对路票，并告知电话记录号码		⑰填写并复诵电话记录号及车次号，凭电话记录号动车		
			⑱通过控制微机联锁系统确认列车整列出车场，口呼："××车出场"			
		⑲更改《车辆段占线簿》，填写完整的《信号楼工作日志》				

2)"路票"的保管和使用"路票"的规定

(1)"路票"应保存在信号楼车控室行车备品箱内加锁并由专人(当班信号楼值班员)负责保管。

(2)"路票"的使用规定：

①未与临站办妥闭塞，不准从备品箱内取出"路票"。闭塞未准备妥当，不准填写"路票"。

②信号楼值班员与司机交接"路票"时均应执行核对制度。

③入场信号机发生故障使用引导手信号接车时必须待引导员派出并到位后方能发出电话记录号码。

④对到达"路票"确认无误后由信号楼值班员划"×"注销。

⑤到达"路票"划"×"注销后由信号楼值班员统一保管半年，以备检查。

⑥"路票"在运行途中遗失(未携带)或填写错误时按《行规》有关规定办理。

5 非正常情况下接发列车办法

1)引导接车办法

(1)当进场信号机发生故障停用时，可开放引导信号接车，遇引导信号故障时，信号楼值班员命令引导员在进场信号机外方右侧显示引导手信号接车。

(2)当排列进路时，进路中的道岔故障时按手摇道岔方法执行准备进路。

(3)发车进路未准备妥当不准填写"路票"，接车进路未准备妥当，不准布置引导员接车。

2)场内牵引供电中断时接发车办法

(1)当车场内的接触网线路停电并接地时,不得向该线接入电客列车或电力机车,并在该操纵台上揭挂“停电”表示牌。

(2)当相邻正线有电而站内停电时,必须发车时,应在信号楼值班员指挥下以内燃机车(调机)牵引电客列车,将列车发往正线。

3)取消接车和取消发车时的方法

(1)取消接车时:因故不能接车,对已开放进站信号的列车,在距离接车不足4min(规定开放信号时间)或在使用电话闭塞已承认邻站闭塞时,除危及行车和人身安全时,禁止关闭进站信号、变更接车进路。

(2)危及行车和人身安全时除关闭进站信号外,立即派出防护人员至现场进站信号机前拦阻列车。

(3)取消发车时:信号楼值班员在开放出站信号后,需要取消发车时,应先通知司机,并得到回示后,方可关闭出站信号,取消发车进路,然后按《行规》有关内容办理。

4)进站信号机故障

进站信号机故障一般为进站信号机不能开放,它的特征是在关闭的进站信号机下,开放引导信号将列车接入站内。

5)道岔及道岔区段故障

道岔故障是指在微机联锁设备的控制台上,道岔位置无显示;道岔区段故障是指在道岔区段内出现红光带,它们的特征是前者为不能确认道岔的位置(定或反位),后者为不能确认道岔区段故障内的发生原因。但在处理故障的方法上是同一个类型的,所不同的是在出现红光带的区段内,应查明有无机车车辆停留或断轨等情况。

6)双线改为单线行车

双线改为单线行车,一般原因是在双线的一条联络线上,因事故、线路破损或有计划的施工等情况而造成使用另一条联络线按双方向行车。双线改为单线行车按接发车模式有关内容办理。

7)遇微机联锁主备机均故障时,应按下列规定办理

(1)在工作中发生设备主备机故障而不能使用时应立即通知信号部门维修并使用应急盘操纵道岔准备进路。

(2)当接发车进路或调车进路建立后,此时一旦设备故障启用应急盘时,信号楼值班员应立即按下应急盘上的“引导总锁”按钮锁闭场内道岔,保障进路的安全。

(3)信号楼值班员应随时掌握各线路存车、场内行车设备施工维修、道岔是否良好、车辆调动及其他必须了解的现场情况,在应急盘开始使用前必须派出胜任此项工作的人员到现场调查情况,并向车场调度员汇报,由车场调度员认真记录在“白板”上。

(4)用应急盘操纵道岔准备进路时,应先确认该进路上需要操纵的道岔区段内无机车车辆、无影响该进路的施工作业,无法确认时,及时派出胜任此项工作的人员到现场确认进路并与信号楼值班员保持联系。

(5)用应急盘操纵道岔准备进路完毕后,必须按下“引导总锁”按钮锁闭进路,经信号楼

值班员自查和车场调度员复查准确无误后，信号楼值班员方可指示司机动车。

(6)用应急盘操纵道岔准备进路时，在同一时段内只能排列一条锁闭进路，严禁在列车车辆未进入相应股道或到达指定地点前解锁进路或排列其他进路。

(7)进路锁闭后，信号楼值班员应立即指示司机动车。指示动车的命令应包括锁闭进路妥当、进路起止位置、沿路信号机状态及可否越过、其他必须说明的状况。

(8)司机在接到信号楼值班员“×道至×道锁闭进路准备妥当，准许动车”的指示后方可动车，调车员和司机应仔细观察运行前方的线路与道岔情况，遇有危及行车安全的情况应立即停车并及时向信号楼值班员汇报，等待处理。

(9)在信号楼值班员指示司机可以动车后，应严格监控列车车辆运行情况，在列车出清进路或全部进入相应股道后立刻向车场调度员报告。遇信号楼值班员所在位置无法查清进路占用情况时，应由列车司机通知信号楼值班员列车已运行到位并已全列进入相应信号机内方。信号楼值班员在得到列车、车辆确已到位的报告后，方可解锁锁闭进路。

第四节　车辆段检修施工作业

一　车辆段内施工/检修区域的划分与计划提报要求

(1)车辆段内的施工/检修作业，只有在接触网及线路上施工/检修作业影响列车出入车辆段、机车车辆运行时，才设置作业区域，作业区域需办理封锁手续。

(2)施工、检修计划的划分按《施工检修管理办法》中的有关规定执行，工程车检修作业每月月末应向车场调度员提报下月扣修计划，每次扣修提前一天提报送车计划。

(3)施工、检修计划提报时间按《施工检修管理办法》中的有关规定执行，临时补修计划由作业部门直接向车场调度员提出申请，车场调度员根据当时现场作业情况妥善安排。

(4)日计划、临时补充计划由车场调度员协调、统筹审定后组织实施，车场调度员根据作业要求，遇有需司机或其他部门配合时，应及时通知相关人员。

(5)车场调度员应本着顾全大局、全面衡量、充分利用时间及空间资源确保施工/检修作业顺利兑现的原则，加强对车辆段内设备维修(含机车车辆检修)、工程施工作业管理、组织、协调。相关部门(中心)应积极配合、服从安排，本着“困难自己克服，方便留给别人”的原则，协调、安排好本部门(中心)的施工、检修作业，确保设备施工、检修作业计划顺利兑现。

(6)遇到施工、检修作业影响到机车车辆检修或转轨时,车场调度员应及时通知相关部门调整计划。

二 车辆段内施工、检修作业变更及实施要求

(1)《施工行车通告》中公布的作业区域发生变更时,作业部门应在施工、检修作业前一天12时前报日补充计划进行变更(周六至下周一的变更计划周五12时前提报)。不设作业区域的施工或检修作业,作业部门应提前4h向车场调度员联系落实。

(2)已划定作业区域的施工、检修作业,施工、检修负责人必须在施工、检修作业前30min向车场调度员办理请点作业,由施工、检修负责人安排作业区域防护措施。否则,不予安排该项施工、检检修作业。不设作业区域的施工、检修作业,施工、检修负责人应在施工、检修作业前10min向车场调度员办理请点作业。

(3)车辆段内施工、检修作业需停止接触网区域性供电时(如影响正线,须得到行调的同意),施工、检修部门应先向电力调度员办理申请作业,再向车场调度员办理登记。如果是属于停车、检修库股道接触网停电时,直接向车场调度员办理申请和登记。

(4)外单位工程车开行前60min应到车辆段信号楼办理转道作业和申请开行手续。

三 施工、检修请点及注销

(1)请点作业程序,如表9-7所示。

请点作业程序 表9-7

步骤	负责人员	措施
一	车场调度员、轮值工程师、施工、检修负责人	明确以下安排: ①作业地点、时间; ②安全注意事项及防护措施; ③接触网断电范围、时间(如需接触网断电时)
二	施工、检修负责人	填写"车场施工、检修作业登记簿",记录内容: ①作业区域范围,作业起止时间、申请时间; ②作业内容、影响行车程度、作业要求; ③防护措施的详情及注意事项; ④施工时携带的所有工器具及数量; ⑤负责人姓名及其联系方式、计划批准号、单位或部门、填写日期等; ⑥在"车场施工、检修作业登记簿"上签上申请人姓名(即填表人姓名); ⑦如需接触网停电时,施工或检修负责人向电力调度员或轮值工程师提出接触网断电申请并办理相关手续; ⑧如有配合部门时,需配合部门的负责人到场填写配合人员登记,同时共同确认施工位置和内容

续上表

步　骤	负 责 人 员	措　　施
三	车场调度员	①批准作业区域前应确保作业区域无任何作业在进行； ②核对施工、检修作业计划、内容； ③检查车场线路图简板，安装防护标志； ④安排信号楼值班员在控制台上设置防护措施； ⑤与电力调度员和轮值工程师确认接触网已停电，与施工负责人确认防护措施已正确设置完毕； ⑥在《施工作业令》和“车场施工、检修作业登记簿”上签认； ⑦确认无误后承认作业
四	信号楼值班员	接到车场调度员通知后，在《施工登记簿》、《停送电登记簿》上作记录，并按规定执行下列工作： ①将作业区域两端道岔锁定在开通邻线位置； ②在控制屏上将有关道岔及信号机封锁； ③在车场线路图简板上安装防护标志； ④施工过程中及时与安全防护员沟通，确保场内作业安全，人员安全
五	车场调度员、施工、检修负责人	①必须与电力调度员和轮值工程师确认接触网已断电，然后才可通知施工人员进行作业； ②施工、检修负责人确认防护措施已设置完毕，并得到车场调度员的同意后方可通知现场作业人员开始作业； ④车场调度员监督车场领域的施工检修作业，发现未按规定进行防护者有权停止其工作

(2)施工或检修注销作业程序，如表9-8所示。

注 销 作 业 程 序　　表9-8

步　骤	负 责 人 员	措　　施
一	施工、检修负责人	①施工、检修作业完毕，确认现场作业人员、工器具已撤除股道，执行线路出清程序； ②向车场调度员申请注销施工、检修作业
二	车场调度员	①与施工、检修负责人确认施工或检修完毕，同时已执行线路出清程序； ②通知信号楼值班员测试作业区域内所有道岔、信号机状态

续上表

步　骤	负 责 人 员	措　　施
三	信号楼值班员	测试作业区域内所有道岔、信号，确认设备正常后向车场调度员汇报
四	车场调度员	①得到信号楼值班员测试完毕、设备良好的报告后，通知施工、检修负责人撤除防护标志等防护措施； ②得到施工、检修负责人汇报已撤销防护措施后，注销施工、检修作业。如果接触网送电作业由其他部门配合完成的，则得到施工或检修负责人和配合部门负责人共同确认线路已出清、人员及工器具已撤离现场，车场调度员与施工、检修负责人确认具备送电条件后通知配合部门送电； ③作业注销后通知信号楼值班员； ④撤除车场线路图简板上的防护标志
五	施工、检修负责人	撤除防护措施后与配合部门负责人共同向车场调度员汇报并签名注销施工、检修作业
六	信号楼值班员	①接到车场调度员注销通知，撤除防护措施； ②在《施工登记簿》、《停送电登记簿》上作记录注销； ③撤除车场线路图简板上的防护标志

四 信号设备、线路检修登记规定

(1)信号、线路维修人员对信号设备、线路进行日常检修时，现场需设置防护，应有专职联络人员在信号楼行车控制室值班并加强与现场联系通报行车情况。

(2)在线路上作业，请点不超过10min(对列车、机车车辆运行有速度限制时除外)，专职联络人员向信号楼值班员提出申请，由信号楼值班员报车场调度员准许后办理给点登记手续。对列车、机车车辆运行有速度限制或请点超过10min的检修作业(施工)，均需到车场调度员处办理申请、登记手续。

(3)专职联络人员应认真按《车辆段施工/检修作业登记簿》规定的内容逐项(设备名称、编号、工作内容、请点时间、故障状态、是否影响行车等)填写清楚，认真确认信号楼值班员同意的起止时间后，与信号楼值班员互相核对签认。

(4)当行车设备发生故障时，信号楼值班员应将故障情况记入《设备维修检查登记簿》，通知信号、工务人员进行修复，并向车场调度员汇报清楚。检修人员接到通知后立即派人修复。

第十章

城市轨道交通网络化运输组织

随着城市轨道交通新线的不断开通运营,城市轨道交通网络化运营问题也随之产生。

目前,北京市城市轨道交通线网总长已经达到440km,共有北京地铁1号线、2号线、4号线、5号线、6号线、8号线、9号线、10号线、13号线、15号线、机场线、八通线、昌平线、大兴线、房山线、亦庄线16条线路在运营,车站总数达到217个,已初步形成了网络化。2012年11月10日,十八大代表、北京市委常委、副市长陈刚在北京团开放日表示,北京目前轨道交通投资额已经达到2 600亿元,未来还将投入1 000亿元,修建660km长的轨道交通网络。至2015年,北京线网规模达到19条线路,共计561.5km;至2020年,规划运营里程达1 000km,日客运量达2 000多万人次。届时地铁线网密度将大大提高,北京轨道交通将进入高度网络化的时代。

北京地铁网络规划图(2020年)如图10-1所示。

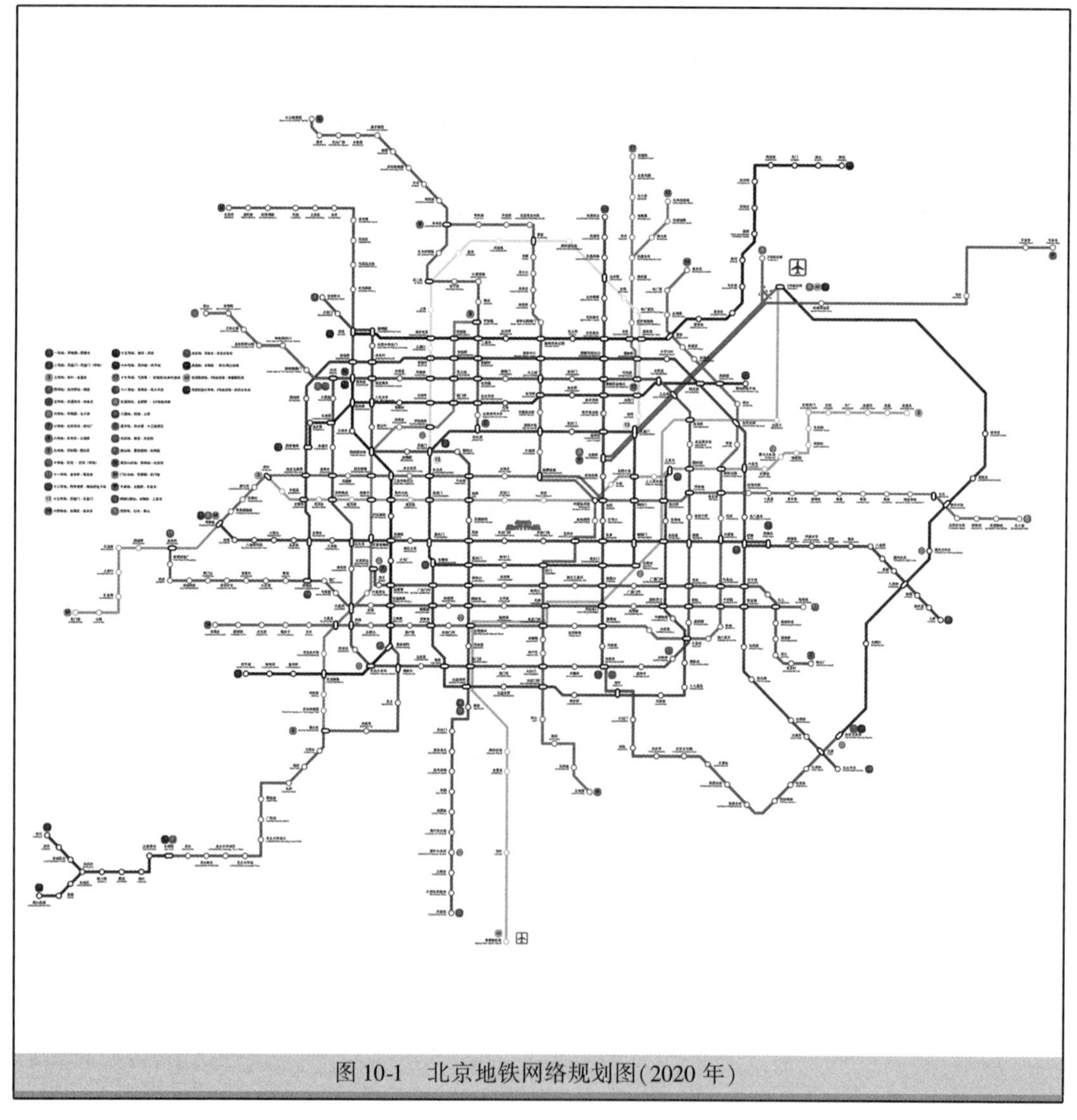

图10-1 北京地铁网络规划图(2020年)

截至 2012 年 9 月 1 日，上海轨道交通全路网已开通运营 11 条线、287 座车站，运营里程达 450km(含磁浮线 29.863km)，也已初步实现了网络化规模。《上海市城市公共交通“十二五”规划》指出，到“十二五”末，上海市将力争形成 600km 左右的轨道交通运营网络。到 2015 年，中心城市轨道交通客运量占公共交通客运量的比重达 50% 左右，日均 860～900 万乘次。上海轨道交通网络远景规划将达 22 条，总长超过 1 000km。上海也将进入高度网络化的时代。

上海地铁网络规划图(2020 年)如图10-2所示。

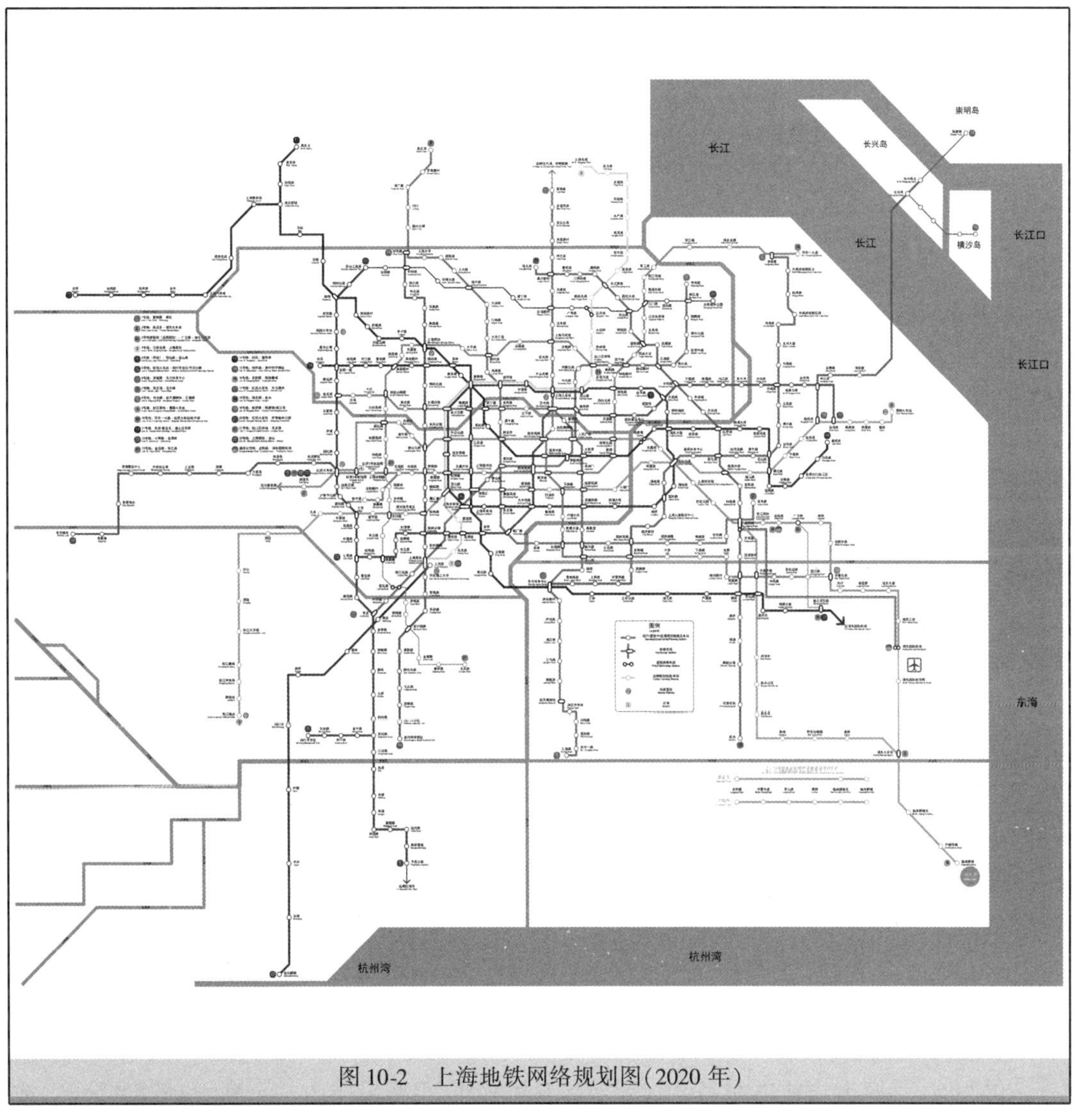

图 10-2　上海地铁网络规划图(2020 年)

改革目前不适应网络化运营要求的运营体制势在必行。通过持续改进和不断创新，积极应对城市轨道交通网络化所带来的运营问题，充分发挥网络的整体效益，使其具有世界一流的服务水平和运营绩效，这是城市轨道交通运营企业追求的永恒目标，更是目前国内大城市轨道交通运营企业战略发展的重中之重。

第一节 网络化运输组织体系架构

一 概念和基本特征

1 城市轨道交通网络化运营的概念

城市轨道交通网络化:不同走向的城市轨道交通线路通过换乘车站进行联结,形成一个规模大、功能强的网络系统,并通过空间和设备,使各线路之间实现“互联互通、资源共享”。

城市轨道交通的网络化运营:是指针对城市轨道交通形成网络后产生的运输组织多样化、设备制式多样化的特征,通过建立安全、高效、系统的城市轨道交通网络运营管理体系,统筹安排既有资源,统一协调线、网间关系,实现线、网运营的有效性、安全性和可靠性,实现网络运营的社会效益、经济效益最大化。

通过对莫斯科、纽约、巴黎、东京、伦敦等城市轨道交通网络的研究发现,这些城市的轨道交通虽各有其特点,但却具有网络运营的共性。

2 城市轨道交通网络化运营基本特征

城市轨道交通网络化运营基本特征如下。

(1)复杂的网络结构。具体体现在:

①直径线或放射线与环线相交,在环线上形成许多换乘车站。

②城轨的超长线路连接市中心与副中心、市区与郊区,主要应用于通勤交通。

③很多城轨线路在现有铁路线的基础上发展而来,城轨和铁路有不同的定位功能,但两者可以有效整合资源。

(2)集中的经营管理。

相对集中性是城市轨道交通经营管理具有的特性,主要采用由一个独立经营的公司,或以一个为经营主体公司、其余为辅助的管理模式。如纽约的地铁系统在纽约市运输局(简为MTA)的管理下运营;日本的地铁线路由两个公司共同运营,并且以负责 8 条地铁线路运营的东京地下铁株式会社(Tokyo Metro Co. ,Ltd.)为主。

(3)多样的运营需求。

由轻轨、地铁及其他轨道交通系统组成的城市轨道交通网络具有不同的客流特点、功能和技术条件，这必然产生城市轨道交通网络系统中多样化的线路形式、功能和制式，多样化的车辆制式和信号制式，多样化的列车运行方式，多样化的维修保养方式，以及其他交通方式衔接需求的多重性等与单线运营不同的特征。另外，由于网络化所带来的系统互通管理、乘客换乘等要求，也呈现出多样性的运营管理需求。

(4)协调的运营组织模式。

网络化运营使各线路间在技术经济等方面有着高度的关联性，相互协调是运营组织的关键。运营组织的协调管理能够实现城市轨道交通运行协调、管理统一、资源共享，发挥整体效益，是实施城市轨道交通网络化运营的根本途径。

(5)便捷的换乘。

城市轨道交通网络一旦成熟就必须非常注重乘客的换乘，尤其是网络中重要的大型客流集中点的换乘站布置。大型换乘枢纽的设计和运营管理显得尤其重要，其中站型设计、设施设备、选址、换乘线路间的票制以及与其他交通方式的换乘驳接、乘客导向系统等，都应本着人性化的服务原则进行整体考虑。

(6)共享的资源。

共享资源是城市轨道交通网络化运营管理的重要组成部分。集中统一的运营权有利于多条线路共用控制中心、票务中心、换乘站、车辆段和综合维修基地、仓储中心、办公设施、主变电站等有限资源。共享的资源还应体现在共享信息、共享人力资源的配置上，以充分发挥具有规模效益的运营管理。

二 城市轨道交通网络化运营管理构架构建总体思路

1 网络化的构建体系

为达到网络运行高效的目的，网络化运营管理架构必须首先改变线路的单一运营模式，立足于网络、服务于网络。进入网络化运营阶段之后，运营管理的工作重心已从关注单一条线内部各个系统的协调，变成为关注某一个系统在不同线路间的协调。这就要求改变传统的“小而精”的线路式运营模式，通过组建专业管理中心的方式强化各系统内部的协调能力，做到各个系统集中的管理协调以及集中的人力资源，形成“线面结合”的网格化管理架构。

2 扁平化的管理架构

随着网络规模不断扩大，为了达到降低运营管理成本、提高运营管理效率的目的，需根据城市轨道交通的行业特点进行“扁平化的管理”：将垂直的组织部门架构转变为以业务为中心的、以流程为基础的、横向的扁平化的结构组织，增大管理幅度，减少中间层次，保证整体网络的信息顺畅流通以及管理指令响应及时、快速下达，有效提升网络管理的质量和效率。

3 信息化的管理手段

网络化运营系统是一个复杂的动态系统,处理的数据量大、涉及的专业系统多。为提高网络化运营管理水平和管理效率,需要利用信息化方法,对网络化运营中的各种相关业务有效整合,建立专门的信息化系统,用先进的信息化技术和计算机技术实现高效的业务管理,从而实现高效率的网络化运营和信息化的管理手段。

4 集约化的资源利用

作为网络化建设阶段共享资源工作的拓展与延续,网络化运营阶段各类资源利用的集约化也是必须准确把握的重点工作之一。网络运营共享资源具有广泛性、长期性、多样性等特点。通过统筹使用网络备件、人力、车辆、检测设备、物资材料、维修设备、计量器具、抢修设备等各类资源,降低网络运营成本,实现网络发展的可持续性。

三 城市轨道交通网络化运营管理体系

1 线路式管理构架

线路式管理构架的管理核心在线路,主要特点是:拥有充足的运营资源,每条线路设一个线路总经理;把一条线路作为一个为乘客服务的整体,包括信息、车站、列车等方面;各条线路实行独立核算。伦敦地铁采用线路式管理构架,其构架如图10-3所示。

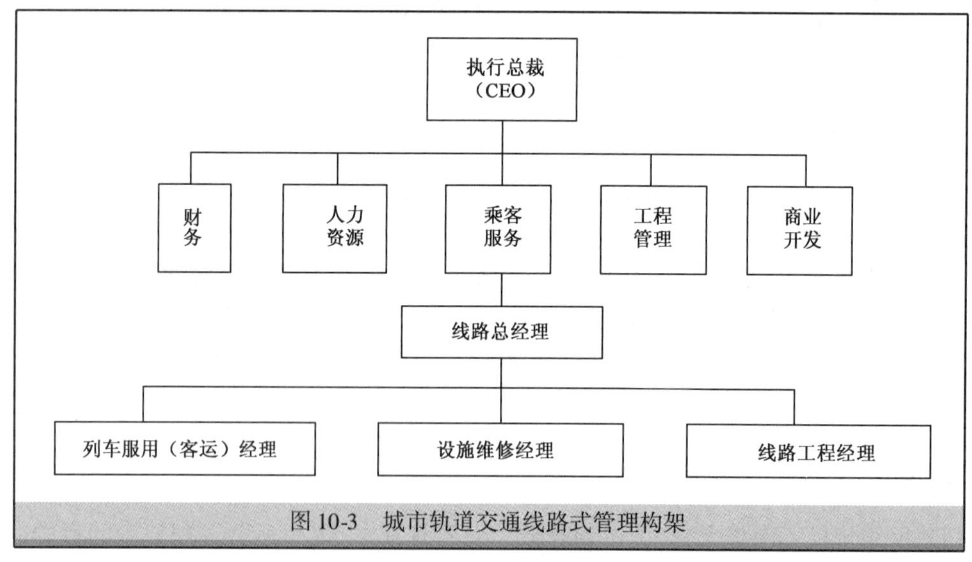

图10-3 城市轨道交通线路式管理构架

2 完全集中式管理构架

完全集中式管理构架的管理核心在公司。该模式将决策、管理层放在上面,线路和专业保障主要以部门管理和执行为主。巴黎、纽约、莫斯科、香港、东京等城市轨道交通采用统一运营、集中管理体制，如图 10-4 所示。

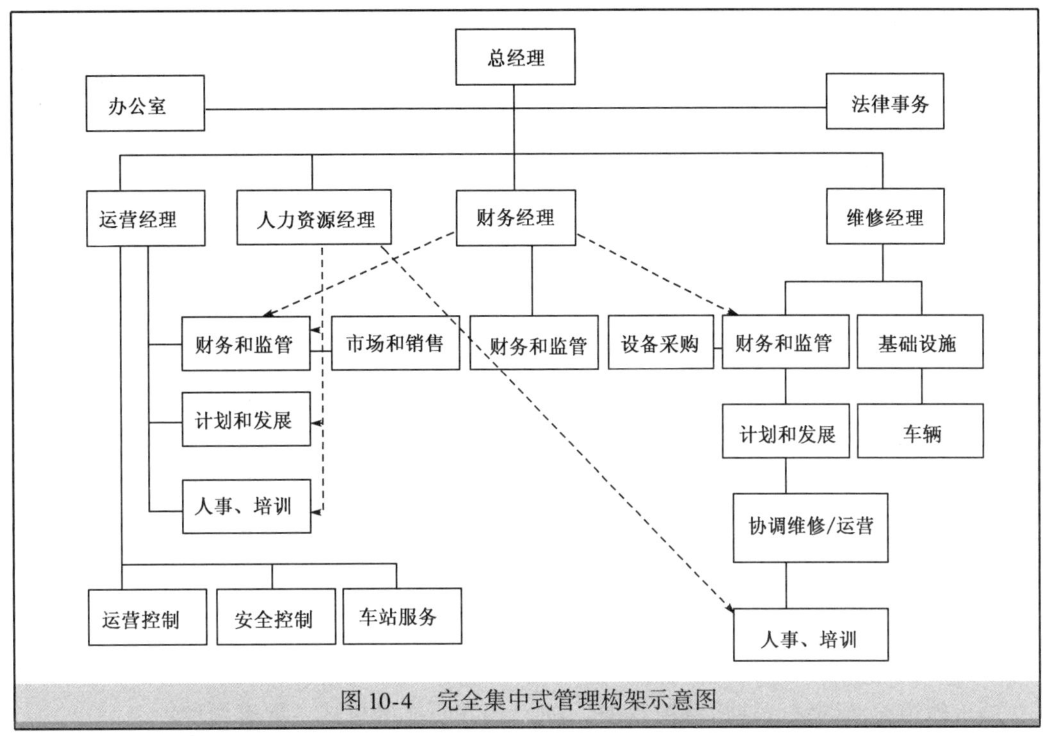

图 10-4　完全集中式管理构架示意图

3 分级集中式管理构架

分级集中式管理构架是分层次式管理，即战略规划、发展、协调和一些需共享资源的工作等以公司为主，操作、执行、绩效以分公司为主。管理层次包括管理决策层、技术管理层、决策执行层等。其管理内容、决策形式及特点见表 10-1。

分级集中式管理构架　　表 10-1

管理层次	决策模型	管理内容	管理特点
管理决策层（高层）	战略决策	制定公司战略发展目标	长期、复杂的管理决策，对整个企业非常重要
技术管理层（中层）	策略制定	为企业高层提供信息，协调落实运营生产任务	中期的管理策略，对单个部门非常重要
决策执行层（底层）	运营实施	对员工工作的说明和要求	短期的管理实施能反应企业效绩

四 城市轨道交通网络化运营系统

随着城市轨道交通客流量和总里程的不断加大，整个城市轨道交通系统将会形成“一个网络”，运营管理也将逐步由单线独立运营管理向多线综合运营管理的方向发展。未来的城市轨道交通网络运营管理将呈现出多元化的经营主体,复杂的网络形式以及多样化的线路形式、运行组织方式、设备功能和制式,客流高波动和高增长性等特点。

为了做好网络化运营组织的综合协调管理,实现城市轨道交通共享资源、管理统一和运行协调,必须在原有职能部门的基础上,进一步调整运营组织管理职能,通过构建网络运营监控中心、区域运营监控中心、应急中心、票务中心、物流中心、信息中心,加强对网络化运营的集中控制。

1 综合运营协调中心

城市轨道交通网络综合运营协调中心(Comprehensive Operation Coordination Center,COCC)负责网络各种运营状态下的运营总指挥总协调,建立列车运营管理信息、乘客信息、设备信息以及管理信息的平台;同时,建立一套自上向下的、各种运营状态下的、覆盖所有岗位的、固化的运营管理流程;通过共用信息平台相互沟通共享信息,利用共用信息平台的支持,完成整个城市轨道交通网络线路系统协调运作,各线路区域运营监控中心 OCC 均为其子系统。

2 区域运营监控中心

城市轨道交通网络区域运营控制中心 OCC 组织行车的模式主要有两种:

(1)线路控制模式,即在每一条线路设置独立的 OCC。

(2)区域性控制模式,即一个城市中有不同运营主体,各运营主体在其管辖线路范围内设立的 OCC 服务于相关线路的日常运营管理。

3 应急处置中心

城市轨道交通网络应急处置中心,简称 ETC(Emergency Treatment Center)。ETC 是处理城市轨道交通网络突发事件的综合指挥中心,同时又是服务于应急联动中心的一个基本行业单元。当有重大事故发生时,有关人员可集中在应急中心,通过专用的通信设施,了解、汇总有关场所的语音、视频和数据信息,实施应急指挥。其主要职责包括应急预案的制定和管理、协调指挥、信息传递和共享、应急联动等。

4 COCC、OCC 与 ETC 工作模式

COCC、OCC 与 ETC 工作模式如下:

1)正常运营

等级 1:列车没有发生 5 分钟以上延误,设备运行状态正常,车站客流没有波动。

(1)COCC 监视各线路行车及设备状态,进行运营数据分析统计。

(2)OCC 监视线路运行状态,按运行图组织行车。

(3)枢纽/车站监视车站客流变化。

2)非正常运营

(1)等级2:因设备故障、人车冲突、客流波动等突发事件造成列车发生5分钟以上15分钟以下延误。

①COCC通知区域维修中心现场处置,视情况下达运营调整方案和限流措施。

②OCC处置突发事件,调整运营,向枢纽站发布延误信息。

③枢纽/车站执行COCC命令,监视车站客流情况,加强客流疏导。

(2)等级3:因设备故障、人车冲突、车站客流达到80%等突发事件造成列车发生15分钟以上30分钟以下延误。

①COCC通知区域维修中心现场处置,下达运营调整、限流措施,命令OCC发布延误或限流信息。

②OCC处置突发事件,调整延误的列车,发布延误、限流等信息。

③枢纽/车站按照命令执行预案,实施限流、分流措施,加强客流疏导。

3)紧急状态下运营

(1)等级4:因灾害性气候、设备严重故障等造成列车发生30分钟以上延误或中断运营,或2条以上线路发生15分钟以上30分钟以下延误及中断运营,线路列车运行秩序严重紊乱,线路运营组织方案发生重大变化;换乘车站客流达到"客流爆满"等级。

①COCC通知区域维修中心现场处置,申请公交配套措施,下达运营调整、限流、发布延误(或限流、分流)信息命令。

②OCC处置突发事件,执行运营调整方案,发布分流乘客、延误、限流、封站等信息。

③枢纽/车站按照命令执行预案,实施限流、分流措施,加强客流疏导。

(2)等级5:因火灾、毒气、爆炸、恐怖袭击等社会公共安全事件造成线路运营中断、网络运营大面积瘫痪、群体性伤害事件。

①ETC成立现场应急指挥小组,制订抢险方案,调整相关线路运营组织方案;向市应急联动中心汇报现场情况,或请求抢险配合。

②COCC按ETC命令,协调公司内部资源先期处置;申请公交配套措施,下达运营调整命令和限流命令,发布延误、封站、限流等信息。

③OCC执行COCC下达的处置、运营调整方案,执行车站、区段封站命令,命令车站疏散客流,发布延误、限流、封站等信息。

④枢纽/车站按照预案执行COCC限流、分流、封站命令;组织疏散车站客流,配合开展先期处置。

上述模式为一种适应城市轨道交通网络运营要求的新模式,即在城市轨道交通网络中建立一个运营监控中心,并具备应急指挥中心功能,主要用于运营监控与协调、应急处置、信息服务等方面。各线路的运营控制中心均为运营监控中心的子系统,运营监控中心不直接参与各线路的日常运营管理,而主要对城市轨道交通网络的环境状况、车站设施运行状况和客流状况等实施监控,在紧急情况下,按照预案向线路控制中心发出指令,辅助抢修和救援工作。运营监控中心的运作流程如图10-5所示。

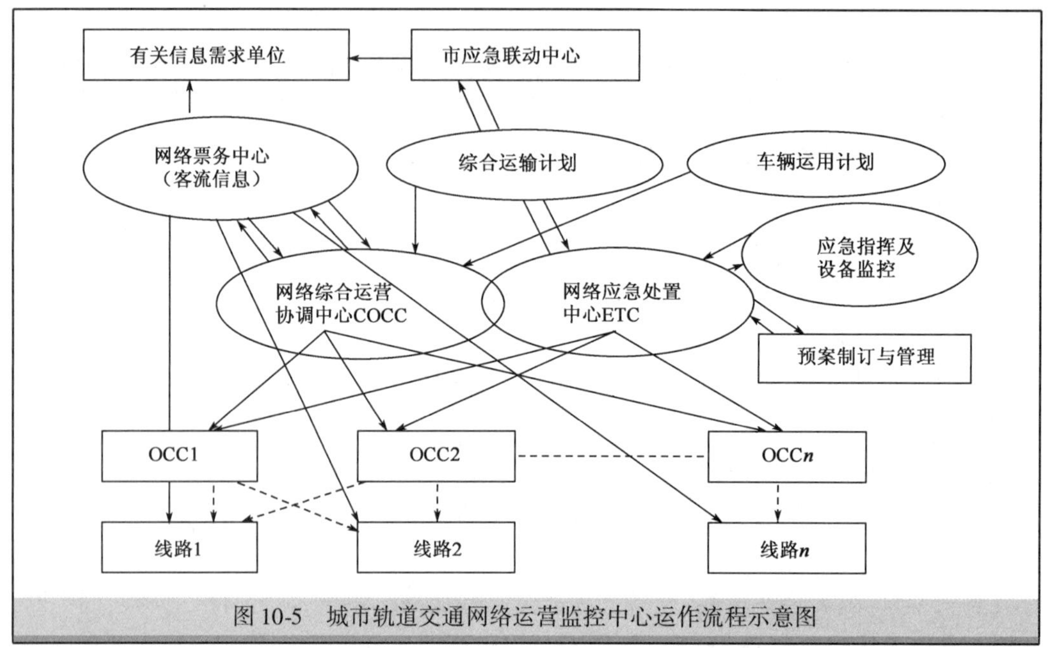

图 10-5　城市轨道交通网络运营监控中心运作流程示意图

5 网络票务中心

网络票务中心简称 ACC。网络化运营的城市轨道交通票务系统可采用分级集中的构架，必要的网络化功能由网络票务中心承担，其运作流程如图 10-6 所示。网络票务中心 ACC 的基本功能有：车票发行、票务清分、账务管理、车票使用管理、票务数据管理、安全管理、报表统计、参数管理、模式管理、运营管理、系统维护和接人测试等。

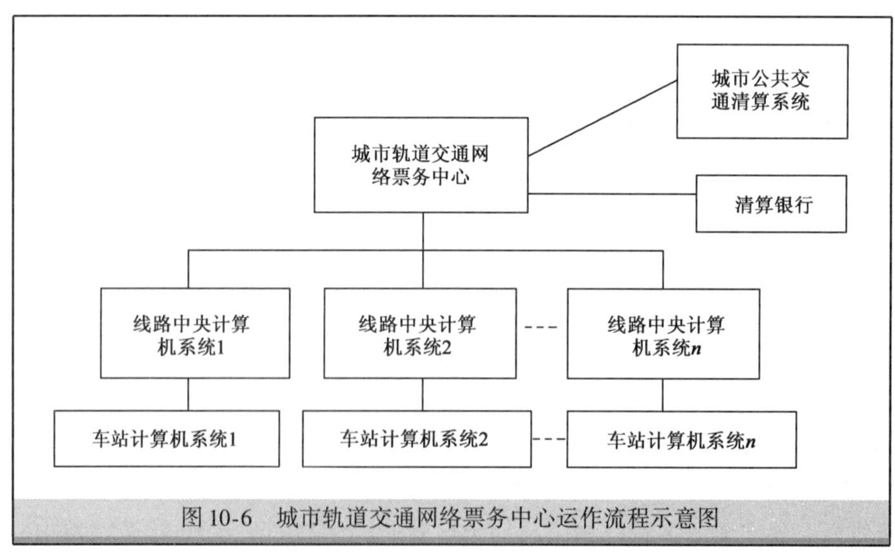

图 10-6　城市轨道交通网络票务中心运作流程示意图

6 网络信息中心

网络信息中心的建立旨在促进城市轨道交通网络运营的信息化。网络信息化体系如

图 10-7所示。虚线框内为业务应用层，其中：网络运营管理信息包括客运服务、运输计划、运营指标、运输决策、运营安全、运营协调、调度指挥、客流管理、售检票等方面；网络生产管理信息包括运力资源、经营管理、办公管理等方面。这些主要的信息系统可以根据发展需要进行重组和扩充。虚线框外的部分为城市轨道交通网络运营信息化体系的公共基础平台，为业务应用层的各系统提供公用基础环境。

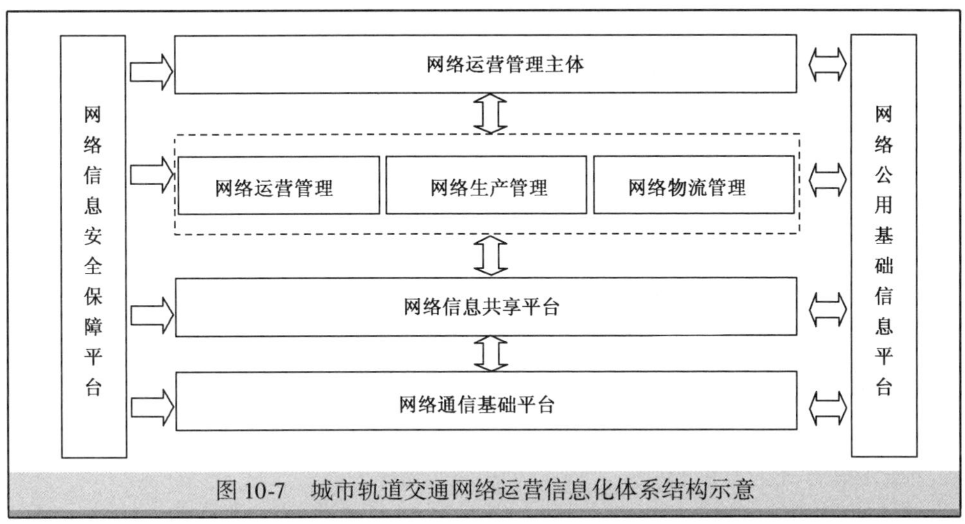

图 10-7　城市轨道交通网络运营信息化体系结构示意

7 网络枢纽站运营管理

对于设备布置统一、共享资源的城市轨道交通枢纽站，应采用“一个站长、一套班子、区域控制、隶属一条线”的管理模式，从而实现运营资源共享化、行政管理集中化、运营指挥信息化。城市轨道交通枢纽站管理组织结构见图 10-8。

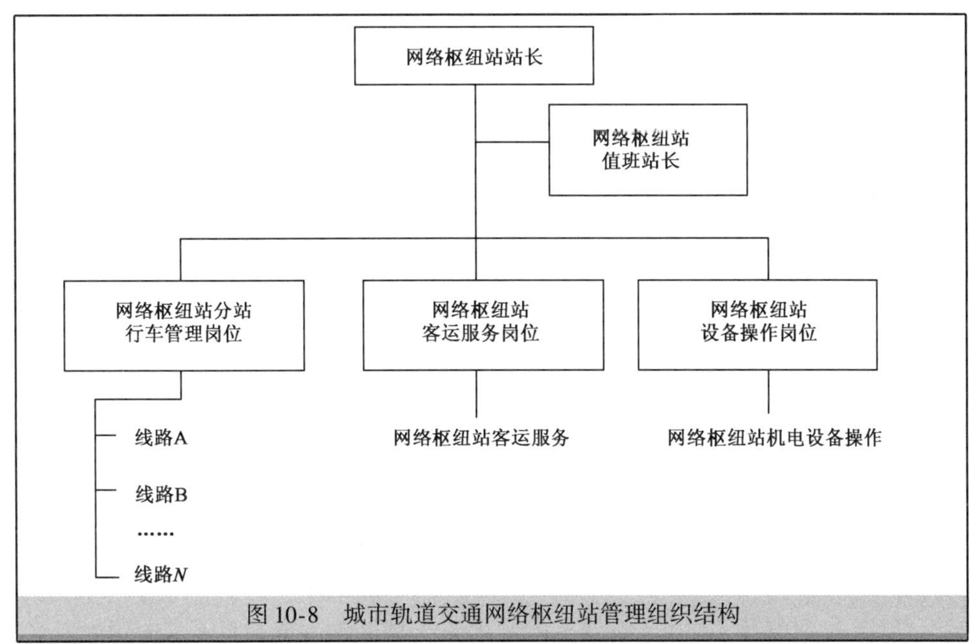

图 10-8　城市轨道交通网络枢纽站管理组织结构

五 城市轨道交通网络化运营维修体系

1 城市轨道交通网络化运营的基本维修模式

基本维修模式主要有三种：

(1)运营和维修不分开，即由同一个城市轨道交通运营企业负责。如莫斯科地铁、纽约地铁、东京地铁等。

(2)运营和维修分离，即将企业运营和基础设施部分相分离，成立独立的公司。典型案例为伦敦地铁。伦敦地铁作为一个企业，拥有基础设施，负责行车组织工作，设施的维修则采用外包形式。

(3)主体运营和维修由企业负责，个别运营和维修任务对外承包给相关企业。如柏林地铁仅清洁工作和车辆维修采取了外包形式。

总之，集中管理是世界上大多数城市轨道交通企业采取的方式，但在效率上还有待提高。国际城市轨道交通协会组织的分析指出，未来实行自主集中维修与运用外部资源是城市轨道交通维修方式的发展趋势。

2 网络物流中心

网络物流中心负责维修及其他业务中所需的材料、机具、仪器、零件等的物料规划、采购、仓储管理等事项，并承担部分物资的预算和成本控制职能。网络物流中心采用一级总库、分散布点的方式，根据城市轨道交通网络的规模和布局，在沿线或综合维修基地建设若干物资分库，减少各需求单位物资积压，提高物资共享程度，确保物资供应的及时、有效。物资采购流程见图 10-9。

3 区域维修中心

在各专业分公司建立符合线网特点的区域性抢修(维修)中心的基础上，构建综合性的区域抢修(维修)中心。通过共享抢修(维修)中心的各种资源，从而缩短设备故障响应时间，降低维修成本，提高效率。

六 城市轨道交通网络化服务若干问题的提出

城市轨道交通网络化的实现，有效缩短了乘客花费在路途上的时间，体现出了城市轨道交通系统迅捷、便利的特点。如果说，单条线路提供的是“线的服务”，只有靠近“沿线”的乘客才能受益。那么，通过网络间的换乘，城市轨道交通网络提供的是“面的服务”。只要乘客出行或目的地车站在轨道交通网络涵盖的范围内，就可通过换乘，方便地实现出行目的。与单线运营相比，乘客需求也发生了本质上的变化。表 10-2 是部分乘客需求的变化。

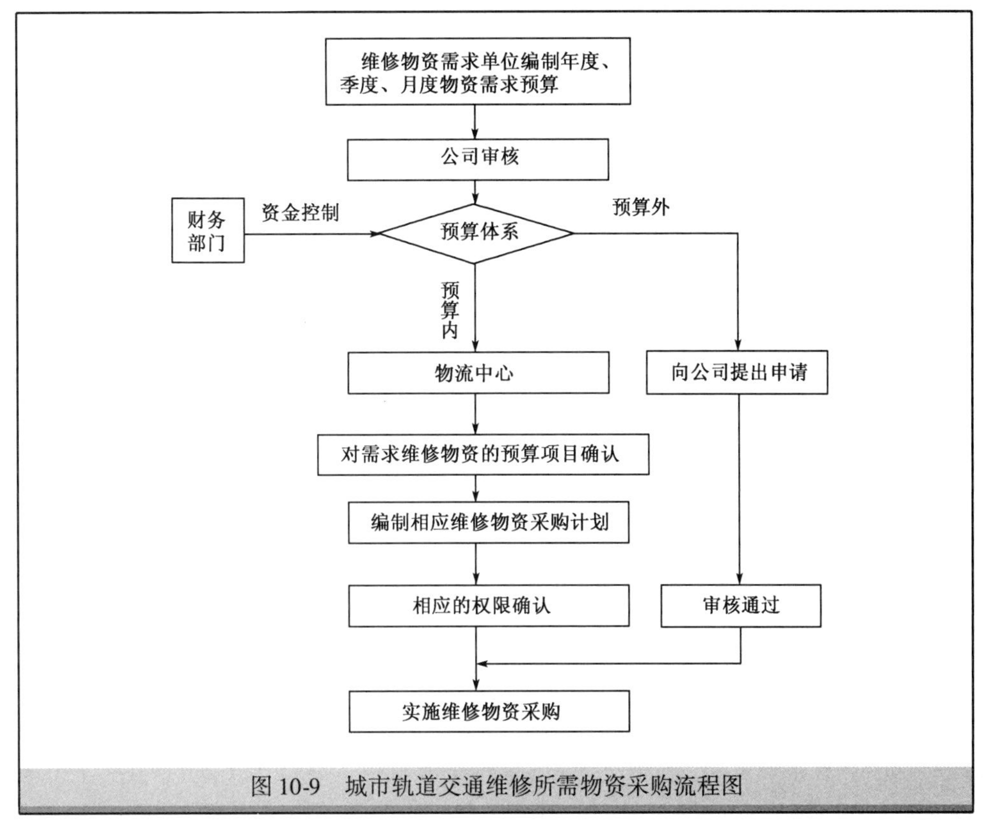

图10-9 城市轨道交通维修所需物资采购流程图

部分乘客需求的变化表

表10-2

项 目	乘客需求	单 线 运 营	网络化形成后
1	票价表	起始站与本线各站的票价	本线及网络内所有车站的票价
2	首末班车时刻	本线各站	本线及网络内所有车站
3	线路示意图	本线	网络图,标明换乘车站
4	列车信息	本线	本线及其他线路的运营状况

上述乘客需求的变化仅是目前能直接感知的部分。随着城市轨道交通网络化的形成,任何信息和乘客需求还将按网络中的车站总数量成倍增长。例如,目前网络有80座车站,其中任何一座车站就应当有对应其余79个车站的票价表。然而当网络扩大到200座车站时,任何一座车站将是对应其余199个车站的票价表,该表如何设计才能方便乘客查询?用何种手段向乘客公示票价表?如此"庞大"的票价表如何制作?一系列的问题都是城市轨道交通形成网络化后,在带给乘客方便的同时,对提供运营单位的服务提出的新要求,需要我们进行深入思索和探究。

此外,城市轨道交通网络化的建成运营,又给车站服务提出更新更高的要求。无论是车站的硬件(如乘客导向系统、车站设备布置等),还是软件方面(如车站服务员的态度、处理突发事件的能力等),都将面临新的考验。以下是几个问题的提出(假设运营网络中现有80个车站,5条线路。未来运营网络中车站总数达到200个)。

1 首末班车时刻

为确保运营安全,城市轨道交通设施,如列车、线路、架空线、供电设备、售检票设施、通信、信号等都需要在每日运营结束后进行例行检查、保养,因此目前的城市轨道交通还不具备 24 小时“全天候”运营的条件。再根据各线路客流的不同,车库的地理位置不同,必然形成各线路结束运营的时间不同。乘客能否实现末班车换乘,就取决于能否赶上需换乘线路的末班车。由于乘客的换乘是通过换乘车站实现的,因此问题就可以简化为:在 80 座车站,公示本线路中换乘线车站和被换乘线路的首末班车时刻。

随着城市轨道交通的建设,网络内的换乘车站也将越来越多。各换乘车站间的信息交换问题,如何便于乘客查询,就需要我们进一步研究。

2 票价表

目前,票价有三种表示手段:触摸式液晶显示的票价查询机、表格式票价表和票价手册。前者一般与自动售票机连接,即每个车站都有预制的本站与网络内其他车站的票价表,乘客只要指定终点站的站名,就可以知晓相应的票价。后者是按线路和车站编排的表格式印刷品,一般张贴在人工售票处供乘客购票时对照选择。票价手册是反映网络中任意两个车站间的票价汇编。其中,票价手册是按线路编号制作的,例如目前只有五条运营线路,则任何一条线路都应有五张票价表。如:一号线的票价手册就包含有:1-1、1-2、1-3、1-4、1-5 共五张表格,包含“一一对应”的数据 $80 \times 80 = 6\,400$ 个。其他四条线路也有这些数据需要表达。换言之,N 条线路的数据量是 N 个 N。

随着网络的扩大,如果车站总数达到 200 个车站时,将是 200 个票价表,每张表格又包含 $200^2 = 40\,000$ 个数据量,将形成“票价书”,乘客的查询量将十分庞大。这就是网络化带来的“难题”,需要我们进行研究,提出切实可行的解决办法。

3 列车信息

城市生活的快节奏,决定了乘客对出行工具的“方便、快捷”要求。当乘客在车站候车时,最迫切的需求是知晓列车进站的时刻。目前,许多城市轨道交通系统设置在车站站台的等离子显示屏已可向乘客告示进站列车的信息,但是仅限于本线路的信息。

当网络中任何一条线路发生“非正常运营”状况时,必然会影响换乘。同时,由于不能及时进行信息传递,其他乘客的继续“涌入非正常运营线路”也会不必要地造成客流组织的困难,甚至延长故障排除的时间。

如何在网络内迅速、及时、准确地进行信息传递,并将相关信息及时向乘客发布以便乘客选择最佳的出行方式是城市轨道交通网络化带来的又一个新课题。

4 线路图示意

中心城市的开放性决定了城市轨道交通乘客的多样性。非本市的中外乘客,尤其是首次来到该城市的乘客,特别需要知晓该城市轨道交通各线路的编号、走向、车站、各线路间的换乘站名等信息。

对于本市乘客,更多的是需要了解城市轨道交通新建线路的走向、站点设置、新建线路投运时间等信息。

为此,运营线路示意图满足了前者乘客的需求;城市轨道交通规划图(可在“城市交通网站”进行查询)能满足后者乘客的需求。一般在新线路投入运行时,就需要对运营线路示意图进行一次重新制作。随着线路的组成不断增多,达到200个车站时如何编制线路运营图也需要进一步探索。

综上所述,随着网络化运营的来临,城市轨道交通运营公司对运营管理和乘客需求也应与单线运营管理有着本质的区别。作为城市轨道交通运营管理部门,通过研究乘客需求,以持续改进、不断提高服务质量,进而形成城市轨道交通客运服务现代化的理念,才是时代的要求。

第二节 网络化运输组织模式

综合国内外典型城市轨道交通网络互联互通的实践经验,适用于城市轨道交通网络化运输组织模式主要包括过轨运输、共线运输、多交路运输、快慢车结合运输和可变编组与多编组运输5种。

一 过轨运输

1 基本概念

过轨运输,是指在相互衔接的两条或多条轨道交通线路上,列车从一条线路跨越到另一条归属于另一个运营实体的线路,从而与该线路上的原有列车共用某一区段的运营组织方式。

过轨运输形式实际上就是利用归属两个以上运营实体的线路开行按一定组合形式和发车频率的列车,它可以更好地利用过轨区间的通过能力,为乘客提供更高效的出行方式。

2 过轨运输的特点

总结历史经验和国内外的实例,不同制式之间的城市轨道交通线路过轨运输的不兼容性主要体现在以下4个方面:线路及车站设施、车辆与信号设施、运营组织、规章制度。

通过对这4个方面的分析和归纳，我们总结出过轨运输需要解决的主要问题，具体包括：

(1)在参与过轨运营方式的既有线路制式差异较大时，考虑过轨运营方式所要求的系统兼容性，需进行线路制式改造。

(2)过轨运营的实现需要不同线路上的列车要有较好的运营协调组织，由于多样化的轨道交通服务，不同交路形式的服务使行车组织变得复杂。

(3)由于不同轨道交通线路系统的列车在共享路段上实施过轨运营时的行车组织比较复杂，在一定程度上增加了运营安全性的风险。

虽然过轨运输的实现会遇到很多的困难，但是它的优点也是同样不可忽视的，正是这些优点促使着人们对过轨运输不断地创新和实践，具体优点包括：

(1)减少建设成本，避免与一条能力富余的线路平行建设及维护、运行。

(2)利用现有的线网扩充轨道运输能力、提高服务水平。

(3)通过延伸线路和相互过轨的方式来鼓励运营主体间服务协作，以减少乘客换乘。

(4)可以实现不同运营主体之间制度的统一，如清算中心的发展。

3 过轨运输的分类

目前，常见不同技术制式之间的过轨运输主要有以下5类：

(1)地铁与市郊铁路的过轨运输。

(2)轻轨与城际铁路的过轨运输。

(3)轻轨与货运铁路的过轨运输。

(4)通勤铁路与路面有轨电车线路的过轨运输。

(5)轻轨与路面有轨电车线路的过轨运输。

二 共线运输

共线运输是指某一运营公司所辖运行线路不完全相同的列车共用某段线路的运输组织方式。某些场合下，一条线路在末端因满足不同出行方向需求而形成的不同方向的列车共用中心城区线路的方式(通常称支线运输)也是一种共线运营形式。

在共线(支线)运营区段，干、支线的列车按一定的组合形式和发车频率，在线路上追踪运行，共同分配共线区间的通过能力。图10-10给出了一种最基本的共线(支线)运营形式，即“Y”形线路。

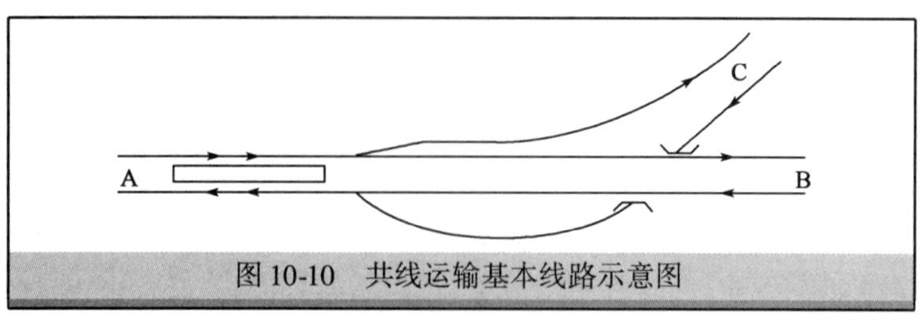

图10-10　共线运输基本线路示意图

虽然支线运输和共线运输在运输组织方面无严格差别，但它们与过轨运输相比，还是具有一些异同点：

(1)三者均是通过在某一特定区段开行分属两条或两条以上线路的列车，从而使该区段内的乘客无需换乘即可到达目的站。

(2)列车在过轨或共线区段按特定的组合节拍追踪运行，共同分配该区段的线路通过能力。

(3)过轨运输的线路，列车制式可能不同，且过轨线路分属两个或两个以上运营实体；共线运输中的干支线线路、运输车辆一般归属同一运营方，且线路、列车制式相同。

(4)通常，过轨运输的列车在过轨区段和本线既有列车无主次之分，按照过轨协议分配通过能力；共线运输中支线列车在共线区间处于次要地位，应优先满足干线列车的开行需求，在能力富余的情况下再考虑支线列车驶入干线区段。

上海地铁10号线支线运输如图10-11所示，上海地铁3、4号线共线运输如图10-12所示。

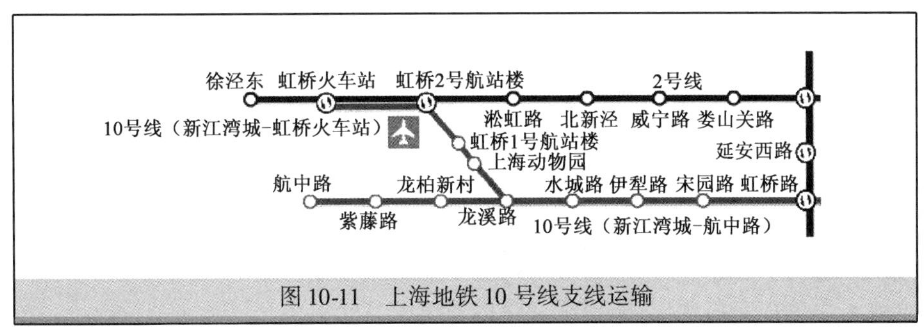

图10-11　上海地铁10号线支线运输

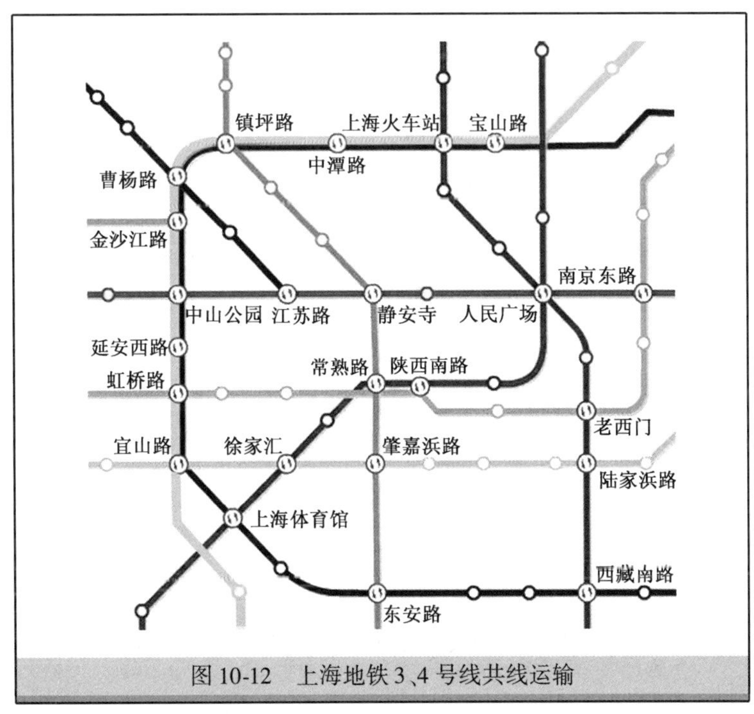

图10-12　上海地铁3、4号线共线运输

三 多交路运输

多交路运输是指针对较长线路上客流分布的区段差异性,某一运营商在同一线路上开行两种或两种以上交路形式列车的运输组织方法。从功能上看,多交路运输主要服务于中心城和市郊之间的长、短距离出行并存的线路。

多交路的行车组织方式,一方面可以促进运力与需求的更好匹配,另一方面还可以节约列车资源,确保全线各客流区段内列车的合理负荷与服务水平。显然,多交路运输对于满足长线路的运输需求、提高服务水平和运营效益、有效利用运输能力具有十分明显的作用。

一般而言,在穿行于城市中心区、边缘区与郊区的长线路上设置多交路,与城市空间布局存在相互适应的关系,如图 10-13 所示。

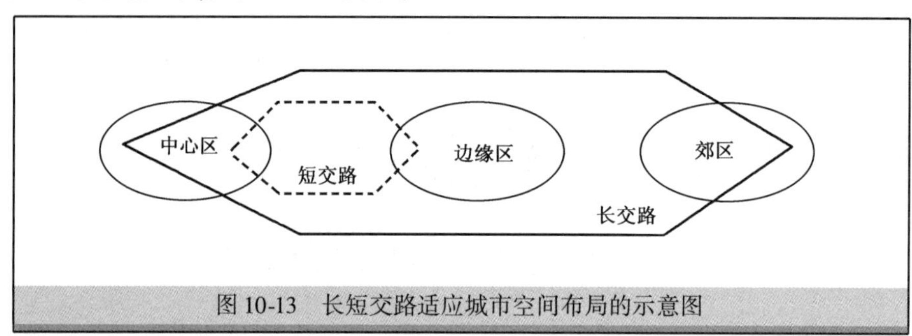

图 10-13 长短交路适应城市空间布局的示意图

与全线采用单一交路相比,采用多交路运输组织方式主要有以下 4 个特点。

1 适应客流需求

多交路运输基本要求和目的就是根据客流特征设定交路组合,以在最大限度上适应客流发生规律,缩短乘客候车时间。

2 提高运输效率

通过多交路运输组织,可以有效提高各个交路的列车满载率,能加快短交路列车的周转,从而降低运营成本,提高运营效率和收益。

3 折返站等设施设备要求

对折返站相关地面信号的设置要求较高。无论是单向还是双向折返,都需要较为复杂的折返作业。

4 列车的直达性

在全线由短交路衔接的组织方式下,运行在区段的车流需在折返站清客,所有列车需在折返站折返换端,列车运行间隔时间较长。同时,在折返站(换乘站)容易形成相对大客流,站台客流的压力较大。

四 快慢车结合运输

快慢列车结合是从运输组织适应客流特征的角度出发，根据线路的长、短途客流特点和通过能力利用状况，在开行站站停慢车（以下简称“慢车”）的基础上，同时开行越站、直达快车（以下简称“快车”）的列车开行方案。快车停靠车站选择是确定城市轨道交通快慢车结合开行方案时需解决的首要问题之一。

从轨道交通线路适应运输需求特征的角度出发，位于市区范围内的轨道交通线路，各站的乘客乘降量大且分布较为均衡，通常采用站站停的开行方案；而在市域快轨一类的长线路上，各区段断面客流分布常为阶梯形或凸字形，断面客流不均衡程度较大，单一的站站停的开行方案难以满足乘客的出行需求。

从提高轨道交通线路的运输供给能力角度出发，一方面，为了充分发挥轨道交通的作用，要求设置足够数量的车站，一般城市轨道交通的站间距为 1 公里左右（有的城市市区最小站间距甚至不足 0.5 公里）；另一方面，列车频繁的停站降低了旅行速度，也延长了乘客出行时间，同时其运行效率以及对线路的客流吸引力降低。因此，增设车站与缩短旅行时间是一对矛盾，这种矛盾随着线路增长而加剧。

开行快慢车可以有效减小轨道交通线路不同区间客流特征及列车频繁停站对线路运输的影响。

此外，长短交路的组合会带来部分乘客旅行时间的延长：长交路列车部分乘客的候车时间延长，跨交路出行的乘客需要换乘。针对这一情况，存在多交路运输的线路，往往配合开行快慢车的运输组织形式，在高峰时段和非高峰时段编制不同的列车时刻表，在一条线路上开行快车和慢车：在长交路开行快车，以缩短长距离区间的乘客旅行时间；而在短交路则仍开行慢车，适应沿线客流集散需求。

多交路运输和快慢车结合的网络化运输的一般形式如图 10-14 所示。

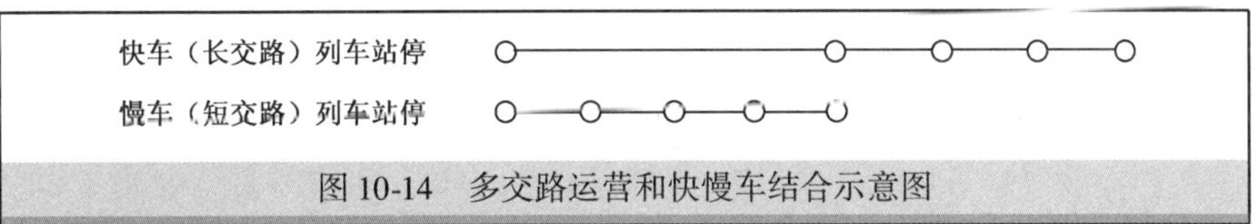

图 10-14　多交路运营和快慢车结合示意图

市域轨道交通线开行快车后，能提高列车的旅行速度，缩短旅行时间，为长距离乘客提供更高水平的服务；同时，可提高列车的运营效率，减少运营车辆数。但也会带来一定的负面影响，如由于列车越站运行，被越行车站的客运服务水平将有所下降，平均候车时间增加；在列车密度较高的情况下，快慢列车间将发生越行，降低了线路的通过能力。此外，过多的越行站会导致工程难度与工程造价的增加；而过少的越行站必然会影响线路的通过能力及列车的始发均衡性。

快慢车结合的运输组织，根据快车越行方式的不同，可以分为站间越行和车站越行两种。

1 站间越行

此类越行方式，一般要求越行区段为 3 线（双向共用越行线）或 4 线，快慢列车在线路的部分区段追踪运行,快车通过越行线越行慢车。

2 车站越行

此类越行方式,要求越行车站配备侧线。越行车站股道的一般设置方式如图 10-15 所示,包含 2 条正线(股道Ⅰ、Ⅱ)和 2 条侧线(股道 3、4)。

根据快车是否通过侧向道岔进入侧线(股道 3、4)越行,还可以进一步分为两种类型:正线越行和侧线越行。通常,从便于运输组织和保障快车运行速度的角度考虑,采用正线越行。

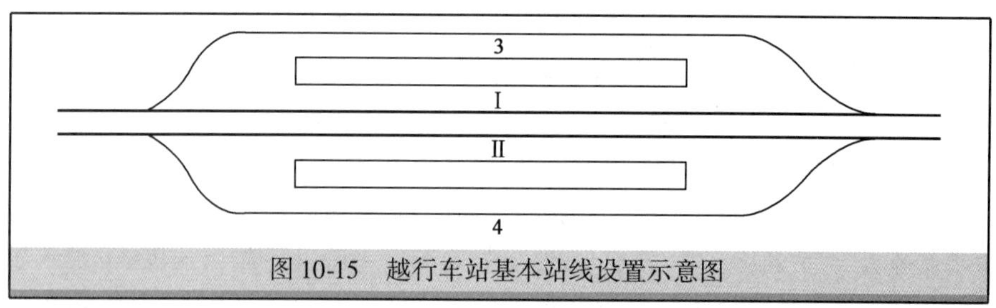

图 10-15　越行车站基本站线设置示意图

五 可变编组与多编组运输

可变编组是指针对城市轨道交通线路在不同区段所具有的客流差异性,在运行过程中改变编组形式的运输组织技术。当列车运行到设定的改变编组站点时,需要将一列车拆分为多列车或将多列车合并成一列车,并继续运行到目标站。

多编组是指针对轨道交通线路客流在不同时段或不同区段的差异,由车辆段事先设计并发出的具有不同编组长度的列车的运输组织技术。

从城市轨道交通形式出现到现在,国内外就城市轨道交通运输组织进行了大量的研究,在城市轨道交通运输组织方面也得到了实际应用:如巴黎地铁 14 号线采用小编组、高密度的行车方式;维也纳 2 号线列车采用 6 节编组,但可根据需要进行解编,通过改变列车编组,加上调节行车密度可以适应不同时期和不同时段客流量变化的需要。

1 可变编组

(1)按照拆分地点的不同,可变编组分为以下两种情况:在站台的拆改和在线路上的拆改。

①在站台的可变编组。当拆改作业发生在某车站时,该过程称为在站台的可变编组。在站台的拆改要求该站台具有一定的作业能力,拆改后的车辆根据实际要求有两种去向:拆分的一部分车辆在该站进行检修或驶入其他车站进行检修,剩余车辆部分编入其他列车运行或直接驶入其他线路。

②在线路上的可变编组。当拆改作业发生在某条线路上时,该过程称为在线路上的可变编组。线路上的拆分作业应该在不影响整体轨道交通运营的前提下,在支线上完成,并且整个拆分作业应具有可操作性,若整个过程时间过长或是对支线的正常运营造成影响,则不易操作。

(2)从客流组织的角度,可变编组又可分为带客拆改和不带客拆改。

①带客拆改。带客拆改,是指在整个拆改的过程中乘客不需要离开车厢,拆改作业完成后,乘客随新编列车去往相应的线路。该过程可以发生在有技术条件的某个车站,也可发生在某特殊线路(如"T"形线路)有客流分叉的点,并且在拆分前的客流组织工作中,列车工作人员应将详细的列车拆分去向通知乘客避免因坐错车厢而导致乘客不能到达原定地点。

带客拆改的发生有以下两个条件:客流量的大小和拆改需要的时间。其中,客流是拆改的依据,客流量应有一个上限,不能过大,过大则客流组织复杂,乘客延误的时间长,时间成本过高,失去了可变编组的意义。拆改时间也是带客拆改应该考虑的重点问题,整个过程应用时在5~10min,不能过短亦不能过长。

②不带客拆改。不带客拆改与带客拆改相反,不带客拆改是指拆分的车厢内没有乘客,拆分过程根据客流的需要进行,拆分后的车厢可编入其他列车,去往相应客流密集线路或是在车站等待重新编组。

2 多编组

列车编组方案的影响因素有:客流规模、车辆的电气参数、车辆的动力参数、载客参数、控制类型和车辆连挂方式。其中,客流是编组方案的基础和依据,随着轨道线网规划的不断完善,线路的网络化使得客流在具有一定规律的同时也呈现出较大的波动和变化,并且在每天的不同阶段客流的变化也很显著,所以,根据当前的实际问题提出以下两种多编组形式。

(1)基于全天不同时段客流变化的多编组——日常多编组。

对于北京、上海、广州等大城市来说,每天的客流量在不同时段有很大不同,超低峰、低峰、平峰、次高峰、高峰各时段每小时客流量比大约为1(0.5):3:5:10:14,相差很大。其中,高峰小时担负了全天客流总量的近14%;平峰时段最长,但小时客流量只有高峰时段的约1/3,既要采用比较短的列车运行间隔,保证一定的服务水准,还要保证较高的载客率,达到降低运营成本的目的;低峰、超低峰时段乘客稀少,应采用比较长的列车运行间隔来保持较高的载客率,亦可采用特小列车编组,以减小列车运行间隔。

所以,基于全天不同时段客流变化的多编组形式,就是针对全天的高、低峰客流情况,在满足乘客乘车需要的同时达到降低运营成本的可变编组形式。例如,法兰克福地铁,根据客流情况,同一线路在不同时间,有长列(9节)、中列(6节)和短列(3节)不同长度的列车运行,既满足,乘客需求,也保证了一定的车辆利用率。

(2)基于不同时期客流量变化的多编组——节假日多编组。

不同时期客流量,是指在节假日或者客流有大幅波动的时期,区别于一天内的客流高峰与低峰。

根据客流预测,目前我国的地铁编组形式是统一的6辆编组,但是受城市经济发展、城市人口增长等诸多因素的影响,客流量在节假日期间会有大的波动,探亲访友、旅游等高峰期客流大幅增长。所以,基于不同时期客流量变化的多编组,就是采用扩编、解体插编等方法灵活改变车辆编组大小的一种编组形式。

第十一章

城市轨道交通应急事件处理

第一节　行车安全影响因素分析

城市轨道交通系统是一个庞大复杂的系统工程，从城市轨道交通事故产生的基本原因来看，可以归结为设备因素、人员因素、环境因素和管理因素。从其建设施工到正式运营的整个过程中都存在着诸多的潜在安全隐患。例如，在施工期间、供电系统、车辆系统、通风、排水系统、通信信号系统、公用工程及辅助设施等方面都会出现危险因素。见二维码62。

从我国的运营实践来看，管理问题和乘客不良乘车行为是影响正常运营的两大因素。例如，人多、人车冲突和人员侵限等人员因素会对运营造成较大影响，对于运营时间长、运营里程较长的线路尤其如此。对于运营时间较长的线路来说，由于客流压力较大，由车辆引起的故障较多；对于刚开通的线路，由于系统处于磨合阶段，车辆故障和信号故障较为频繁。

一　设备影响因素分析

二维码62

1　车辆系统

车辆故障通常是影响线路运营的主要原因，其中以车门故障、主回路故障居多。其中车门故障率受客流变化影响较大。

列车失控会造成严重的人员伤亡和经济损失。例如，由于轨道损伤和断裂引起的列车脱轨；由于车辆车门的安全标志不清，造成的机械伤人事故。同时，车辆事故发生后，尤其在地下线路较难进行事故救援和人员疏散；车厢内的座椅等材料选择不当，易发生火灾，同时产生有毒烟气，加重事故造成的影响。其中列车出轨是导致列车事故的主要因素。

2　通信信号系统

通信系统的电源发生故障或通信设备本身发生故障等问题时，不能保证各种行车信息及控制信息不间断地可靠传输，从而引起事故的发生。

由于通信信号引起的故障以车载故障（主要是ATC/ATP故障）最为频繁；出现故障后，需用电话闭塞法行车，在行车密度加大的情况下，对运营仍有较大影响；列车时常发生收不到速度码，以及在车站停站发车表示器不亮的情况；新车载客运行，上线后会出现较多的信号故障；中央ATS故障导致进路不自动触发事件。对于这些常见的信号故障，调度员要对重点车站和重点设备重点监视，同时也要发挥车站行车人员的主观能动性，对此类故障做到尽早发现,尽快处理。

3 通风/排烟系统(二维码63、64、65)

在通风系统管理上的缺陷,如对风亭、风道设置不合理,会妨碍通风系统的正常工作。例如,城市轨道交通系统内,如在地下隧道内发生火灾,不仅火势蔓延快,而且聚集的高温浓烟很难自然排除,还会在隧道、车站内蔓延,给人员疏散和灭火抢险带来极大的困难,严重威胁乘客、员工和抢险救援人员的生命安全。

4 电气系统(二维码66)

接触网高压电,一旦发生接触网断线或绝缘子损坏,电线接触到金属结构物就会使其带电,危及人身安全;由于电气设备损坏和使用不当而常发生触电伤亡事故;变电所、配电室中的电气设备等由于短路、过载、接触不良、散热不良、照明、电热器具安置或使用不当、违规作业等均会引起电气火灾、触电事故;杂散电流会给城市轨道交通以外的金属管道、金属结构造成电蚀危害。列车内的高压电气设备的安全防护措施不当,可能引起人员伤亡事故。

二维码63

二维码64

二维码65

二维码66

5 给排水系统

给排水管道的腐蚀,绝缘效果不佳会导致其发生泄露;隧道内排水系统不完善、防水设计等级过低,会导致涝灾或地表水侵入;地面车站的地坪高度低于洪水设防要求;排水系统设置不完善,污水、垃圾的不合理排放会影响运营环境卫生。

6 公用工程及辅助设施

站台上乘客过多,产生拥挤现象,可能会使乘客跌进轨道区,甚至在列车进站时而造成人身伤亡事故;在自动扶梯运行中,可能发生梯级下陷,驱动链断裂、梯级下滑、扶手带断裂等事故,并对乘客造成伤害;车站地面材料防滑效果不佳则存在安全事故隐患,对车站站厅乘客疏散区、站台及疏散通道内及相连开发的地下商业等公共场所存在潜在的危险隐患,且会发生连锁事故;车站内的建筑物装饰材料选用不当,会发生火灾,且产生有毒烟气,加重事故后果;车辆段蓄电池间、检修间等车间易产生有毒气体,吹扫库在吹扫车底工作时产生大量粉尘,对工作人员健康造成影响。

二 人员影响因素分析

人员因素是导致城市轨道交通事故的主要原因,一般性事故主要是因乘客未遵守安全乘车规则,而险性事故多由于工作人员疏忽引发的。其中包括以下几点。

1 拥挤

2001 年 12 月 4 日晚,北京地铁 1 号线一名乘客在站台上候车,被拥挤的人流挤下站台,此时列车进入站台,最终导致列车撞人的重大事故。

2 道床伤亡

长期以来,因人员进入城市轨道交通线路区段,造成城市轨道交通列车延误的事件屡次发生。例如,2005 年 6 月,上海地铁在 3 天内连续发生两起人员跳轨自杀事件。

3 处理措施不当

在韩国大邱市地铁 2003 年火灾事故中,地铁司机和行车调度有关人员对灾难的发生有着不可推卸的责任:在车站已断电,列车不能行驶的情况下,司机没有采取任何措施疏散乘客,却紧闭车门。在火灾发生 5 分钟后,行车调度员居然还下达允许列车出发的指令,导致另一辆载客列车驶入烟雾弥漫的站台,并造成严重的人员伤亡事故。

三 环境影响因素分析

影响运营安全的环境因素包括内部小环境和外部大环境两部分,如图 11-1 所示。

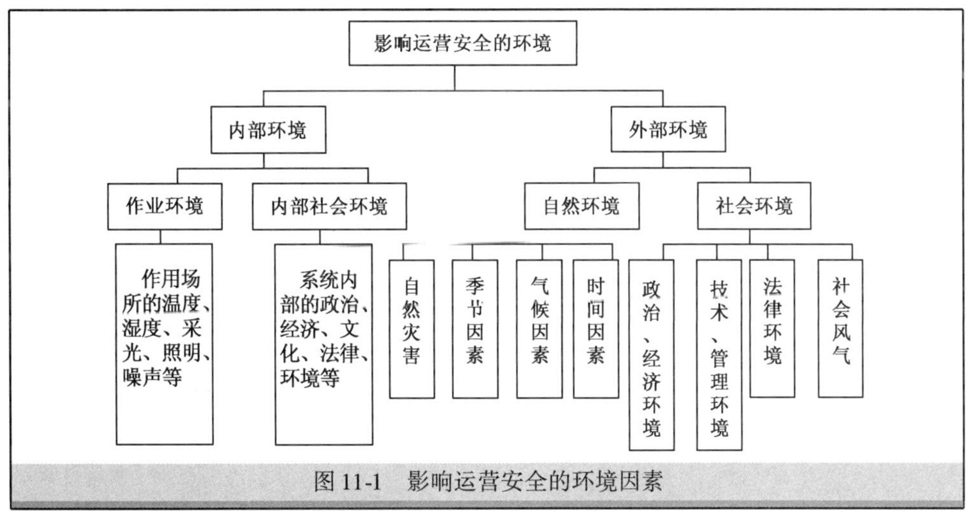

图 11-1　影响运营安全的环境因素

1 内部小环境

内部小环境通常指作业环境,即作业场所人为形成的环境因素,包括周围的空间和一切生产设施所构成的人工环境。

2 外部大环境

影响运营安全的大环境包括自然环境和社会环境。它们对城市轨道交通运营安全均有不同程度的影响。

四 突发事件影响因素分析

1 火灾事件(二维码67)

(1)内部火灾危险因素分析。车站、隧道以及列车内存在大量的电气设备等火灾危险因素;车站、列车内的建筑装饰材料、广告牌等为可燃材料,遇到火可能会发生火灾危险;车辆、供电设备、机电设备等均处在超服役状态,一旦发生故障,可能导致城市轨道交通系统火灾事故。

二维码67

(2)外部火灾危险因素分析。乘客违章携带危险物品、吸烟和吸烟后烟蒂随处乱扔等不当处置引起火灾危险;人为纵火、意外明火引起火灾危险;地铁车站站厅乘客疏散区、站台和疏散通道内违规设置的商业网点存在发生火灾的危险,且可能会引起连锁火灾事故。

2 恶劣天气

城市轨道交通具有封闭性的特点,因此,地下车站和高架车站较其他公共交通运输方式的基础设施更容易受到破坏,也更容易受天气状况的影响,这将直接给城市轨道交通安全运行带来风险。恶劣天气一旦对城市轨道交通产生影响,后果大多较为严重,如发生暴雨、大雪、大风等恶劣天气状况,将产生地铁排水问题、轻轨防风防滑问题等。

五 城市轨道交通主要危险因素预先危险分析(表11-1)

城市轨道交通主要危险因素预先危险分析 表11-1

危险因素	可能发生位置	可 能 原 因	事故后果
地铁火灾、爆炸	列车上	车辆电路短路等列车故障;车厢内可燃物着火;未熄灭的烟头;人为纵火	设备损失、中断运营、人员伤亡
	车辆段	维修设备时违章作业;电气火灾	设备损失、人员伤亡
	车站	车站内的电气设备故障;乘客携带危险品、吸烟和吸烟后烟蒂随处乱扔等处置不当;人为纵火;地铁站厅和通道内违规设置的商业网点发生火灾引起连锁火灾等	设备损失、人员伤亡、中断运营
	隧道	隧道电缆着火;隧道内电气设备故障起火;隧道内可燃物着火	设备损失、中断运营
列车脱轨危险	列车运行中或试车作业时	车辆故障、列车超速;钢轨断裂、道岔伤损;异物侵界;司机误操作	设备损失、人员伤亡、中断运营
列车撞车危险	列车运行中或试车作业时	车辆故障、列车超速;司机误操作;错办进路	

续上表

危险因素	可能发生位置	可 能 原 因	事故后果
拥挤踩踏危险	列车上	紧急情况下疏散不利	人员伤亡、中断运营
	车站站台	人员密集或突发事故时疏散通道有障碍物；紧急情况下疏散不利	
中毒窒息危险	车站	火灾情况下，燃烧后产生有毒有害物质；人为投毒或恐怖袭击	人员伤亡、中断运营
	列车上		

第一节　行车事故应急处理

行车事故应急处理是地铁运营行车组织中重要工作，是行车调度员的重要岗位职责。相对于日常的列车和设备监控，应急处理才是行车调度岗位的真正价值所在。地铁运营过程中突发故障、事故(事件)的发生总是难以预料的，但故障、事故（事件)的类型和影响却又是可知的，因此城市轨道交通企业公司制订了各种应急预案来应对可能的突发情况。应对突发情况缺少的不是预案，而是缺少预案的执行能力和控制能力。所以，城市轨道交通企业公司要不断提高行车调度岗位应急处理的能力。具体见二维码 68。

二维码 68

一　挤道岔

1　基本概念

车轮挤过或挤坏道岔，即为挤道岔事故，简称挤岔。

处于良好状态的道岔，一侧的尖轨与基本轨密贴，另一侧的尖轨与基本轨分离。发生挤道岔事故后，由于车轮强行挤开与基本轨密贴的尖轨，往往造成尖轨弯曲变形，转辙机遭到破坏，使得道岔损坏，尖轨不能与基本轨密贴。

2　挤道岔时的处理

(1)对列车的处理。发生挤道岔事故后，要根据列车停留位置及道岔类别具体处理。

①列车已全部挤过道岔。通知维修部门对道岔进行检查，并根据损坏情况处理。

②列车停留在道岔。组织压在道岔上的列车顺道岔方向缓缓移动,待列车全部通过道岔后,由维修部门处理。不要组织列车逆尖轨方向后退,因为后退很容易造成脱轨,扩大事故。必须后退时,应当将尖轨钉固后再后退。如果列车停留在复式交分道岔上,由于复式交分道岔结构复杂,挤岔后禁止移动,应由线路维修部门处理。

(2)维修部门的处理。

①检查道岔尖轨是否损坏。如尖轨经拨动后仍然可以密贴,可以用钩锁器锁闭;如尖轨损坏,应及时更换道岔尖轨。

②更换转辙机相关设备。根据现场情况,当场或事后更换电动转辙机及其有关装置。

③检查试验。修复后,对道岔的动作状态予以检查调试,与车控室行车值班员共同试验,确保状态良好。

④清理现场。检查工具是否齐全,对现场彻底清理,保证轨道及限界内没有遗留任何物料,消除事故隐患。

二 列车脱轨时的处理

脱轨系指车轮落下轨面(包括脱轨后又自行复轨),或车轮轮缘顶部高于轨面(因作业需要的除外)。每辆车只要脱轨 1 轮,即按 1 辆计算。

1 乘客疏散

发生脱轨事故后,列车司机应立即广播通知乘客,安抚乘客情绪,提醒乘客准备清客。检查乘客伤亡情况及有无残疾人士,向控制中心调度员报告列车的准确位置、大约载客量、乘客伤亡人数及是否需要救助。

对于站台上的乘客及从列车上清客到站台的乘客,车站应做好以下几点工作:发布列车暂时不能运行的消息;向乘客提供相关路段公共汽车运行资料;组织滞留乘客有序离开车站。

(1)列车在车站脱轨。得到调度员清客指示后,车站广播提醒站台上的乘客不要登乘列车,并安排人员到站台组织清客。列车司机广播通知车厢内乘客进行清客的决定,打开车门,协助乘客返回站台。清客完毕及时向调度员报告。

(2)列车在区间脱轨。控制中心调度员做好保护措施:停止相邻轨道以及乘客疏散可能经过轨道的行车,根据需要指示电力调度员断开牵引供电。指示就近车站迅速赶赴现场,由司机协助清客。通知公安部门前往事故地点控制客流并协助疏散。

列车司机在准备清客的车门上安放好应急梯,通知乘客应急梯的位置及使用方法,并通过广播不断发布救援信息以安抚乘客,避免引起恐慌情绪。车站人员到达后,指示乘客跟随车站人员步行去往附近车站。

车站指派清客负责人率领人员携带无线通信设备、扩音器及信号灯前往事故地点,执行清客任务。确定乘客全部撤离列车后,协助司机收回应急梯。在清客过程中,做好组织工作,引导乘客有序疏散,保证全部安全返回站台,抢救伤者脱离现场。对于道岔、交叉口或其他有潜在危险的地方,应当安排人员驻守,避免乘客偏离清客路线,提醒乘客注意脚下障碍物。确认所有人员撤离车厢以及轨道,路段上没有人或障碍物后,向调度员报告。

2 列车救援(二维码69、70、71)

二维码69

二维码70

二维码71

(1)事故报告及救援前的准备工作。列车司机检查确认脱轨后,向控制中心调度员请求救援,报告列车的准确地点、脱轨位置及辆数、线路设备损坏程度等情况,并做好防护措施。如列车停在区间,应注意对列车前后线路进行巡查。

调度员接到事故报告后,指示后续列车停留在车站,如区间有其他列车运行时,应指示尽量驶往就近车站停留,避免停在区间。停止相邻轨道的列车运行。

(2)事故救援。对事故现场进行全面勘察,根据脱轨程度、脱轨地点、破损情况及其他实际条件制定具体的起复方案。由一人负责指挥,要分工明确,由胜任人员作业,做好防护。在起复作业中应注意安全,防止发生人身伤亡事故或扩大脱轨事故。

起复完毕后,应当检查列车、线路及其他设备损坏情况,以便及时更换钢轨、枕木或道岔。事故勘察、救援工作及公安调查完成后,清理轨道,把一切工具撤出线路,立即将列车拉到附近的停车场、车辆段或侧线,以及时开通线路。

三 屏蔽门故障的处理

1 屏蔽门及其作用

(1)屏蔽门的设置。

新型轨道交通车站一般都安装有屏蔽门系统,设于站台边缘的有效站台长度范围内,以站台中心线两端对称布置,将列车运行区域与站台区域隔断,其滑动门与列车的车门相对应。

(2)屏蔽门开闭方式。

当隧道内无列车及列车在区间运行时,车站屏蔽门处于关闭状态。列车进站停稳后,通过司机一人操作,列车门开启、屏蔽门打开。为了保证屏蔽门动作可靠,屏蔽门自动打开后,列车不能移动,直到接收到关门信息才能动车。乘客上下车完毕后,仍由司机一人操纵,列车门关闭后,屏蔽门随即自动关闭,列车才能驶离车站。

另外,在正常停车的情况下,列车驾驶室门处于屏蔽门端门外,能不受阻碍地开放,这样就能保证发生故障或灾害时,乘客能安全疏散。

(3)屏蔽门的作用。

①保证乘客的人身安全。屏蔽门隔断了车站区域与轨道区域,可以把候车乘客阻断在站台区,防止乘客掉落轨道,而且屏蔽门只有在列车到站停妥后才能开启,随着列车门的关闭而关闭,这就保证了乘客在站台上下车的安全,能有效防止伤亡事故发生。

②节约能源,降低噪声。在地铁车站,由于屏蔽门系统的隔断作用,减少了列车在隧道内运行带来的冷气流与站台区域热气流的交换,可以节约车站环控设施的能源。同时,屏蔽门的阻隔还可以降低列车的噪声,使乘客候车环境更加舒适。

③节省人力资源。由于屏蔽门能完全阻断站台与轨道,能保证乘客人身安全,因此,可以减少站台的接发列车人员,大大节省了人力资源。

2 屏蔽门故障处理

(1)屏蔽门不能打开时的处理。

①司机手动操作可打开整侧屏蔽门时的处理。司机到站后按压列车开门按钮,发现屏蔽门不能打开时,再按压一次开门按钮,如果屏蔽门仍然不能打开,应操作就地控制盘进行手动开门,将随身携带的钥匙插入就地控制盘,转到开门位置,打开整侧屏蔽门后取出钥匙。同时,向控制中心的行车调度员报告,行车调度员通知维修单位到该车站排除故障。

②司机手动操作只能打开部分屏蔽门时的处理(二维码72)。使用就地控制盘打开屏蔽门,如果仍有一个或多个屏蔽门不能打开时,司机应报告行车调度员,并广播通知乘客从其他车门下车。行车调度员通知整条线路上的列车进行速度控制并做好广播安抚乘客的工作,安排维修单位到该车站排除故障。车站在故障门上张贴告示并设好隔离带,对乘客进行安全广播,引导乘客从能正常开放的屏蔽门处上下车。待维修人员排除故障后,必须经过手动开关门试验,才能转到自动控制。也就是使用开关钥匙切换到测试位置,操纵测试开关,打开屏蔽门,再关上屏蔽门,至少进行一次开关门,就可以用钥匙切换到自动位置,恢复屏蔽门的自动控制。

③司机手动操作,整侧屏蔽门不能打开时的处理(二维码73)。使用就地控制盘打开屏蔽门,如果整侧屏蔽门不能打开,司机应报告行车调度员,并广播指导乘客自行手动打开屏蔽门。行车调度员通知全线列车,并安排维修。车站张贴告示并将部分门道隔离,对乘客进行安全广播。使用专用钥匙强行打开已做好隔离的滑动门,并对这些滑动门加强监控和防护。待故障排除后,确认手动开关门测试良好,转为自动控制。撤除隔离,向行车调度员报告,全线列车恢复正常运行。

二维码72

二维码73

二维码74

(2)屏蔽门不能关闭时的处理。

①司机手动操作可关闭整侧屏蔽门时的处理。司机出站时按压列车关门按钮,发现车门关好后屏蔽门不能关闭时,再按压一次关门按钮,如果屏蔽门仍然不能关闭,应操作就地控制盘进行手动关门,将随身携带的钥匙插入就地控制盘,转到关门位置,整侧屏蔽门关闭后取出钥匙。同时向控制中心的行车调度员报告,行车调度员通知维修单位到该车站排除故障。

②司机手动操作只能关闭部分屏蔽门时的处理(二维码74)。使用就地控制盘进行关闭屏蔽门,如果仍有一个或多个屏蔽门不能关闭时,司机应报告行车调度员。行车调度员通知全线列车,并安排维修。车站张贴告示并设好护栏,对乘客进行安全广播。对不能关闭的

屏蔽门使用钥匙切换到隔离位置，将该滑动门进行隔离处理。手动关闭滑动门，对不能关闭屏蔽门进行监护。如果列车不能收到屏蔽门关闭信号，无法出站时，使用钥匙操纵就地控制盘上互锁解除开关，模拟关闭锁紧信号，待列车驶离车站后松手。故障排除后，手动开关门测试良好，转为自动控制，撤除隔离，向行车调度员报告，全线列车恢复正常运行。

③司机手动操作，整侧屏蔽门不能关闭时的处理。使用就地控制盘关闭屏蔽门，如果整侧屏蔽门不能关上，司机应报告行车调度员。行车调度员通知全线列车，并安排维修。车站张贴告示并设好护栏，对乘客进行安全广播。保持整侧屏蔽门的开启状态，加强监控与防护。使用互锁解除开关，模拟关闭锁紧信号，便于列车进出车站。故障排除后，对整侧屏蔽门测试良好，转为自动控制。撤除隔离，向行车调度员报告，全线列车恢复正常运行。

(3)屏蔽门玻璃碎裂时的处理(二维码75)。

车站报告行车调度员，行车调度员通知全线列车广播通知乘客，并安排维修。车站立即疏散周围乘客，张贴告示并设好隔离带，对乘客进行安全广播，对该道屏蔽门加强监控与防护。用胶带纸将门破碎玻璃粘贴好，手动打开左右两边滑动门，并对打开的屏蔽门及玻璃破碎的屏蔽门进行隔离处理。进一步检查，发现玻璃碎渣掉入轨道且影响行车时，向行车调度员报告并请示，做好防护后去轨道清理，清除干净后再次报告。由行车调度员通知全线列车恢复正常行车。

二维码75

四 列车在区间临时故障停车的处理

列车在区间停留，会延误大量后续列车的运行，造成大面积晚点，影响企业形象。同时，列车停在区间，尤其在地下隧道内，容易引起车上乘客恐慌，情绪不稳。所以，当列车由于故障停在区间时，应积极采取措施尽快恢复运行。首先应由司机立即进行处理，争取在短时间内排除故障，列车得以继续运行。如果处理故障时间较长，就要考虑清客后救援，将列车拉回停车场或车辆段再行处理。见二维码76、77。

1 司机的处理

列车由于故障在区间停车时，司机应立即报告控制中心行车调度员，然后对列车进行检查，初步判断故障后着手处理，并随时向行车调度员报告处理进程。经初步处理仍无法消除故障时，司机应发出救援请求，并根据需要提出疏散乘客申请。已请求救援后，司机可以继续处理故障，但禁止移动列车，并做好列车的防护和救援准备工作，以保证救援列车与该列车安全连挂。得到行车调度员疏散乘客的命令后，引导乘客下车，与车站人员一起妥善疏散乘客，将乘客引领至车站。

二维码76

二维码77

2 车站的处理

接到列车在区间故障需要疏散乘客的命令后，派人携带必要备品进入区间，协助司机清客，引导乘客安全返回车站。根据救援列车的开行命令，办理救援列车进入区间实施救援。

对于因列车故障造成的延误及运营调整,应及时广播通知在站乘客。

3 行车调度员的处理

行车调度员接到司机的故障报告后,提出处理意见并辅助司机进行故障的判断和排除。需要疏散乘客时,发布命令要求司机和附近车站做好乘客疏散和救援工作。列车故障一时无法消除时,根据司机的救援请求,清客完毕后下达封锁区段及开行救援列车的命令。除救援列车外,禁止放行其他列车进入该区间线路。救援列车应距离故障列车适当位置处停车,由救援负责人指挥与故障列车连挂妥当后,拉回附近的停车场、车辆段或侧线。接到现场处理完毕的报告后,下达开通线路的调度命令,恢复列车运行。

五 列车冒进信号的处理(二维码78)

列车冒进信号是指在未经授权的情况下,列车前端任何一部分越过进路防护信号机显示的停车信号。

二维码78

二维码79

1 列车冒进信号后未压上道岔时的处理

(1)司机的处理。确认列车冒进信号的原因、停车位置及与防护信号机的距离、前方无道岔或前方有道岔但未压上等情况后,向控制中心行车调度员报告。通过广播说明情况,安抚乘客。得到行车调度员的退行指示后,根据车站有关人员的手信号,以较低速度退行进站(二维码79),停于站内列车停车标处。待列车退行到站停妥后,根据具体情况开关车门,保证乘客安全上下车,同时向行车调度员报告。

(2)车站的处理。发现列车冒进信号后,确认列车运行前方没有道岔或有道岔但未压上,立即向控制中心行车调度员报告。接到行车调度员准许列车退行回车站的指示后,安排有关人员向司机发出退行信号,指挥列车退行回车站,停于规定位置处。通过广播向站台候车乘客说明情况,取得乘客的配合。维护好站台秩序,防止乘客拥挤、围观、靠近列车,发生危险。

(3)行车调度员的处理。得到列车冒进信号的报告后,立即指示该列车司机停车,不得再移动列车。停止续行列车的运行,将其尽量驶往就近车站停留,避免停在区间。指示列车退行,要求车站做好组织工作,保证列车安全退行回车站。

2 列车冒进信号后压上道岔时的处理

(1)司机的处理。列车冒进信号,经查看压上前方道岔后,检查是否挤岔或脱轨,立即向控制中心行车调度员报告。不得移动列车,避免未脱轨的造成脱轨,脱轨的扩大事故。通过广播说明情况,安抚乘客。等待有关人员到达后,进行处理。

(2)车站的处理。得知列车冒进信号后,根据行车调度员的指示,前往现场检查,确认列车压上道岔,查看道岔破坏程度、列车是否挤岔或脱轨,将道岔锁闭到适当位置。向控制中心行车调度员报告列车停车地点、道岔当前位置、道岔是否破坏、是否影响邻线行车。按照行车调度员的安排，根据具体情况进行清客和列车救援。

(3)行车调度员的处理。得到列车冒进信号并压上道岔的报告后，立即指示该列车司机停车，不得再移动列车，防止扩大事故。停止续行列车的运行，将其尽量驶往就近车站停留，避免停在区间。指示附近车站派人前往现场检查，了解道岔破坏程度、列车是否挤岔或脱轨。如果影响了邻线行车，应停止邻线列车的运行。根据事故的严重程度，决定是否清客。根据具体情况确定列车离开现场的方法，如果发生挤岔，按挤岔处理；如果发生脱轨，按脱轨处理。事故列车驶离现场后，对轨道及道岔进行检查和试验，恢复列车运行。

六 接触网悬挂异物的处理

在大风天气下，一些较轻的物体容易被风吹起，悬挂于接触网上。接触网上悬挂的异物有可能影响列车正常行驶，此时需要动员各方面力量，以尽快清除。在清理接触网异物过程中，应特别注意人身安全问题，避免被高压电击伤。

接触网悬挂异物按性质可分为轻飘物体和较大物体。常见的轻飘物体主要有小型、轻薄、容易熔化的塑料袋及较短的丝带类绳带物；常见的较大物体主要有较大塑料袋、气球以及较长的尼龙绳、麻绳等相对粗重的绳带物。

接触网异物按悬挂位置一般可分为承力索处悬挂物、吊弦处悬挂物、接触导线处悬挂物。

接触网异物按对行车的影响可分为对列车运行无影响和有影响两种情形。悬挂于承力索和吊弦位置处的轻飘物体，如果体积较小、长度较短、没有触及接触网导线，不容易缠绕在受电弓上，对行车没有影响；承力索和吊弦位置处的悬挂异物，如果体积较大、长度较长、相对较重并且触及接触导线，或是接触导线上的悬挂物，就容易缠绕在受电弓上，对行车造成严重影响。接触网主要组成如图 11-2 所示。

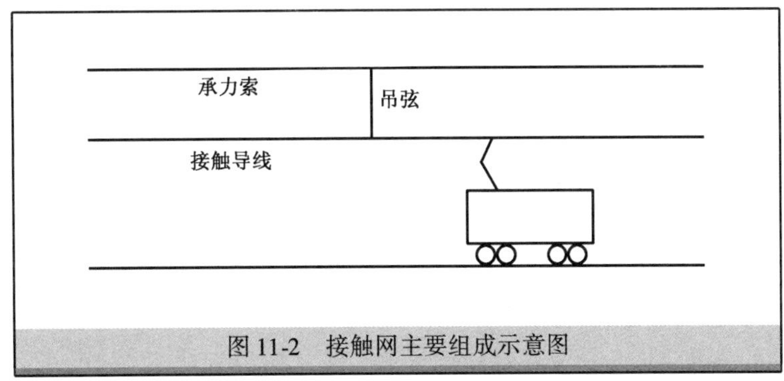

图 11-2　接触网主要组成示意图

1 司机的处理

(1)确认并报告。

①确认对行车的影响。司机在列车运行过程中发现运行线路的接触网上有异物悬挂

时,应减速进行确认,难以确认时,应停车,确认清楚异物悬挂位置和悬挂状态,判断是否影响行车。

②向行车调度员报告。立即向控制中心行车调度员报告,报告内容主要有:接触网悬挂异物的确切地点,如具体的车站、区间位置;悬挂物的类型、特点、悬挂位置及是否影响行车;根据对本列车行驶的影响,计划采取的处理办法。

(2)接触网悬挂物不影响行车时。

如果经确认,司机可以断定接触网悬挂异物不影响行车时,向控制中心行车调度员报告后,列车按正常速度通过。

(3)接触网悬挂物影响行车时。

司机确认接触网悬挂异物影响行车时,向控制中心行车调度员报告后,可采取如下办法:

①滑行通过。降低速度,降弓滑行通过异物悬挂地点,再升弓,按正常速度运行。

②不能滑行通过时。如果列车位于长大坡道处,滑行时很容易造成制动失效,列车失去控制。这类情况不适于采用滑行通过办法,可进行以下处理:司机将列车前弓降下,以较低的速度运行,待前弓越过该悬挂物后停车。再升起前弓,降下后弓,起动列车,以较低的速度运行,让该悬挂物越过后弓。然后恢复正常速度运行。

如果不适于用上述办法处理时,列车在接触网异物悬挂地点停车,向控制中心行车调度员报告,请求支援;等待行车调度员指派的有关人员到该处清理异物,通过广播安抚乘客;待接触网异物清除完毕后,恢复列车运行。

2 清除接触网悬挂异物的组织办法

(1)现场人员报告。

①司机。司机在列车运行过程中应注意瞭望,发现接触网上悬挂异物时,应及时报告控制中心行车调度员。

②车站接发列车人员。车站人员在接发列车时,发现接触网及受电弓带有异物等异常情况时,迅速向控制中心行车调度员报告。

(2)行车调度员的处理。

控制中心行车调度员接到接触网上悬挂异物的报告后,安排清除异物的工作,在清除过程中,可以停止续行列车的运行,必要时对相关列车进行清客。清除异物时,首先考虑是否需要对接触网断电。遇雷雨天气,因雷电及雨水的导电作用,人员有触电的危险,必须先将接触网断电后再做处理。其次,决定派接触网维修人员还是车站人员进行清除:如果在非行车时间内发生接触悬挂异物,或全线多处悬挂异物,应当由维修部门安排接触网专业维修人员前往清除;如果在行车时间内发生,则可指派车站人员携带必要的防护用品进行清除。

(3)车站的处理。

接到控制中心行车调度员清除接触网异物的指示后,车站立即派人前往现场。清除异物人员应穿戴绝缘手套、绝缘靴、荧光衣，使用规定的绝缘杆，必须两人在场，一人清理，一人防护。如果接触网异物悬挂在区间，离车站较近时，徒步去往区间；距离车站较远时，可搭乘列车进入区间，到悬挂地点停车清除，作业完毕后搭乘列车到前方站下车，再乘其他列车返回本站。

七 列车分离时的处理

列车分离是指列车因车辆连接状态不良或车钩作用不良而发生的车辆分离（包括车钩缓冲装置破损）。不论列车分离发生在车站还是区间，有关人员均应适当处理，避免乘客恐慌，尽快恢复行车。

1 司机的处理

司机在列车运行过程中，应时刻注意驾驶室的有关设备，如发现总风压力表指示的压力急剧下降，就可以判断有可能发生列车分离。乘客发现列车分离时，也可以直接通知司机。列车司机确认列车分离或有列车分离的迹象时，必须停车，并立即向控制中心行车调度员报告。

（1）确认、报告。司机将列车停妥后，立即巡视，仔细检查列车各个部位，查看是否发生列车分离，如果确实发生了分离，确认分离位置。确定列车分离情况后，向控制中心行车调度员报告如下内容：列车车次、停留的准确地点，具体指明车站、区间、列车分离部位、损坏程度；列车大约载客量、是否有乘客受伤、是否需要救治。

（2）协助清客。通过广播向乘客说明列车故障，安抚乘客情绪，劝告乘客留在列车上，不要惊慌，等待有关人员到达处理。前往分离位置查看是否有乘客受伤，对受伤者提供适当帮助。得到行车调度员清客指示后，等待车站人员到达现场后，立刻协助清客，将列车上所有乘客安全引领到附近车站，以便进行列车救援。

2 车站的处理

接到列车分离需要清客的命令后，派人携带必要备品到现场，和司机一起进行清客，引导乘客安全返回车站。清客完毕后，在现场协助救援工作。广播通知在站乘客因列车分离造成的延误及运营调整，并向乘客发布有关路段公共汽车的资料。

3 行车调度员的处理

调度员接到列车分离的报告后，指示后续列车停留在车站，如区间有其他列车运行时，应指示尽量驶往就近车站停留，避免停在区间。停止相邻轨道的列车运行。详细了解列车分离及乘客受伤情况，下达清客指示，要求司机和附近车站做好清客和救援工作。清客完毕后，进行现场查勘和公安调查。待查勘工作完成、轨道清理妥当后，即可采取适当措施，将分离的列车移到附近的停车场、车辆段或侧线。行车调度员应随时了解现场救援进度，接到处理完毕的报告后，尽快恢复列车运行。

发生列车分离时，应尽快移走分离列车，但不得连接列车分离部分，应分段移走列车。尽量将尚能开动的列车开走，如果列车有一部分不能开动，必须安排另一列车协助，将不能移动的这部分车拖走或推走。

八 乘客进入轨道的处理

不论乘客以何种方式越过站台黄色安全线或者禁行标志牌进入轨道，均视为乘客进入轨道事件。一旦发生乘客进入轨道的事件，不仅会影响正常的行车组织，而且极有可能会威胁到人身安全、造成人身伤害。故当发生乘客进入轨道的情况时，行车部门任何人员均应马上按下距离最近的紧急停车按钮，防止事件地点附近的列车进入受影响的区段。

1 乘客进入轨道后迅速返回站台的处理

(1)站务员。

①发现有乘客进入轨道后，迅速按下站台上距离自己最近的紧急停车按钮，同时通知行车值班员。

②劝说并帮助进入轨道的乘客迅速返回站台。

③乘客返回站台后，将其带到安全地区，并及时通知行车值班员。

(2)行车值班员。

①当得到站务员的通知或者从电视监控器中发现有乘客进入轨道时，若站台上紧急停车按钮还未按下，则迅速按下车控室内紧急停车按钮。

②立即向值班站长和行车调度员报告。

③密切监视事件的发展。

④待站务员汇报乘客返回站台后，向值班站长及行车调度员报告。

⑤记录好事件处理的全过程。

(3)值班站长。

①得到信息后，迅速赶往事发现场。

②在乘客返回站台后，对其进行说服教育工作，并征询轨道公安部门的处理意见。

③向站长和行车调度员进行汇报。

(4)行车调度员。

①得到信息后立即采取措施，防止其他列车进入受影响的区域，同时提醒车站人员切实按下紧急停车按钮。

②迅速通知控制中心值班主任。

③通知轨道公安部门。

④在值班站长报告事件处理完毕后，检查、确定是否具备行车条件，组织相关部门恢复

行车。

2 乘客进入轨道后跑向区间的处理

(1)站务员。

①发现有乘客进入轨道后,迅速按下站台上距离自己最近的紧急停车按钮,同时马上对其警告。

②通知行车值班员和值班站长乘客进入轨道的股道、跑动的方向、与站台的距离等信息。

③维护站台乘车秩序,避免乘客围观造成新的乘客进入轨道事件。

④听从值班站长安排,处理好事件。

(2)行车值班员。

①当得到站务员的通知或者从电视监控器中发现有乘客进入轨道时,若站台上紧急停车按钮还未按下,则迅速按下车控室内紧急停车按钮。

②迅速通知行车调度员和值班站长,同时密切监视事件的发展。

③马上通知站务人员扣停从本站发往该区间的列车,同时立即通知邻站禁止向该区间发车。

④通过广播及时疏散事故发生地周围的乘客,防止乘客围观造成新的乘客进入轨道事件。

⑤根据值班站长的指示,通知站长、轨道公安等相关部门。

⑥随时将事件的发展情况向行车调度员报告,并将行车调度员的信息传达至相关人员。

⑦记录好事件处理全过程。

(3)值班站长。

①得到信息后,迅速前往事发现场。

②通知行车值班员与轨道公安等相关部门进行联系,并告知站长。

③组织本站的站务人员,维护好乘车秩序。

④在民警不能及时到达的情况下,向行车调度员申请进入轨道,在保证安全的前提下跟踪进入轨道的人员,密切监视进入轨道人员的动向,劝说其返回站台。

⑤在遵守公司规章制度和保证人身安全的前提下,配合民警进行相关处理。

⑥事件处理完毕,在检查现场情况正常、确认线路出清后,向行车调度员报告事件已处理完毕、申请恢复行车,并及时通知站长。

(4)行车调度员

①得到信息后立即采取措施,防止其他列车进入受影响的区域,同时提醒车站人员按下紧急停车按钮。

②迅速通知控制中心值班主任。

③及时通知轨道公安等相关部门。

④在值班站长报告事件处理完毕后，检查、确定是否具备行车条件，组织相关部门恢复行车。

3 乘客进入轨道后导致身体受伤、无法返回站台的处理

(1)站务员。

①发现有乘客进入轨道后，迅速按下站台上距离自己最近的紧急停车按钮。

②如果乘客受伤，立即通知行车值班员及值班站长，报告乘客进入轨道的位置、受伤情况等相关信息。

③维护站台乘车秩序，避免乘客围观造成新的乘客进入轨道事件。

④听从值班站长安排，处理好事件。

(2)行车值班员。

①当得到站务员的通知或者从电视监控器中发现有乘客落轨时，若站台上紧急停车按钮还未按下，则迅速按下车控室内紧急停车按钮。

②迅速通知行车调度员和值班站长，同时密切监视事件的发展。

③通过广播及时疏散事故发生地周围的乘客，防止乘客围观造成新的乘客进入轨道事件。

④根据值班站长的指示，通知站长、轨道公安、120 急救中心等相关部门。

⑤随时将事件的发展情况向行车调度员报告，并将行车调度员的信息传达至相关人员。

⑥记录好事件处理全过程。

(3)值班站长。

①得到信息后，迅速前往事发现场，并通知行车值班员告知站长。

②如果乘客受伤，值班站长应本着救死扶伤的精神，在现场安抚乘客情绪，同时询问乘客是否需要就医。

③如乘客提出就医要求，值班站长应通知行车值班员，并与轨道公安及 120 急救中心进行联系。

④组织本站人员，维护好乘车秩序，迅速将伤者移离轨道。

⑤事件处理完毕，在检查现场情况正常、确认线路出清后，向行车调度员报告事件已处理完毕、申请恢复行车，并及时通知站长。

(4)行车调度员。

①得到信息后立即采取措施，防止其他列车进入受影响的区域，同时提醒车站人员按下紧急停车按钮。

②迅速通知控制中心值班主任。

③通知轨道公安和 120 急救中心。

④在值班站长报告事件处理完毕后，检查、确定是否具备行车条件，组织相关部门恢复行车。

第三节 城市轨道交通应急系统

所谓系统，就是由相互作用、相互联系、相互依赖的若干组成部分结合起来的具有某种或几种特定功能的有机整体。城市轨道交通突发事件应急系统是一项具有反馈功能的庞大系统，根据国内外城市应急管理的经验，可以将城市轨道交通应急系统划分为五个子系统，即监测预警子系统、社会控制子系统、公众反应子系统、紧急救援子系统和资源保障子系统。

一 监测预警子系统

高效的监测与预警系统，是科学防范和应对突发事件的基础和前提，是科学管理突发事件的客观要求。实践表明，任何一次突发性灾害或危机事件的发生，都必然经历一个危险因素潜伏、危险因素由量变到质变转化、危险因素引燃与迅猛爆发这样一个过程。从应急管理的角度来看，对于突发事件演化的各个不同阶段，都可以采取相应措施进行风险规避、控制、转移与更大范围的分散承担。因此，对突发事件从孕育到发生的各个阶段进行有效的监测预警，便成为应急管理的基础性工作。监测预警的内容包括以下四个方面：

1 监测

监测就是通过一定的科学方法，对可能诱发突发事件的各种因素和灾害本身的变化进程进行适时观察、测定，及时了解其活动、变化规律和趋势的灾害管理活动。监测是预警管理活动的前提，它确立重要致灾因素为监测对象。监测环节的任务有两个，一是过程监测，二是信息处理。

2 辨识

通过对监测信息的分析，可以识别可能发生的事故的类型、范围以及主要诱因。辨识的主要任务是判断某环节正在变异，即现实的事故诱因，辨识的另一任务，是判断某个（或几个）环节已发生的变异所可能导致的连锁反应，即致灾现象的动态发展趋势。

3 危险性分析

对已被识别的现实致错诱因，进行综合分析，以明确哪个致错因素是主要的危险源。诊断的主要任务是在致错环境中的诸多问题与现象中，提出危险性最高、危害程度最严重的主要因素，并对其进行成因分析和损失评价。

4 预警

利用相关信息网络向公众及时发布灾情的相关信息。城市轨道交通突发事件应急能力首先表现为对各种突发事件进行有效的实时监测和迅速准确的预报，从而为有效减轻损失奠定基础。

监测、辨识、分析和预警这几个环节，是前后承接的因果联系。监测活动是整个预警管理活动开展的前提，没有明确和准确的监测信息，整个系统的活动就是盲目的，甚至是无意义的；辨识活动，可使预警管理活动在复杂的致错因素中确立预警度；分析活动，通过对危险度的确认和损失度的评价，使预警管理活动能够抓住主要问题并做到追根溯源。

二 社会控制子系统

社会控制系统应当是一个综合的应急协调系统，当城市轨道交通突发事件发生时，它既能产生“灭火器”的作用，也能起到“动员令”的作用。对应急来说，强有力的指挥措施，各部门、各机构协调配合与统一高效的行动，以及积极稳妥地组织社会各方面力量开展切实有效的应对工作，是成功处置突发事件的首要条件。城市轨道交通重大突发事件危害面广，涉及人数众多，仅凭一个部门的努力不可能有效扼制事态的发展。社会控制系统本身也是一个包含多方面内容和要素的系统结构，而且在每一个系统中，社会控制系统都发挥着动员社会力量和配置社会资源的作用，反映着社会和政府的工作效能，是实现城市轨道交通应急管理目标的关键因素。社会控制系统主要通过以下四个方面来实现其目标。

1 法规标准

法律是实现社会公共利益的重要手段。当灾害发生时，有效的法律、法规体系对稳定社会秩序和抵抗灾害发挥着重要作用。综合处置和应对突发事件的法律、法规体系包括政府应急管理政策法规的设计和实施，主要内容之一是政府行使紧急权力的确定。该权力是指政府针对各种突发事件，根据宪法、紧急状态处置法、戒严法、战争法、警察法、行政强制法等，作出各种紧急处理措施的权力。这是应急管理中最主要、最重要的手段。

2 机构职责

应急机构是整个应急管理的支撑，包括协调应急组织各个机构运作和关系的指挥协调机构，负责现场应急的指挥工作、人员协调、资源有效利用的指挥机构，提高应急物资和人员支持的后方保障机构，负责信息报道和信息发布的媒体机构，负责信息管理和信息服务的应急管理机构等。机构建立后，只有明确职责，才能确保各机构高效运转；职责划分后，当灾害突发时，有关政府及其部门、有关单位和公民个人不履行法定职责的，将承担相应责任。

3 应急预案

应急救援预案是应急救援准备工作的核心内容。应急预案又称应急计划，是针对可能的重大事故或灾害，为保证迅速、有序、有效地开展应急救援行动而预先制订的有关计划或方案。它是在辨识和评估潜在的重大危险、事故类型、发生的可能性及发生过程、事故后果及影响严重程度的基础上，为应急机构、人员、技术、装备、设施、物资、行动方案以及救援行动的指挥与协调等方面预先作出的具体安排，它明确了在突发事件发生之前、发生过程中以及刚结束之后，准备做什么、何时做以及相应的策略和资源准备等。应急预案在应急管理中的重要作用和地位体现在如下几个方面。

(1)应急预案明确了应急救援的范围和各项要求，使应急准备和应急管理工作不再是无据可依、无章可循。

(2)有利于作出及时的应急响应，降低事故后果。

(3)成为处置各类重大突发事件的应急基础。

(4)当发生超过应急能力的重大事件时，便于与上级应急部门的协调，并保证上级支援力量能有效开展救援工作。

(5)有利提高全社会的风险防范意识。

4 宣传教育

宣传教育在政府应急管理中发挥着不可替代的作用。突发事件，对于一个组织和政府来说，可能是灾难，也可能是转机。因为突发事件破坏了组织系统的稳定与常态，迫使其重新进行抉择，挽回损失，树立新形象。宣传教育的作用，就在于按照新闻传播的自身规律对应急管理过程进行干预和影响，促使危机向好的方向转化。媒体介于政府和公众之间，形成了一种三角互动关系，它既受政府制约，又在一定程度上影响政府；既引导公众，又需要满足公众需求。一方面，媒体代表公众时刻关注、监视应急处理的进展；另一方面，作为党和政府的喉舌，传达其声音，树立其形象。因此，宣传教育的作用体现在三方面：在激发公众情绪中实现信息传播的基调统一；在设置舆论焦点中塑造政府应急管理的良好形象；在满足公众信息需求中保持社会的正常运转。公众教育的基本内容包括：潜在的重大危险事故的性质与特点，警报与通知的规定、基本防护知识、撤离的组织、方法和程序；在污染区行动时必须遵守的规则；自救与互救的基本常识；简易消毒方法等。

5 培训演练

培训演练的基本内容主要包括基础培训和训练、专业训练、战术训练及其他训练等。基础培训和训练的目的是保证应急人员具备良好的体能、战斗意志和作风，明确各自的职责，熟悉城市地铁潜在重大危险的性质、救援的基本程序和要领，熟练掌握个人防护装备和通信装备的使用等；专业训练关系到应急队伍的实战能力，主要包括专业常识、疏散、消毒和现场急救等技术；战术训练是各项专业技术的综合运用，使各级指挥员和救援人员具备良好的组织指挥能力和应变能力;其他训练应根据实际情况,选择开展如防化、气象、侦检技术、综合训练等项目的训练,以进一步提高救援队伍的救援水平。

三 公众反应子系统

在通常情况下,公众是城市轨道交通突发事件直接威胁的对象,是突发事件的"受体"。此时,公众的生命和财产安全是应急管理的重要对象和内容,同时,公众自身的应急意识、应急处理能力,又是决定整个应急管理效能的重要因素。因此,从这个意义上说,公众还是应急管理过程中能够发挥重要作用的主体。无数实践已经证明,特定的突发事件发生时,究竟能在多大程度上对公众的生命和财产安全构成威胁,除了风险因素外,另一主要因素就是公众自身抵御灾害的能力。因此,一个高效的应急管理系统,必须保证有全方位的社会行动,它有赖于全体公民作出响应,有赖于公众支持和参与的程度。对于城市轨道交通突发事件的防范与处理,必须引起全社会的重视,只有建立公众广泛参与的应对突发事件的应急管理机制,才能切实提高社会整体应急处理能力。这样既充分调动了城市的整体资源、信息与力量来共同应对突发事件,而且在处理突发事件的过程中也能找到最直接、最有效的办法和方案。公众反应子系统包括三个方面。

1 应急意识

为了减少灾害造成的损失,充分发挥公众在应急管理中的积极作用,应该加强对公众应急意识的培养与教育,把其纳入国情教育的重要内容中去。因为突发事件是一种极端事件,是一个最严重、最不可持续发展的问题。所以,从危机高度去看待及控制城市轨道交通突发事件不仅是一种新境界,还能从整体上提高公众对突发事件的适应能力。无论从安全文化角度看,还是从全球预防文化的角度出发,都应积极开展应急教育,帮助公众树立应急意识,做到未雨绸缪,防患于未然。其具体包括公众对城市轨道交通各种常见突发事件的了解程度、对有效防范和减轻各种损失知识的了解程度等。

2 行为能力

作为突发事件受体的公众,所具有的抗御突发事件的能力,一般表现在三个方面:公众对城市轨道交通突发事件的认识、适应能力,公众在城市轨道交通突发事件条件下的应变能力,公众在突发事件发生时的创造能力。这些能力越强,其受的损失程度越小。综合各方面的研究成果,公众应对城市轨道交通突发事件的行为能力的内容主要有:公众在城市轨道交通突发事件应急管理中的作用与行为准则,应急避险技术的培训,突发事件发生后居民行为的社会疏导与组织,以及公众在突发事件救援中的作用及组织问题,公民突发事件准备的措施、灾后进行自救互救的能力、志愿者救灾组织的建立等。

3 心理康复

城市轨道交通突发事件对公众心理伤害的内容、特点和灾后的心理复建,以及公众在城市轨道交通突发事件救援中的作用及组织问题等在公众反应系统中都具有重要的作用。

四 紧急救援子系统

紧急救援是指城市轨道交通突发事件发生时,对人民生命财产的急救,对次生灾情的抢险,是一项极为复杂的、社会性的、半军事化的紧急行为。突发事件的紧急救援状况直接关系到能否在灾后把国家和人民的生命财产损失降到最低限度,它是衡量政府效能和社会文明程度的重要标志之一。该子系统主要由下述要素构成,它们之间的分级响应行动流程如图 11-3 所示。

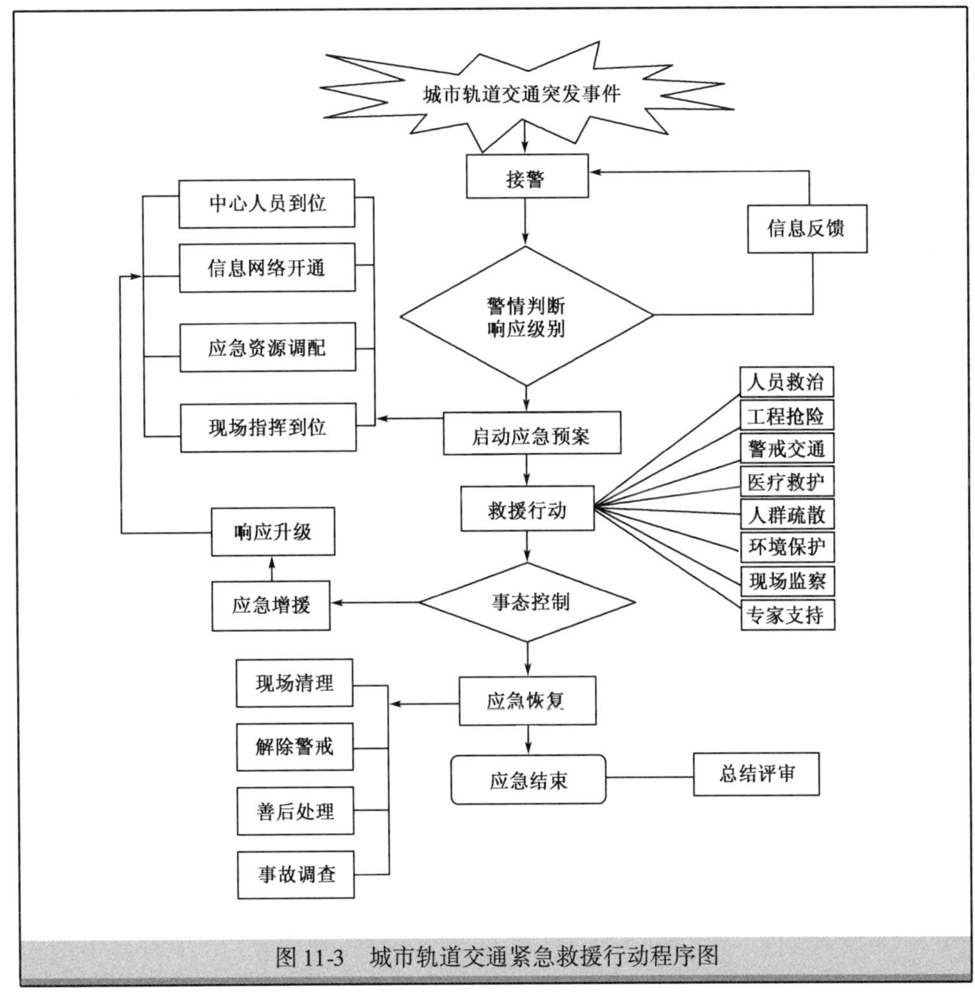

图 11-3　城市轨道交通紧急救援行动程序图

1 通告报警

城市轨道交通重大突发事件发生时,准确地报警、接警,了解突发事件的性质和规模等初始信息,及时向公众发出警报,同时通过各种途径向公众发出紧急公告,告知自我保护措施和疏散方案等信息是减少人员伤亡的关键。

2 指挥与控制

城市轨道交通重大突发事件的应急救援往往涉及多个救援机构,因此,对应急行动的统一指挥和协调是合理高效地调配和使用应急资源、保障应急救援有序有效开展的关键。

3 通信

现场应急指令的传达、信息的交流与反馈、内外部联络等都依赖于通信,整个应急救援过程中必须保证通信网络的畅通。

4 监测评估

事态监测与评估在人员防护、应急救援和应急恢复的行动决策中具有关键的支持作用。

5 治安交通

为保障现场应急救援工作的顺利开展,必要时,应在突发事件现场周围建立警戒区域,实施交通管制,维护现场治安秩序。

6 疏散避难

人群疏散是减少人员伤亡扩大的关键,也是最彻底的应急响应。对已实施临时疏散的人群,应做好临时避难安置。

7 抢险抢救

抢险是应急救援工作的核心内容之一,其目的是为尽快地控制突发事件的发展,防止突发事件的蔓延和进一步扩大,从而最终控制住突发事件,并积极营救突发事件现场的受害人员。对受伤人员采取及时有效的现场急救以及转送医院进行合理治疗,是减少突发事件现场人员伤亡的关键。

8 应急人员安全

城市轨道交通重大突发事件尤其是涉及危险物质的重大突发事件的应急救援工作危险性极大,必须对应急人员自身的安全防护等相关措施进行周密的考虑。

9 泄漏物控制

危险物质的泄漏以及灭火用的水由于溶解了有毒蒸气,因此都可能对环境造成重大影响,同时也会给现场救援工作带来更大的危险,必须对危险物质的泄漏物进行控制。

10 恢复重建

当突发事件现场应急行动结束以后,应该开展的最紧迫工作是使在突发事件中一切被破坏或耽搁的人、物和事得到恢复，进入正常运作状态，这就是恢复程序的基本内容。由于它需要人员、资源、计划等诸多因素的支持才能开展，它的执行需要较长的时间，所需时间的长短一般取决于下列因素：受损程度，人员、资源、财力的约束程度，有关法规的要求，气象条件和地形地势等其他因素。在执行恢复程序中，不可避免地要与新闻媒体接触，必须由负责媒体的部门全面负责此类工作，保证不要出现差错以免影响突发事件恢复的进程。

五 资源保障子系统

实践证明，应急资源是实施紧急救助、安置灾民的基础和保障，是提高应急综合水平的关键，尤其对提高城市轨道交通应急救援能力具有十分重要的意义。应急资源主要包括应急人员、应急物资、应急设备与设施和灾害保险等内容。

1 应急人员

应急人员主要包括：专职应急人员、兼职应急人员和应急专家。提高救援人力储备与动员水平，一要通过调查切实掌握各类救援技术人员的现状及可能的发展，为拟订救援动员计划和实施可靠的动员提供依据。世界上许多国家都建有医务及现场救援等技术人力资源数据库，并作为国家人力资源数据库的分支系统，极大方便了平时的管理、核查和灾时调用。二要重点加强基层救灾技术专业队伍的建设。基层救灾技术专业队伍的建设，要突出基层救灾技术专业的知识训练和快速动员训练，并学习必要的灾地救护和防护等知识。三要不断提高社会群防群救能力。平时应在基层和群众中有组织、有计划地培训各类救灾防灾人员，形成一定规模的群众救灾队伍，并在群众中普及互救自救知识，以减少灾时社会人员的伤亡。在城市轨道交通紧急救援人力资源建设方面，一方面，应有效整合政府的救灾力量，如军队、武警、消防等，形成分工明确、协调有力的应急反应机制；另一方面，可以通过政策引导和扶持，借鉴国外经验，吸引民间资本建立专业的紧急救援服务企业，同时以城市社区为依托，通过培训，组成具有一定自救、互救知识和技能的社区志愿者队伍。

2 应急物资

应急物资一般分为两类：一类是简单的救生类，包括探生仪器、破拆工具、顶升设备、小型起重设备等；另一类为生活类，包括衣被、方便食品、净水器械、净水剂等。在应急物资方面，除了要做好储备工作，同时还应做好应急物资的储存管理、调拨利用、使用和回收等工作。

3 应急设备

应急装备可分两大类：一是应急救援工作所需的通信装备、交通工具、照明装备和防护装备等基本装备；二是各专业救援队伍所用的专用工具或物品，包括侦检装备、医疗急救器械和急救药品等专用救援装备。

一般应急救援现场所需要的常用应急设备和工具有：消防设备（输水装置、软管、喷头、自用呼吸器、便携式灭火器等),危险物泄漏控制设备(泄漏控制工具、探测设备、封堵设备、解除封堵设备等),个人防护设备(防护服、手套、靴子、呼吸保护装置等),通信联络设备(对讲机、移动电话、电话、传真机、电报等),医疗支持设备(主要是救护车、担架、夹板、氧气、急救箱等),应急电力设备(主要是备用的发电机等),重型设备(翻卸车、推土机、起重机、叉车、破拆设备等)等。

4 灾害保险

灾害保险是应急资源的最后一道屏障,各级政府和城市轨道交通运营公司应该在自觉担当起防灾减灾投入主体责任的同时,发展灾害保险事业,扩大应急能力。应该借鉴国际通行做法,抓紧设立巨灾保险基金,建立巨灾保障制度。在国家政策的支持下,商业保险公司应该在不谋求盈利的前提下科学地承保和理赔。与此同时,也不应该排斥社会力量、慈善机构的介入。

六 城市轨道交通应急系统协同关系

城市轨道交通应急系统具有的基本特征主要包括以下几点:

(1)综合性和关联性。

(2)空间性和层次性。

(3)动态性和突变性。

城市轨道交通应急系统协同关系如图 11-4 所示。

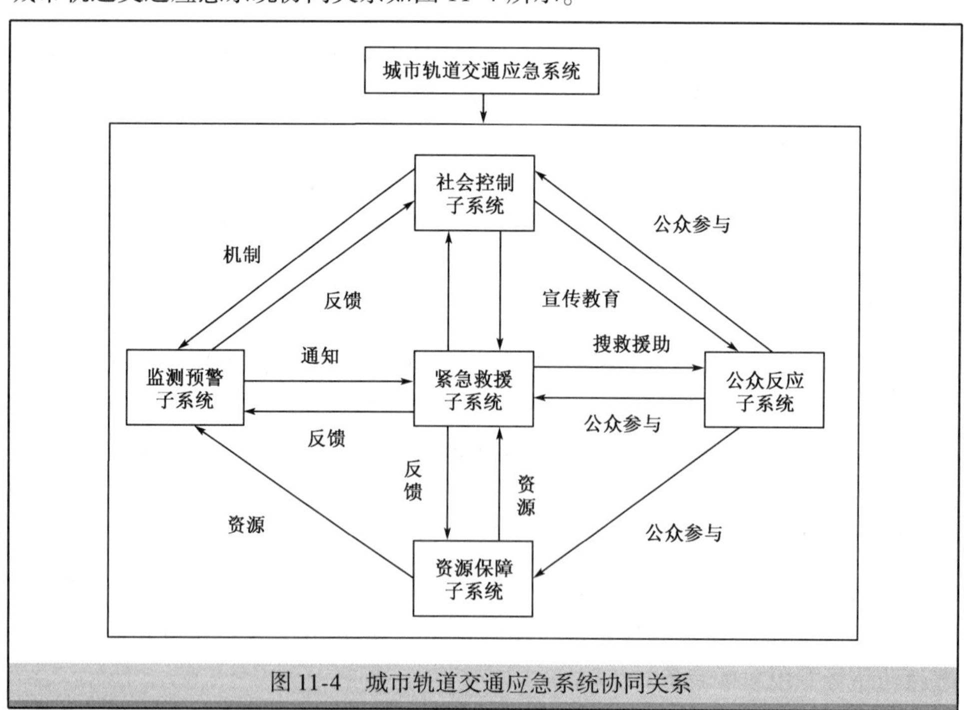

图 11-4 城市轨道交通应急系统协同关系

附录

城市轨道交通运营管理规定

（中华人民共和国交通运输部令2018年第8号）

《城市轨道交通运营管理规定》已于2018年5月14日经第7次部务会议通过，现予公布。自2018年7月1日起施行。

部长　李小鹏

2018年5月21日

城市轨道交通运营管理规定

第一章　总　　则

第一条　为规范城市轨道交通运营管理，保障运营安全，提高服务质量，促进城市轨道交通行业健康发展，根据国家有关法律、行政法规和国务院有关文件要求，制定本规定。

第二条　地铁、轻轨等城市轨道交通的运营及相关管理活动，适用本规定。

第三条　城市轨道交通运营管理应当遵循以人民为中心、安全可靠、便捷高效、经济舒适的原则。

第四条　交通运输部负责指导全国城市轨道交通运营管理工作。

省、自治区交通运输主管部门负责指导本行政区域内的城市轨道交通运营管理工作。

城市轨道交通所在地城市交通运输主管部门或者城市人民政府指定的城市轨道交通运营主管部门（以下统称城市轨道交通运营主管部门）在本级人民政府的领导下负责组织实施本行政区域内的城市轨道交通运营监督管理工作。

第二章　运营基础要求

第五条　城市轨道交通运营主管部门在城市轨道交通线网规划及建设规划征求意见阶段，应当综合考虑与城市规划的衔接、城市轨道交通客流需求、运营安全保障等因素，对线网布局和规模、换乘枢纽规划、建设时序、资源共享、线网综合应急指挥系统建设、线路功能定位、线路制式、系统规模、交通接驳等提出意见。

城市轨道交通运营主管部门在城市轨道交通工程项目可行性研究报告和初步设计文件编制审批征求意见阶段，应当对客流预测、系统设计运输能力、行车组织、运营管理、运营服务、运营安全等提出意见。

第六条　城市轨道交通工程项目可行性研究报告和初步设计文件中应当设置运营服务

专篇,内容应当至少包括:

(一)车站开通运营的出入口数量、站台面积、通道宽度、换乘条件、站厅容纳能力等设施、设备能力与服务需求和安全要求的符合情况;

(二)车辆、通信、信号、供电、自动售检票等设施设备选型与线网中其他线路设施设备的兼容情况;

(三)安全应急设施规划布局、规模等与运营安全的适应性,与主体工程的同步规划和设计情况;

(四)与城市轨道交通线网运力衔接配套情况;

(五)其他交通方式的配套衔接情况;

(六)无障碍环境建设情况。

第七条 城市轨道交通车辆、通信、信号、供电、机电、自动售检票、站台门等设施设备和综合监控系统应当符合国家规定的运营准入技术条件,并实现系统互联互通、兼容共享,满足网络化运营需要。

第八条 城市轨道交通工程项目原则上应当在可行性研究报告编制前,按照有关规定选择确定运营单位。运营单位应当满足以下条件:

(一)具有企业法人资格,经营范围包括城市轨道交通运营管理;

(二)具有健全的行车管理、客运管理、设施设备管理、人员管理等安全生产管理体系和服务质量保障制度;

(三)具有车辆、通信、信号、供电、机电、轨道、土建结构、运营管理等专业管理人员,以及与运营安全相适应的专业技术人员。

第九条 运营单位应当全程参与城市轨道交通工程项目按照规定开展的不载客试运行,熟悉工程设备和标准,察看系统运行的安全可靠性,发现存在质量问题和安全隐患的,应当督促城市轨道交通建设单位(以下简称建设单位)及时处理。

运营单位应当在运营接管协议中明确相关土建工程、设施设备、系统集成的保修范围、保修期限和保修责任,并督促建设单位将上述内容纳入建设工程质量保修书。

第十条 城市轨道交通工程项目验收合格后,由城市轨道交通运营主管部门组织初期运营前安全评估。通过初期运营前安全评估的,方可依法办理初期运营手续。

初期运营期间,运营单位应当按照设计标准和技术规范,对土建工程、设施设备、系统集成的运行状况和质量进行监控,发现存在问题或者安全隐患的,应当要求相关责任单位按照有关规定或者合同约定及时处理。

第十一条 城市轨道交通线路初期运营期满一年,运营单位应当向城市轨道交通运营主管部门报送初期运营报告,并由城市轨道交通运营主管部门组织正式运营前安全评估。通过安全评估的,方可依法办理正式运营手续。对安全评估中发现的问题,城市轨道交通运营主管部门应当报告城市人民政府,同时通告有关责任单位要求限期整改。

开通初期运营的城市轨道交通线路有甩项工程的,甩项工程完工并验收合格后,应当通过城市轨道交通运营主管部门组织的安全评估,方可投入使用。受客观条件限制难以完成甩项工程的，运营单位应当督促建设单位与设计单位履行设计变更手续。全部甩项工程投入使用或者履行设计变更手续后，城市轨道交通工程项目方可依法办理正式运营手续。

第十二条　运营单位承担运营安全生产主体责任，应当建立安全生产责任制，设置安全生产管理机构，配备专职安全管理人员，保障安全运营所必需的资金投入。

第十三条　运营单位应当配置满足运营需求的从业人员，按相关标准进行安全和技能培训教育，并对城市轨道交通列车驾驶员、行车调度员、行车值班员、信号工、通信工等重点岗位人员进行考核，考核不合格的，不得从事岗位工作。运营单位应当对重点岗位人员进行安全背景审查。

城市轨道交通列车驾驶员应当按照法律法规的规定取得驾驶员职业准入资格。

运营单位应当对列车驾驶员定期开展心理测试，对不符合要求的及时调整工作岗位。

第十四条　运营单位应当按照有关规定，完善风险分级管控和隐患排查治理双重预防制度，建立风险数据库和隐患排查手册，对于可能影响安全运营的风险隐患及时整改，并向城市轨道交通运营主管部门报告。

城市轨道交通运营主管部门应当建立运营重大隐患治理督办制度，督促运营单位采取安全防护措施，尽快消除重大隐患；对非运营单位原因不能及时消除的，应当报告城市人民政府依法处理。

第十五条　运营单位应当建立健全本单位的城市轨道交通运营设施设备定期检查、检测评估、养护维修、更新改造制度和技术管理体系，并报城市轨道交通运营主管部门备案。

运营单位应当对设施设备进行定期检查、检测评估，及时养护维修和更新改造，并保存记录。

第十六条　城市轨道交通运营主管部门和运营单位应当建立城市轨道交通智能管理系统，对所有运营过程、区域和关键设施设备进行监管，具备运行控制、关键设施和关键部位监测、风险管控和隐患排查、应急处置、安全监控等功能，并实现运营单位和各级交通运输主管部门之间的信息共享，提高运营安全管理水平。

运营单位应当建立网络安全管理制度，严格落实网络安全有关规定和等级保护要求，加强列车运行控制等关键系统信息安全保护，提升网络安全水平。

第十七条　城市轨道交通运营主管部门应当对运营单位运营安全管理工作进行监督检查，定期委托第三方机构组织专家开展运营期间安全评估工作。

初期运营前、正式运营前以及运营期间的安全评估工作管理办法由交通运输部另行制定。

第十八条　城市轨道交通运营主管部门和运营单位应当建立城市轨道交通运营信息统计分析制度，并按照有关规定及时报送相关信息。

第三章　运营服务

第十九条　运营单位应当按照有关标准为乘客提供安全、可靠、便捷、高效、经济的服务，保证服务质量。

运营单位应当向社会公布运营服务质量承诺并报城市轨道交通运营主管部门备案，定期报告履行情况。

第二十条 运营单位应当根据城市轨道交通沿线乘客出行规律及网络化运输组织要求,合理编制运行图,并报城市轨道交通运营主管部门备案。

运营单位调整运行图严重影响服务质量的,应当向城市轨道交通运营主管部门说明理由。

第二十一条 运营单位应当通过标识、广播、视频设备、网络等多种方式按照下列要求向乘客提供运营服务和安全应急等信息:

(一)在车站醒目位置公布首末班车时间、城市轨道交通线网示意图、进出站指示、换乘指示和票价信息;

(二)在站厅或者站台提供列车到达、间隔时间、方向提示、周边交通方式换乘、安全提示、无障碍出行等信息;

(三)在车厢提供城市轨道交通线网示意图、列车运行方向、到站、换乘、开关车门提示等信息;

(四)首末班车时间调整、车站出入口封闭、设施设备故障、限流、封站、甩站、暂停运营等非正常运营信息。

第二十二条 城市轨道交通票价制定和调整按照国家有关规定执行。

城市轨道交通运营主管部门应当按照有关标准组织实施交通一卡通在轨道交通的建设与推广应用,推动跨区域、跨交通方式的互联互通。

第二十三条 城市轨道交通运营主管部门应当制定城市轨道交通乘客乘车规范,乘客应当遵守。拒不遵守的,运营单位有权劝阻和制止,制止无效的,报告公安机关依法处理。

第二十四条 城市轨道交通运营主管部门应当通过乘客满意度调查等多种形式,定期对运营单位服务质量进行监督和考评,考评结果向社会公布。

第二十五条 城市轨道交通运营主管部门和运营单位应当分别建立投诉受理制度。接到乘客投诉后,应当及时处理,并将处理结果告知乘客。

第二十六条 乘客应当持有效乘车凭证乘车,不得使用无效、伪造、变造的乘车凭证。运营单位有权查验乘客的乘车凭证。

第二十七条 乘客及其他人员因违法违规行为对城市轨道交通运营造成严重影响的,应当依法追究责任。

第二十八条 鼓励运营单位采用大数据分析、移动互联网等先进技术及有关设施设备,提升服务品质。运营单位应当保证乘客个人信息的采集和使用符合国家网络和信息安全有关规定。

第四章 安全支持保障

第二十九条 城市轨道交通工程项目应当按照规定划定保护区。

开通初期运营前,建设单位应当向运营单位提供保护区平面图,并在具备条件的保护区设置提示或者警示标志。

第三十条 在城市轨道交通保护区内进行下列作业的,作业单位应当按照有关规定制定安全防护方案，经运营单位同意后，依法办理相关手续并对作业影响区域进行动态监测：

（一）新建、改建、扩建或者拆除建（构）筑物；

（二）挖掘、爆破、地基加固、打井、基坑施工、桩基础施工、钻探、灌浆、喷锚、地下顶进作业；

（三）敷设或者搭架管线、吊装等架空作业；

（四）取土、采石、采砂、疏浚河道；

（五）大面积增加或者减少建（构）筑物载荷的活动；

（六）电焊、气焊和使用明火等具有火灾危险作业。

第三十一条 运营单位有权进入作业现场进行巡查，发现危及或者可能危及城市轨道交通运营安全的情形，运营单位有权予以制止，并要求相关责任单位或者个人采取措施消除妨害；逾期未改正的，及时报告有关部门依法处理。

第三十二条 使用高架线路桥下空间不得危害城市轨道交通运营安全，并预留高架线路桥梁设施日常检查、检测和养护维修条件。

地面、高架线路沿线建（构）筑物或者植物不得妨碍行车瞭望，不得侵入城市轨道交通线路的限界。沿线建（构）筑物、植物可能妨碍行车瞭望或者侵入线路限界的，责任单位应当及时采取措施消除影响。责任单位不能消除影响，危及城市轨道交通运营安全、情况紧急的，运营单位可以先行处置，并及时报告有关部门依法处理。

第三十三条 禁止下列危害城市轨道交通运营设施设备安全的行为：

（一）损坏隧道、轨道、路基、高架、车站、通风亭、冷却塔、变电站、管线、护栏护网等设施；

（二）损坏车辆、机电、电缆、自动售检票等设备，干扰通信信号、视频监控设备等系统；

（三）擅自在高架桥梁及附属结构上钻孔打眼，搭设电线或者其他承力绳索，设置附着物；

（四）损坏、移动、遮盖安全标志、监测设施以及安全防护设备。

第三十四条 禁止下列危害或者可能危害城市轨道交通运营安全的行为：

（一）拦截列车；

（二）强行上下车；

（三）擅自进入隧道、轨道或者其他禁入区域；

（四）攀爬或者跨越围栏、护栏、护网、站台门等；

（五）擅自操作有警示标志的按钮和开关装置，在非紧急状态下动用紧急或者安全装置；

（六）在城市轨道交通车站出入口5米范围内停放车辆、乱设摊点等，妨碍乘客通行和救援疏散；

（七）在通风口、车站出入口50米范围内存放有毒、有害、易燃、易爆、放射性和腐蚀性等物品；

（八）在出入口、通风亭、变电站、冷却塔周边躺卧、留宿、堆放和晾晒物品；

（九）在地面或者高架线路两侧各100米范围内升放风筝、气球等低空飘浮物体和无人机等低空飞行器。

第三十五条 在城市轨道交通车站、车厢、隧道、站前广场等范围内设置广告、商业设施的，不得影响正常运营，不得影响导向、提示、警示、运营服务等标识识别、设施设备使用和检修，不得挤占出入口、通道、应急疏散设施空间和防火间距。

城市轨道交通车站站台、站厅层不应设置妨碍安全疏散的非运营设施。

第三十六条 禁止乘客携带有毒、有害、易燃、易爆、放射性、腐蚀性以及其他可能危及人身和财产安全的危险物品进站、乘车。运营单位应当按规定在车站醒目位置公示城市轨道交通禁止、限制携带物品目录。

第三十七条 各级城市轨道交通运营主管部门应当按照职责监督指导运营单位开展反恐防范、安检、治安防范和消防安全管理相关工作。

鼓励推广应用安检新技术、新产品，推动实行安检新模式，提高安检质量和效率。

第三十八条 交通运输部应当建立城市轨道交通重点岗位从业人员不良记录和乘客违法违规行为信息库，并按照规定将有关信用信息及时纳入交通运输和相关统一信用信息共享平台。

第三十九条 鼓励经常乘坐城市轨道交通的乘客担任志愿者，及时报告城市轨道交通运营安全问题和隐患，检举揭发危害城市轨道交通运营安全的违法违规行为。运营单位应当对志愿者开展培训。

第五章　应急处置

第四十条 城市轨道交通所在地城市及以上地方各级人民政府应当建立运营突发事件处置工作机制，明确相关部门和单位的职责分工、工作机制和处置要求，制定完善运营突发事件应急预案。

运营单位应当按照有关法规要求建立运营突发事件应急预案体系，制定综合应急预案、专项应急预案和现场处置方案。运营单位应当组织专家对专项应急预案进行评审。

因地震、洪涝、气象灾害等自然灾害和恐怖袭击、刑事案件等社会安全事件以及其他因素影响或者可能影响城市轨道交通正常运营时，参照运营突发事件应急预案做好监测预警、信息报告、应急响应、后期处置等相关应对工作。

第四十一条 运营单位应当储备必要的应急物资，配备专业应急救援装备，建立应急救援队伍，配齐应急人员，完善应急值守和报告制度，加强应急培训，提高应急救援能力。

第四十二条 城市轨道交通运营主管部门应当按照有关法规要求，在城市人民政府领导下会同有关部门定期组织开展联动应急演练。

运营单位应当定期组织运营突发事件应急演练，其中综合应急预案演练和专项应急预案演练每半年至少组织一次。现场处置方案演练应当纳入日常工作，开展常态化演练。运营单位应当组织社会公众参与应急演练，引导社会公众正确应对突发事件。

第四十三条 运营单位应当在城市轨道交通车站、车辆、地面和高架线路等区域的醒目位置设置安全警示标志，按照规定在车站、车辆配备灭火器、报警装置和必要的救生器材，并确保能够正常使用。

第四十四条 城市轨道交通运营突发事件发生后，运营单位应当按照有关规定及时启动相应应急预案。运营单位应当充分发挥志愿者在突发事件应急处置中的作用,提高乘客自救互救能力。

现场工作人员应当按照各自岗位职责要求开展现场处置,通过广播系统、乘客信息系统和人工指引等方式,引导乘客快速疏散。

第四十五条 运营单位应当加强城市轨道交通客流监测。可能发生大客流时,应当按照预案要求及时增加运力进行疏导;大客流可能影响运营安全时,运营单位可以采取限流、封站、甩站等措施。

因运营突发事件、自然灾害、社会安全事件以及其他原因危及运营安全时,运营单位可以暂停部分区段或者全线网的运营,根据需要及时启动相应应急保障预案,做好客流疏导和现场秩序维护,并报告城市轨道交通运营主管部门。

运营单位采取限流、甩站、封站、暂停运营措施应当及时告知公众,其中封站、暂停运营措施还应当向城市轨道交通运营主管部门报告。

第四十六条 城市轨道交通运营主管部门和运营单位应当建立城市轨道交通运营安全重大故障和事故报送制度。

城市轨道交通运营主管部门和运营单位应当定期组织对重大故障和事故原因进行分析,不断完善城市轨道交通运营安全管理制度以及安全防范和应急处置措施。

第四十七条 城市轨道交通运营主管部门和运营单位应当加强舆论引导,宣传文明出行、安全乘车理念和突发事件应对知识,培养公众安全防范意识,引导理性应对突发事件。

第六章 法律责任

第四十八条 违反本规定第十条、第十一条,城市轨道交通工程项目(含甩项工程)未经安全评估投入运营的,由城市轨道交通运营主管部门责令限期整改,并对运营单位处以2万元以上3万元以下的罚款,同时对其主要负责人处以1万元以下的罚款;有严重安全隐患的,城市轨道交通运营主管部门应当责令暂停运营。

第四十九条 违反本规定,运营单位有下列行为之一的,由城市轨道交通运营主管部门责令限期改正;逾期未改正的,处以5000元以上3万元以下的罚款,并可对其主要负责人处以1万元以下的罚款:

(一)未全程参与试运行;

(二)未按照相关标准对从业人员进行技能培训教育;

(三)列车驾驶员未按照法律法规的规定取得职业准入资格;

(四)列车驾驶员、行车调度员、行车值班员、信号工、通信工等重点岗位从业人员未经考核上岗;

(五)未按照有关规定完善风险分级管控和隐患排查治理双重预防制度;

(六)未建立风险数据库和隐患排查手册;

(七)未按要求报告运营安全风险隐患整改情况;

(八)未建立设施设备检查、检测评估、养护维修、更新改造制度和技术管理体系;

(九)未对设施设备定期检查、检测评估和及时养护维修、更新改造;

（十）未按照有关规定建立运营突发事件应急预案体系；

（十一）储备的应急物资不满足需要，未配备专业应急救援装备，或者未建立应急救援队伍、配齐应急人员；

（十二）未按时组织运营突发事件应急演练。

第五十条 违反本规定第十八条、第四十六条，运营单位未按照规定上报城市轨道交通运营相关信息或者运营安全重大故障和事故的，由城市轨道交通运营主管部门责令限期改正；逾期未改正的，处以5000元以上3万元以下的罚款。

第五十一条 违反本规定，运营单位有下列行为之一，由城市轨道交通运营主管部门责令限期改正；逾期未改正的，处以1万元以下的罚款：

（一）未向社会公布运营服务质量承诺或者定期报告履行情况；

（二）运行图未报城市轨道交通运营主管部门备案或者调整运行图严重影响服务质量的，未向城市轨道交通运营主管部门说明理由；

（三）未按规定向乘客提供运营服务和安全应急等信息；

（四）未建立投诉受理制度，或者未及时处理乘客投诉并将处理结果告知乘客；

（五）采取的限流、甩站、封站、暂停运营等措施，未及时告知公众或者封站、暂停运营等措施未向城市轨道交通运营主管部门报告。

第五十二条 违反本规定第三十二条，有下列行为之一，由城市轨道交通运营主管部门责令相关责任人和单位限期改正、消除影响；逾期未改正的，可以对个人处以5000元以下的罚款，对单位处以3万元以下的罚款；造成损失的，依法承担赔偿责任；情节严重构成犯罪的，依法追究刑事责任：

（一）高架线路桥下的空间使用可能危害运营安全的；

（二）地面、高架线路沿线建（构）筑物或者植物妨碍行车瞭望、侵入限界的。

第五十三条 违反本规定第三十三条、第三十四条，运营单位有权予以制止，并由城市轨道交通运营主管部门责令改正，可以对个人处以5000元以下的罚款，对单位处以3万元以下的罚款；违反治安管理规定的，由公安机关依法处理；构成犯罪的，依法追究刑事责任。

第五十四条 城市轨道交通运营主管部门不履行本规定职责造成严重后果的，或者有其他滥用职权、玩忽职守、徇私舞弊行为的，对负有责任的领导人员和直接责任人员依法给予处分；构成犯罪的，依法追究刑事责任。

第五十五条 地方性法规、地方政府规章对城市轨道交通运营违法行为需要承担的法律责任与本规定有不同规定的，从其规定。

第七章 附　　则

第五十六条 本规定自2018年7月1日起施行。

参考文献

[1] 牛凯兰,牛红霞.城市轨道交通行车组织[M].北京:机械工业出版社,2009.
[2] 何静.城市轨道交通运营管理[M].北京:中国铁道出版社,2008.
[3] 徐瑞华.轨道交通系统行车组织[M].北京:中国铁道出版社,2008.
[4] 永秀.城市轨道交通行车组织[M].北京:机械工业出版社,2010.
[5] 程钢,操杰.城市轨道交通运营组织[M].成都:西南交通大学出版社,2010.
[6] 毛保华,等.轨道交通网络化运营组织理论与关键技术[M].北京:科学出版社,2011.
[7] 黄典剑,李传贵.突发事件应急能力评价:以城市地铁为对象[M].北京:冶金工业出版社,2006.
[8] 耿幸福.城市轨道交通行车组织,2 版.[M].北京:人民交通出版社,2012.
[9] 费安萍.城市轨道交通行车组织[M]. 北京:人民交通出版社,2011.
[10] 费安萍.城市轨道交通行车组织[M]. 成都:西南交通大学出版社,2007.
[11] 毛保华,等.城市轨道交通[M].北京:科学出版社,2001.
[12] 毛保华,等.城市轨道交通系统运营管理[M].北京:人民交通出版社,2006.
[13] 宋建业,谢金宝.铁路行车组织基础[M].北京:中国铁道出版社,2005.
[14] 张国宝.城市轨道交通运输组织[M].北京:中国铁道出版社,2000.
[15] 李建国.城市轨道交通系统概论[M].北京:机械工业出版社,2009.
[16] 周淮,等.上海轨道交通网络化运营管理问题研究[J].城市轨道交通研究,2006(6):1-3.
[17] 何静,刘志钢.上海城市轨道交通网络化运营的特点与对策研究[J].铁道运输与经济.2008,30(8):51-53.
[18] 朱沪生.上海城市轨道交通网络化运营体系的建设[J].城市轨道交通研究.2008(10):3-4.
[19] 邵伟中,徐瑞华.城市轨道交通网络运营协调及应急处置辅助决策技术[J].城市轨道交通研究.2008(6):17-22.
[20] 朱沪生.上海城市轨道交通网络化运营管理思考[J].城市轨道交通研究.2007(4):11-13.
[21] 朱小瑶.地铁运营网络化呼唤客运服务现代化[J].上海质量.2006(11):49-52.